INTRODUCE

지역농협 기업분석

◇ 비전2030

비전 **변화**와 **혁신**을 통한 새로운 대한민국 농협

슬로건 **희망농업, 행복농촌** 농협이 만들어 간다.

◇ 핵심가치

- 국민에게 사랑받는 농협
- 농업인을 위한 농협
- 지역 농축협과 함께하는 농협
- 경쟁력 있는 글로벌 농협

◇ 혁신전략

농업인 · 국민과 함께 **농사같이(農四價値)운동** 전개

중앙회 지배구조 혁신과 지원체계 고도화로 **농축협 중심**의 농협 구현

디지털 기반 **생산 · 유통 혁신**으로 미래 농산업 선도, 농업소득 향상

금융부문 혁신과 **디지털 경쟁력**을 통해 농축협 성장 지원

미래 경영과 **조직문화 혁신**을 통해 새로운 농협으로 도약

INFORMATION

신규직원 채용 안내

◇ 응시자격

❶ 연령/학력/학점/어학점수 제한 없음

❷ 채용공고일 전일 기준 본인 · 부 · 모 중 1인의 주민등록상 주소지가 응시 가능 주소지 내에 있는 자

※ 남자는 병역필 또는 면제자에 한함(지정일까지 병역필 가능한 자 포함)

◇ 채용절차

- 서류접수
- 자기소개서 심사

- 필기시험
  (인 · 적성 및 직무능력평가)

- 면접시험
- 신체검사

- 최종합격

◇ 필기시험

구분	영역		유형	시험시간	비고
1	인 · 적성평가		151문항/200문항/210문항 유형	25분/30분	–
2	직무능력평가	의사소통능력 수리능력 문제해결능력 자원관리능력 조직이해능력	70문항 유형	70분	5지선다
			60문항 유형	60분/70분	4지선다

◇ 시험유형

구분	채용지역	비고
60문항/60분	서울, 강원	4지선다
60문항/70분	경기, 충북, 충남 · 세종, 대전, 전북, 전남, 경북 · 대구	4지선다
70문항/70분	경남	5지선다

※ 상기 지역별 시험유형 및 시간은 2025년 상반기 필기시험을 기준으로 합니다.

❖ 자세한 채용절차는 직무별 채용방침에 따라 변경될 수 있으니 반드시 채용공고를 확인하기 바랍니다.

지역농협 6급 OMR 답안카드(60문항 유형)

고사장

성 명

수 험 번 호						
⓪	⓪	⓪	⓪	⓪	⓪	⓪
①	①	①	①	①	①	①
②	②	②	②	②	②	②
③	③	③	③	③	③	③
④	④	④	④	④	④	④
⑤	⑤	⑤	⑤	⑤	⑤	⑤
⑥	⑥	⑥	⑥	⑥	⑥	⑥
⑦	⑦	⑦	⑦	⑦	⑦	⑦
⑧	⑧	⑧	⑧	⑧	⑧	⑧
⑨	⑨	⑨	⑨	⑨	⑨	⑨

감독위원 확인
인

문번	1	2	3	4	문번	1	2	3	4	문번	1	2	3	4
1	①	②	③	④	21	①	②	③	④	41	①	②	③	④
2	①	②	③	④	22	①	②	③	④	42	①	②	③	④
3	①	②	③	④	23	①	②	③	④	43	①	②	③	④
4	①	②	③	④	24	①	②	③	④	44	①	②	③	④
5	①	②	③	④	25	①	②	③	④	45	①	②	③	④
6	①	②	③	④	26	①	②	③	④	46	①	②	③	④
7	①	②	③	④	27	①	②	③	④	47	①	②	③	④
8	①	②	③	④	28	①	②	③	④	48	①	②	③	④
9	①	②	③	④	29	①	②	③	④	49	①	②	③	④
10	①	②	③	④	30	①	②	③	④	50	①	②	③	④
11	①	②	③	④	31	①	②	③	④	51	①	②	③	④
12	①	②	③	④	32	①	②	③	④	52	①	②	③	④
13	①	②	③	④	33	①	②	③	④	53	①	②	③	④
14	①	②	③	④	34	①	②	③	④	54	①	②	③	④
15	①	②	③	④	35	①	②	③	④	55	①	②	③	④
16	①	②	③	④	36	①	②	③	④	56	①	②	③	④
17	①	②	③	④	37	①	②	③	④	57	①	②	③	④
18	①	②	③	④	38	①	②	③	④	58	①	②	③	④
19	①	②	③	④	39	①	②	③	④	59	①	②	③	④
20	①	②	③	④	40	①	②	③	④	60	①	②	③	④

※ 본 답안카드는 마킹연습용 모의 답안카드입니다.

지역농협 6급 OMR 답안카드(60문항 유형)

고사장

성 명

수 험 번 호						
⓪	⓪	⓪	⓪	⓪	⓪	⓪
①	①	①	①	①	①	①
②	②	②	②	②	②	②
③	③	③	③	③	③	③
④	④	④	④	④	④	④
⑤	⑤	⑤	⑤	⑤	⑤	⑤
⑥	⑥	⑥	⑥	⑥	⑥	⑥
⑦	⑦	⑦	⑦	⑦	⑦	⑦
⑧	⑧	⑧	⑧	⑧	⑧	⑧
⑨	⑨	⑨	⑨	⑨	⑨	⑨

감독위원 확인
인

문번	1	2	3	4	문번	1	2	3	4	문번	1	2	3	4
1	①	②	③	④	21	①	②	③	④	41	①	②	③	④
2	①	②	③	④	22	①	②	③	④	42	①	②	③	④
3	①	②	③	④	23	①	②	③	④	43	①	②	③	④
4	①	②	③	④	24	①	②	③	④	44	①	②	③	④
5	①	②	③	④	25	①	②	③	④	45	①	②	③	④
6	①	②	③	④	26	①	②	③	④	46	①	②	③	④
7	①	②	③	④	27	①	②	③	④	47	①	②	③	④
8	①	②	③	④	28	①	②	③	④	48	①	②	③	④
9	①	②	③	④	29	①	②	③	④	49	①	②	③	④
10	①	②	③	④	30	①	②	③	④	50	①	②	③	④
11	①	②	③	④	31	①	②	③	④	51	①	②	③	④
12	①	②	③	④	32	①	②	③	④	52	①	②	③	④
13	①	②	③	④	33	①	②	③	④	53	①	②	③	④
14	①	②	③	④	34	①	②	③	④	54	①	②	③	④
15	①	②	③	④	35	①	②	③	④	55	①	②	③	④
16	①	②	③	④	36	①	②	③	④	56	①	②	③	④
17	①	②	③	④	37	①	②	③	④	57	①	②	③	④
18	①	②	③	④	38	①	②	③	④	58	①	②	③	④
19	①	②	③	④	39	①	②	③	④	59	①	②	③	④
20	①	②	③	④	40	①	②	③	④	60	①	②	③	④

※ 본 답안카드는 마킹연습용 모의 답안카드입니다.

지역농협 6급 OMR 답안카드(60문항 유형)

고사장

성 명

수 험 번 호						
⓪	⓪	⓪	⓪	⓪	⓪	⓪
①	①	①	①	①	①	①
②	②	②	②	②	②	②
③	③	③	③	③	③	③
④	④	④	④	④	④	④
⑤	⑤	⑤	⑤	⑤	⑤	⑤
⑥	⑥	⑥	⑥	⑥	⑥	⑥
⑦	⑦	⑦	⑦	⑦	⑦	⑦
⑧	⑧	⑧	⑧	⑧	⑧	⑧
⑨	⑨	⑨	⑨	⑨	⑨	⑨

감독위원 확인
인

문번	1	2	3	4	문번	1	2	3	4	문번	1	2	3	4
1	①	②	③	④	21	①	②	③	④	41	①	②	③	④
2	①	②	③	④	22	①	②	③	④	42	①	②	③	④
3	①	②	③	④	23	①	②	③	④	43	①	②	③	④
4	①	②	③	④	24	①	②	③	④	44	①	②	③	④
5	①	②	③	④	25	①	②	③	④	45	①	②	③	④
6	①	②	③	④	26	①	②	③	④	46	①	②	③	④
7	①	②	③	④	27	①	②	③	④	47	①	②	③	④
8	①	②	③	④	28	①	②	③	④	48	①	②	③	④
9	①	②	③	④	29	①	②	③	④	49	①	②	③	④
10	①	②	③	④	30	①	②	③	④	50	①	②	③	④
11	①	②	③	④	31	①	②	③	④	51	①	②	③	④
12	①	②	③	④	32	①	②	③	④	52	①	②	③	④
13	①	②	③	④	33	①	②	③	④	53	①	②	③	④
14	①	②	③	④	34	①	②	③	④	54	①	②	③	④
15	①	②	③	④	35	①	②	③	④	55	①	②	③	④
16	①	②	③	④	36	①	②	③	④	56	①	②	③	④
17	①	②	③	④	37	①	②	③	④	57	①	②	③	④
18	①	②	③	④	38	①	②	③	④	58	①	②	③	④
19	①	②	③	④	39	①	②	③	④	59	①	②	③	④
20	①	②	③	④	40	①	②	③	④	60	①	②	③	④

※ 본 답안카드는 마킹연습용 모의 답안카드입니다.

지역농협 6급 OMR 답안카드(60문항 유형)

고사장

성 명

수험번호						
⓪	⓪	⓪	⓪	⓪	⓪	⓪
①	①	①	①	①	①	①
②	②	②	②	②	②	②
③	③	③	③	③	③	③
④	④	④	④	④	④	④
⑤	⑤	⑤	⑤	⑤	⑤	⑤
⑥	⑥	⑥	⑥	⑥	⑥	⑥
⑦	⑦	⑦	⑦	⑦	⑦	⑦
⑧	⑧	⑧	⑧	⑧	⑧	⑧
⑨	⑨	⑨	⑨	⑨	⑨	⑨

감독위원 확인
㉧인

문번	1	2	3	4	문번	1	2	3	4	문번	1	2	3	4
1	①	②	③	④	21	①	②	③	④	41	①	②	③	④
2	①	②	③	④	22	①	②	③	④	42	①	②	③	④
3	①	②	③	④	23	①	②	③	④	43	①	②	③	④
4	①	②	③	④	24	①	②	③	④	44	①	②	③	④
5	①	②	③	④	25	①	②	③	④	45	①	②	③	④
6	①	②	③	④	26	①	②	③	④	46	①	②	③	④
7	①	②	③	④	27	①	②	③	④	47	①	②	③	④
8	①	②	③	④	28	①	②	③	④	48	①	②	③	④
9	①	②	③	④	29	①	②	③	④	49	①	②	③	④
10	①	②	③	④	30	①	②	③	④	50	①	②	③	④
11	①	②	③	④	31	①	②	③	④	51	①	②	③	④
12	①	②	③	④	32	①	②	③	④	52	①	②	③	④
13	①	②	③	④	33	①	②	③	④	53	①	②	③	④
14	①	②	③	④	34	①	②	③	④	54	①	②	③	④
15	①	②	③	④	35	①	②	③	④	55	①	②	③	④
16	①	②	③	④	36	①	②	③	④	56	①	②	③	④
17	①	②	③	④	37	①	②	③	④	57	①	②	③	④
18	①	②	③	④	38	①	②	③	④	58	①	②	③	④
19	①	②	③	④	39	①	②	③	④	59	①	②	③	④
20	①	②	③	④	40	①	②	③	④	60	①	②	③	④

※ 본 답안카드는 마킹연습용 모의 답안카드입니다.

지역농협 6급 OMR 답안카드(70문항 유형)

고사장

성 명

수 험 번 호						
⓪	⓪	⓪	⓪	⓪	⓪	⓪
①	①	①	①	①	①	①
②	②	②	②	②	②	②
③	③	③	③	③	③	③
④	④	④	④	④	④	④
⑤	⑤	⑤	⑤	⑤	⑤	⑤
⑥	⑥	⑥	⑥	⑥	⑥	⑥
⑦	⑦	⑦	⑦	⑦	⑦	⑦
⑧	⑧	⑧	⑧	⑧	⑧	⑧
⑨	⑨	⑨	⑨	⑨	⑨	⑨

감독위원 확인
인

문번	1	2	3	4	5	문번	1	2	3	4	5	문번	1	2	3	4	5	문번	1	2	3	4	5
1	①	②	③	④	⑤	21	①	②	③	④	⑤	41	①	②	③	④	⑤	61	①	②	③	④	⑤
2	①	②	③	④	⑤	22	①	②	③	④	⑤	42	①	②	③	④	⑤	62	①	②	③	④	⑤
3	①	②	③	④	⑤	23	①	②	③	④	⑤	43	①	②	③	④	⑤	63	①	②	③	④	⑤
4	①	②	③	④	⑤	24	①	②	③	④	⑤	44	①	②	③	④	⑤	64	①	②	③	④	⑤
5	①	②	③	④	⑤	25	①	②	③	④	⑤	45	①	②	③	④	⑤	65	①	②	③	④	⑤
6	①	②	③	④	⑤	26	①	②	③	④	⑤	46	①	②	③	④	⑤	66	①	②	③	④	⑤
7	①	②	③	④	⑤	27	①	②	③	④	⑤	47	①	②	③	④	⑤	67	①	②	③	④	⑤
8	①	②	③	④	⑤	28	①	②	③	④	⑤	48	①	②	③	④	⑤	68	①	②	③	④	⑤
9	①	②	③	④	⑤	29	①	②	③	④	⑤	49	①	②	③	④	⑤	69	①	②	③	④	⑤
10	①	②	③	④	⑤	30	①	②	③	④	⑤	50	①	②	③	④	⑤	70	①	②	③	④	⑤
11	①	②	③	④	⑤	31	①	②	③	④	⑤	51	①	②	③	④	⑤						
12	①	②	③	④	⑤	32	①	②	③	④	⑤	52	①	②	③	④	⑤						
13	①	②	③	④	⑤	33	①	②	③	④	⑤	53	①	②	③	④	⑤						
14	①	②	③	④	⑤	34	①	②	③	④	⑤	54	①	②	③	④	⑤						
15	①	②	③	④	⑤	35	①	②	③	④	⑤	55	①	②	③	④	⑤						
16	①	②	③	④	⑤	36	①	②	③	④	⑤	56	①	②	③	④	⑤						
17	①	②	③	④	⑤	37	①	②	③	④	⑤	57	①	②	③	④	⑤						
18	①	②	③	④	⑤	38	①	②	③	④	⑤	58	①	②	③	④	⑤						
19	①	②	③	④	⑤	39	①	②	③	④	⑤	59	①	②	③	④	⑤						
20	①	②	③	④	⑤	40	①	②	③	④	⑤	60	①	②	③	④	⑤						

※ 본 답안카드는 마킹연습용 모의 답안카드입니다.

지역농협 6급 OMR 답안카드(70문항 유형)

고사장

성 명

수 험 번 호						
⓪	⓪	⓪	⓪	⓪	⓪	⓪
①	①	①	①	①	①	①
②	②	②	②	②	②	②
③	③	③	③	③	③	③
④	④	④	④	④	④	④
⑤	⑤	⑤	⑤	⑤	⑤	⑤
⑥	⑥	⑥	⑥	⑥	⑥	⑥
⑦	⑦	⑦	⑦	⑦	⑦	⑦
⑧	⑧	⑧	⑧	⑧	⑧	⑧
⑨	⑨	⑨	⑨	⑨	⑨	⑨

감독위원 확인
인

문번	1	2	3	4	5	문번	1	2	3	4	5	문번	1	2	3	4	5	문번	1	2	3	4	5
1	①	②	③	④	⑤	21	①	②	③	④	⑤	41	①	②	③	④	⑤	61	①	②	③	④	⑤
2	①	②	③	④	⑤	22	①	②	③	④	⑤	42	①	②	③	④	⑤	62	①	②	③	④	⑤
3	①	②	③	④	⑤	23	①	②	③	④	⑤	43	①	②	③	④	⑤	63	①	②	③	④	⑤
4	①	②	③	④	⑤	24	①	②	③	④	⑤	44	①	②	③	④	⑤	64	①	②	③	④	⑤
5	①	②	③	④	⑤	25	①	②	③	④	⑤	45	①	②	③	④	⑤	65	①	②	③	④	⑤
6	①	②	③	④	⑤	26	①	②	③	④	⑤	46	①	②	③	④	⑤	66	①	②	③	④	⑤
7	①	②	③	④	⑤	27	①	②	③	④	⑤	47	①	②	③	④	⑤	67	①	②	③	④	⑤
8	①	②	③	④	⑤	28	①	②	③	④	⑤	48	①	②	③	④	⑤	68	①	②	③	④	⑤
9	①	②	③	④	⑤	29	①	②	③	④	⑤	49	①	②	③	④	⑤	69	①	②	③	④	⑤
10	①	②	③	④	⑤	30	①	②	③	④	⑤	50	①	②	③	④	⑤	70	①	②	③	④	⑤
11	①	②	③	④	⑤	31	①	②	③	④	⑤	51	①	②	③	④	⑤						
12	①	②	③	④	⑤	32	①	②	③	④	⑤	52	①	②	③	④	⑤						
13	①	②	③	④	⑤	33	①	②	③	④	⑤	53	①	②	③	④	⑤						
14	①	②	③	④	⑤	34	①	②	③	④	⑤	54	①	②	③	④	⑤						
15	①	②	③	④	⑤	35	①	②	③	④	⑤	55	①	②	③	④	⑤						
16	①	②	③	④	⑤	36	①	②	③	④	⑤	56	①	②	③	④	⑤						
17	①	②	③	④	⑤	37	①	②	③	④	⑤	57	①	②	③	④	⑤						
18	①	②	③	④	⑤	38	①	②	③	④	⑤	58	①	②	③	④	⑤						
19	①	②	③	④	⑤	39	①	②	③	④	⑤	59	①	②	③	④	⑤						
20	①	②	③	④	⑤	40	①	②	③	④	⑤	60	①	②	③	④	⑤						

※ 본 답안카드는 마킹연습용 모의 답안카드입니다.

56

정답 ④

A사의 대표이사는 결정한 것은 끝까지 성공시켜야 한다는 함정에 빠져서 자기 실수를 인정하지 않고, 이미 지나간 과거 의사결정에 대한 미련과 집착을 버리지 못하며 조직에 더 큰 손해를 일으키고 있다. 이러한 함정은 과거 지속적으로 순탄하게 성장해 오거나 이미 많은 성공을 통해 대내외적으로 명성을 얻는 사람들이 쉽게 빠질 수 있다.

잘못된 의사결정에 빠지는 5가지 함정
- 함정 1 : 눈으로 보는 것만이 현실이다.
- 함정 2 : 과거 자료나 추세만을 중시한다.
- 함정 3 : 늘 하던 대로 자신에게 편한 방식을 고수한다.
- 함정 4 : 결정한 것은 끝까지 성공시켜야 한다.
- 함정 5 : 나의 능력을 믿는다.

57

정답 ①

A사의 대표이사가 조직을 위해 올바른 의사결정을 하기 위해서는 자신에게 직언을 할 수 있는 다양한 유형의 사람을 곁에 두어야 하고 현실을 직시하고 현장에서 살아있는 정보를 얻으며 자신에게 솔직해야 한다. 구성원의 가치 있는 실수는 과감히 포용할 필요도 있지만, 자신의 실수는 인정해야 한다.

올바른 의사결정을 위한 포인트
- 포인트 1 : 서로 다른 유형의 사람을 옆에 두어라.
- 포인트 2 : 현실을 냉철하게 직시하라.
- 포인트 3 : 현장에서 정보를 얻어라.
- 포인트 4 : 자신에게 솔직해야 한다.
- 포인트 5 : 가치 있는 실수는 과감히 포용하라.

58

정답 ②

조직문화는 조직몰입을 높여준다.

59

정답 ③

조직문화는 구성원들의 행동지침으로 작용하여 구성원의 사고방식과 행동양식을 규정하여 구성원들은 조직에서 해오던 방식대로 업무를 처리하게 된다. 이는 조직문화가 구성원을 조직에 적응하도록 사회화하고 일탈적 행동을 통제하는 기능을 한다.

60

정답 ①

- ㉠, ㉥ : 교육지원사업에 해당한다.
- ㉡, ㉤ : 경제사업에 해당한다.
- ㉢, ㉣ : 금융사업에 해당한다.

또한 각각에 해당하는 총 4인 가족 교통비를 구하면 다음과 같다.
- 비행기 : 119,000×4×0.97=461,720원
- E열차 : 134,000×4×0.95=509,200원
- P버스 : 116,000×4=464,000원

세 번째 조건에 따라 E열차는 총 금액이 50만 원을 초과하였으므로 조건에 부합하지 않는다. 남은 비행기와 P버스 중 비행기의 교통비가 가장 저렴하므로, 지우네 가족이 이용할 교통편은 비행기이며, 총 교통비는 461,720원임을 알 수 있다.

49

정답 ③

자기계발 과목에 따라 해당되는 지원 금액과 신청 인원은 다음과 같다.

구분	영어회화	컴퓨터 활용능력	세무회계
지원 금액	70,000×0.5=35,000원	50,000×0.4=20,000원	60,000×0.8=48,000원
신청 인원	3명	3명	3명

교육프로그램마다 3명씩 지원했으므로, 총 지원비는 (35,000+20,000+48,000)×3=309,000원이다.

50

정답 ③

각 조에서 팀별로 한 번씩 경기를 치러야 하므로 조별 경기 수는 ${}_6C_2=\frac{6\times5}{2\times1}=15$경기이다. 한 경기를 치르면 각 팀은 승무패 중 하나의 결과를 얻는다. 그러므로 한 조의 승무패의 합은 15×2=30이 되고, 승과 패의 수는 같아야 한다. 이를 활용하여 경기결과를 도출할 수 있고, 승점을 계산하면 다음과 같다.

1조			2조		
팀	결과	승점	팀	결과	승점
A	1승 4무	1×2+4×1=6점	G	3승 2패	3×2+2×0=6점
B	4승 1무	4×2+1×1=9점	H	2승 2무 1패	2×2+2×1+1×0=6점
C	1무 4패	1×1+4×0=1점	I	2승 1무 2패	2×2+1×1+2×0=5점
D	2무 3패	2×1+3×0=2점	J	3승 1무 1패	3×2+1×1+1×0=7점
E	3승 1무 1패	3×2+1×1+1×0=7점	K	1무 4패	1×1+4×0=1점
F	2승 1무 2패	2×2+1×1+2×0=5점	L	1승 3무 1패	1×2+3×1+1×0=5점

따라서 결승에 진출하는 팀은 1조의 B팀과 2조의 J팀이다.

51

정답 ③

첫 번째 요구사항을 통해 고객은 '높음' 등급의 위험을 꺼려하지만 어느 정도의 위험은 감수할 수 있다는 것을 알 수 있다. 그러므로 '높음' 등급의 A를 제외한다. 또한 감수할 수 있는 위험 범위 내에서 가능한 한 많은 수익을 올리기를 바라므로 '낮음' 등급의 B상품을 제외한다. D상품의 경우 C상품과 수익률이 같지만 고객의 나머지 조건들에 있어서는 모두 C상품에 비해 불리하므로, 고객의 요구에 가장 적합한 상품은 C상품이다.

52

정답 ④

기업이 공익을 침해할 경우 우선 합리적인 절차에 따라 문제 해결을 해야 하며, 기업 활동의 해악이 심각할 경우 근로자 자신이 피해를 볼지라도 신고할 윤리적 책임이 있다.

오답분석

㉠ 신고자의 동기가 사적인 욕구나 이익을 충족시켜서는 안 된다.

53

정답 ③

A사원이 처리할 업무를 시간 순서대로 나열해 보면 '회의실 예약 – PPT 작성 – 메일 전송 – 수정사항 반영 – B주임에게 조언구하기 – 브로슈어에 최종본 입력 – D대리에게 파일 전달 – 인쇄소 방문' 순서이다.

54

정답 ④

비품은 기관의 비품이나 차량 등을 관리하는 총무지원실에 신청해야 하며, 교육 일정은 사내 직원의 교육 업무를 담당하는 인사혁신실에서 확인해야 한다.

55

정답 ②

차량에 운전기사가 따로 있으므로, 최상위자인 E부장은 뒷자리 가장 우측에 승차하는 것이 적절하다. 따라서 E부장의 자리는 (나)이다.

42

정답 ①

천자포의 사거리는 1,500보, 현자포의 사거리는 800보, 지자포의 사거리는 900보로, 사거리 길이가 긴 순서대로 나열하면 '천자포 – 지자포 – 현자'의 순이다. 따라서 천자포의 사거리가 가장 긴 것을 알 수 있다.

43

정답 ③

네 번째 조건에 따라 청경채는 반드시 포함되므로 이에 근거하여 논리식을 전개하면 다음과 같다.

- 두 번째 조건의 대우 : 청경채 → 무순
- 여섯 번째 조건 : 무순 → ~배
- 세 번째 조건 : 무순 → ~당근
- 다섯 번째 조건 : ~당근 → ~바나나
- 첫 번째 조건 : ~바나나 → 사과

따라서 김대리의 식단에는 청경채, 무순, 사과가 포함되고 배, 당근, 바나나는 포함되지 않는다.

44

정답 ④

외부 인사 세 사람에 대한 정보를 정리해 보면 다음과 같다.

혜민	김지후	최준수	이진서
민준	최지후	최준수	이진서
서현	이지후	김준수	최진서

혜민과 민준은 외부 인사인 준수와 진서의 성을 동일하게 기억하고 있으므로 최준수 또는 이진서 둘 중 하나는 반드시 옳은 것이 된다. 만약 이진서가 맞다면, 서현이 바르게 기억하고 있는 사람의 이름은 김준수가 된다. 이지후는 성이 이진서와 겹치므로 모순이 되기 때문이다. 그렇다면 남은 성인 '최'는 지후의 성이 된다. 하지만 이 경우 민준이 이진서와 최지후 두 사람의 성명을 바르게 기억한 셈이 되므로 단 한 명씩의 성명만을 바르게 기억하고 있다는 조건에 위배된다. 따라서 혜민과 민준이 바르게 기억한 외부 인사의 성명은 최준수가 되고, 그 결과 서현이 기억한 이지후가 맞게 되며 진서의 성은 '이'가 될 수 없기에 김진서가 된다.

45

정답 ④

D는 102동 또는 104동에 살며, A와 B가 서로 인접한 동에 살고 있으므로 E는 101동 또는 105동에 산다. 이를 통해 101동부터 순서대로 (A, B, C, D, E), (B, A, C, D, E), (E, D, C, A, B), (E, D, C, B, A)의 네 가지 경우를 추론할 수 있다. 따라서 'A가 102동에 산다면 E는 105동에 산다.'는 반드시 참이 된다.

46

정답 ④

제6조 제1항에 따라 금융소비자의 금융상품에 대한 이해 정도를 고려하고 있다.

오답분석

① 2천만 원의 차량 담보로도 진행할 수 있는 대출에 아파트라는 과도한 담보를 요구하고 있으므로 제5조 제2호에 어긋난다.
② 제6조 제2호에서 정한 취약한 금융소비자에 대한 이해수준 등을 파악하지 않고 일방적으로 상품 가입을 권유하고 있다.
③ 소비자가 충분히 고민하고 결정한 상품을 부정하고, 다른 상품을 강제로 권유하고 있으므로 제5조 제1호에 어긋난다.

47

정답 ②

- 역의 개수 : 47개
- 역과 역 사이 구간 : $47-1=46$구간
- 당고개에서 오이도까지 걸리는 시간 : $2\times46=92$분
- ㉠열차의 경우
  - ㉠열차와 오이도행 열차의 출발 시각 차이 : 6시−5시 40분=20분
  - 오이도행 열차의 6시까지 이동구간의 개수 : $\frac{20}{2}=10$구간
  - 오이도행 열차의 위치 순번 : $47-10=37$번
  - 1번째 역과 37번째 역의 중간역 : $(1+37)\div2=19$번째 역
- ㉡열차의 경우
  - ㉡열차와 오이도행 열차의 출발 시각 차이 : 6시 24분−5시 40분=44분
  - 오이도행 열차의 6시 24분까지 이동구간의 개수 : $\frac{44}{2}=22$구간
  - 오이도행 열차의 위치 순번 : $47-22=25$번
  - 1번째 역과 25번째 역의 중간역 : $(1+25)\div2=13$번째 역
- ㉢열차의 경우
  - ㉢열차와 오이도행 열차의 출발 시각 차이 : 6시 48분−5시 40분=68분
  - 오이도행 열차의 6시 48분까지 이동구간의 개수 : $\frac{68}{2}=34$구간
  - 오이도행 열차의 위치 순번 : $47-34=13$번
  - 1번째 역과 13번째 역의 중간역 : $(1+13)\div2=7$번째 역

48

정답 ①

두 번째 조건에서 교통편과 집과의 거리가 1.2km 이내여야 한다고 하였으므로 K버스는 제외된다. 네 번째 조건에 따라 나머지 교통편의 왕복시간은 다음과 같이 5시간 이하임을 확인할 수 있다.

- 비행기 : 45분×2=1시간 30분
- E열차 : 2시간 11분×2=4시간 22분
- P버스 : 2시간 25분×2=4시간 50분

33

정답 ①

2017년 대비 2024년 건강보험 수입의 증가율은 $\frac{58-33.6}{33.6}\times 100 \fallingdotseq 72.6\%$이고, 건강보험 지출의 증가율은 $\frac{57.3-34.9}{34.9}\times 100 \fallingdotseq 64.2\%$이다.

따라서 차이는 72.6−64.2=8.4%p이므로 15%p 이하이다.

오답분석

② 건강보험 수지율이 전년 대비 감소하는 2018년, 2019년, 2020년, 2021년 모두 정부지원 수입이 전년 대비 증가했다.

③ 2022년 보험료 등이 건강보험 수입에서 차지하는 비율은 $\frac{45.3}{52.4}\times 100 \fallingdotseq 86.5\%$이다.

④ 건강보험 수입과 지출은 매년 전년 대비 증가하고 있으므로 전년 대비 증감 추이는 2018년부터 2023년까지 동일하다.

34

정답 ④

내수 현황을 누적값으로 표시하였으므로 자료와 일치하지 않는다.

오답분석

①·② 제시된 자료를 통해 알 수 있다.

③ 신재생에너지원별 고용인원 비율을 구하면 다음과 같다.

- 태양광 : $\frac{8,698}{16,177}\times 100 \fallingdotseq 54\%$
- 풍력 : $\frac{2,369}{16,177}\times 100 \fallingdotseq 15\%$
- 폐기물 : $\frac{1,899}{16,177}\times 100 \fallingdotseq 12\%$
- 바이오 : $\frac{1,511}{16,177}\times 100 \fallingdotseq 9\%$
- 기타 : $\frac{1,700}{16,177}\times 100 \fallingdotseq 10\%$

35

정답 ②

'비가 온다.'를 A, '개구리가 운다.'를 B, '제비가 낮게 난다.'를 C라고 한다면 첫 번째 명제는 '~A → ~B', 두 번째 명제는 '~A → ~C'이다. 이때 두 번째 명제의 대우 명제는 'C → A', 즉 '제비가 낮게 날면 비가 온다.'로 ②와 동치가 되는 명제이다.

36

정답 ④

형준이는 명오와 커피를 마셨다. 명오도 형준이와 커피를 마셨다. 그러므로 형준이와 명오는 같이 커피를 마셨다. 따라서 영아가 명오와 커피를 마셨다고 한 것은 거짓말임을 알 수 있다.

37

정답 ③

여섯 번째와 마지막 조건에 따라, 유기화학 분야는 여름에 상을 수여받고, 겨울에 상을 수여받을 수 있다. 따라서 무기화학 분야도 여름과 겨울에만 상을 수여받을 수 있다.

38

정답 ②

㉠ 회사가 가지고 있는 신속한 제품 개발 시스템의 강점을 활용하여 새로운 해외시장의 소비자 기호를 반영한 제품을 개발하는 것은 강점을 통해 기회를 포착하는 SO전략에 해당한다.

㉢ 공격적 마케팅을 펼치고 있는 해외 저가 제품과 달리 오히려 회사가 가지고 있는 차별화된 제조 기술을 활용하여 고급화 전략을 추구하는 것은 강점으로 위협을 회피하는 ST전략에 해당한다.

오답분석

㉡ 저임금을 활용한 개발도상국과의 경쟁 심화와 해외 저가 제품의 공격적 마케팅을 고려하면 국내에 화장품 생산 공장을 추가로 건설하는 것은 적절한 전략으로 볼 수 없다. 약점을 보완하여 위협을 회피하는 전략을 활용하기 위해서는 오히려 저임금의 개발도상국에 공장을 건설하여 가격 경쟁력을 확보하는 것이 더 적절하다.

㉣ 낮은 브랜드 인지도가 약점이기는 하나, 해외시장에서의 한국 제품에 대한 선호가 증가하고 있는 점을 고려하면 현지 기업의 브랜드로 제품을 출시하는 것은 적절한 전략으로 볼 수 없다. 약점을 보완하여 기회를 포착하는 전략을 활용하기 위해서는 오히려 한국 제품임을 강조하는 홍보 전략을 세우는 것이 더 적절하다.

39

정답 ②

입장료로 2,000원을 지불했으므로 현정, 상애, 소희 중 2명이 15세 이상이다. 따라서 동생 상애와 소희를 데려간 현정이는 15세 이상이다. 그 외의 다른 정보는 알 수 없다.

40

정답 ④

정현이가 1997년 이전에 태어났음은 알 수 있으나, 제시된 사실만으로는 민현이와 정현이의 출생 순서를 알 수 없다.

41

정답 ③

이동 시간이 긴 순서대로 나열하면 'D－B－C－A'이다. 이때 이동 시간은 거리가 멀수록 많이 소요된다고 하였으므로 서울과의 거리가 먼 순서에 따라 D는 강릉, B는 대전, C는 세종, A는 인천에서 근무하는 것을 알 수 있다.

26

정답 ③

원화를 기준으로 각 국가의 환율을 적용한 농구화 가격을 구하면 다음과 같다.

- 미국 : 210달러×1,100원/달러=231,000원
- 중국 : 1,300위안×160원/위안=208,000원
- 일본 : 21,000엔×960원/100엔=201,600원
- 프랑스 : 200유로×1,200원/유로=240,000원

따라서 일본에서 농구화를 구입하는 것이 가장 저렴하다.

27

정답 ④

환율을 x원, ATM 인출 수수료는 y유로, 카드 결제 수수료율을 z%라고 하자.

우선 인출 1과 2에 관해 정리하면 다음과 같다.

$(650+y)\times x=850,200$ … ㉠

$(450+y)\times x=590,200$ … ㉡

㉠과 ㉡을 연립하면 $x=1,300$이다.

8월 9일에 환율은 1유로당 1,300원이었으며, 인출 수수료 y유로는 다음과 같이 정리할 수 있다.

$(450+y)\times 1,300=590,200$

$\rightarrow 450+y=454$

$\therefore\ y=4$

마지막으로 카드 결제 시 금액은 400×1,300=520,000원이어야 하지만 521,040−520,000=1,040원이 추가로 결제되었으므로 수수료율은 다음과 같이 구할 수 있다.

$400\times z\times 1,300=1,040$

$\rightarrow z=\dfrac{1,040}{400\times 1,300}$

$\therefore\ z=0.002$

따라서 카드 결제 수수료율은 0.2%이고, ATM 인출 수수료는 4유로이다.

28

정답 ②

90만 원을 3개월 할부로 구매하였으므로 할부수수료율은 10%가 적용되며, 회차별 할부수수료는 다음과 같다.

회차	이용원금 상환액(원)	할부수수료(원)	할부잔액(원)
1회	300,000	900,000×0.1 ÷12=7,500	600,000
2회	300,000	600,000×0.1 ÷12=5,000	300,000
3회	300,000	300,000×0.1 ÷12=2,500	0
합계	900,000	15,000	−

따라서 3회 동안 지불한 할부수수료의 전체 금액은 15,000원이다.

29

정답 ③

- (중도상환 원금)=(대출원금)−[원금상환액(월)]×(대출경과월수)

$=12,000,000-\left(\dfrac{12,000,000}{60}\times 12\right)$

$=9,600,000$원

- (중도상환 수수료)$=9,600,000\times 0.038\times\dfrac{36-12}{36}$

$=243,200$원

30

정답 ①

구입 후 1년 동안 대출되지 않은 도서가 5,302권이므로 대출된 도서는 절반 이하이다.

오답분석

② 구입 후 1년 동안 도서의 평균 대출 횟수는 {(5,302×0)+(2,912×1)+(970×2)+(419×3)+(288×4)+(109×5)}÷10,000=$\dfrac{7,806}{10,000}$≒0.78회이다.

③ 구입 후 1년 동안 1회 이상 대출된 도서는 4,698권이고, 이 중 2,912권이 1회 대출됐으므로 그 비율은 $\dfrac{2,912}{4,698}\times 100$≒62%이다.

④ 구입 후 5년 동안 적어도 2회 이상 대출된 도서는 1,401+888+519+230=3,038권이므로 전체 도서의 약 30%이다.

31

정답 ④

사고 전·후 이용 가구 수의 차이가 가장 큰 것은 생수이며, 가구 수의 차이는 140−70=70가구이다.

오답분석

① 사고 전에는 수돗물을 이용하는 가구 수가 120가구로 가장 많다.

② 사고 전·후 식수 조달원을 변경한 가구의 비율은 $\dfrac{230}{370}\times 100$≒62%이다.

③ 수돗물과 약수를 이용하는 가구 수가 감소했다.

32

정답 ③

존속성 기술을 개발하는 업체의 총수는 24개, 와해성 기술을 개발하는 업체의 총수는 23개로 옳다.

오답분석

① 와해성 기술을 개발하는 전체 기업수는 23개이고 이 중 벤처기업은 12개, 대기업은 11개이다. 따라서 벤처기업이 $\dfrac{12}{23}\times 100$≒52.2%, 대기업이 $\dfrac{11}{23}\times 100$≒47.8%으로, 벤처기업이 대기업보다 높다.

② 17 : 10으로 시장견인전략을 취하는 비율이 월등히 높다.

④ 10 : 10의 동일한 비율이므로 옳지 않다.

16
정답 ②

제시문 첫 번째 문단의 두 번째 문장을 통해 ㉡의 내용을 확인할 수 있다.

오답분석

㉠ 농촌사랑 모바일상품권은 전국 농·축협 및 NH농협은행에서 지류 형태(종이상품권)로 교환할 수 있다.
㉢ 농촌사랑 상품권이 아닌 농촌사랑 모바일상품권을 5만 원 이상 구매해야 농촌사랑 모바일상품권(3만 원) 증정 이벤트의 대상이 될 수 있다.
㉣ 농촌사랑 모바일상품권을 구매하려는 개인고객은 농협몰을, 기업고객은 KT엠하우스의 기프티쇼비즈를 이용해야 한다.

17
정답 ③

$0.42\times20-24\times0.31$
$=8.4-7.44$
$=0.96$

18
정답 ②

$131-4^3+122-8^2$
$=253-64-64$
$=125$

19
정답 ④

분자와 분모에 교대로 ×3인 수열이다.

따라서 ( )$=\frac{18\times3}{45}=\frac{54}{45}$이다.

20
정답 ④

분모는 +11, +22, +33, …, 분자는 −5, −6, −7, …인 수열이다.

따라서 ( )$=\frac{(-19)-9}{121+55}=-\frac{28}{176}$이다.

21
정답 ①

홀수 항은 ×2+1.1, ×2+1.2, ×2+1.3, …, 짝수 항은 ×2−1.1인 수열이다.

따라서 ( )$=0.3\times2-1.1=-0.5$이다.

22
정답 ①

제시된 수열은 정수 부분이 1^3, 2^3, 3^3, 4^3, …, 소수 부분이 −0.03이면서 짝수 번째 항이 음수인 수열이다.

따라서 ( )$=5^3+(0.72-0.03)=125.69$이다.

23
정답 ④

홍보부서가 네 번째 또는 다섯 번째 시합에서 우승할 확률은 다음과 같다.

- 네 번째 시합에서 홍보부서가 우승할 경우
  네 경기 모두 홍보부서가 이겨야 하므로 확률은
  $\frac{1}{2}\times\frac{1}{2}\times\frac{1}{2}\times\frac{1}{2}=\frac{1}{16}$이다.
- 다섯 번째 시합에서 홍보부서가 우승할 경우
  홍보부서는 네 번째 시합까지 3승 1패를 하고, 다섯 번째 시합에서 이겨야 한다.
  홍보부서가 네 번째 시합까지 1번 졌을 확률은
  ${}_4C_1\times\left(\frac{1}{2}\right)^3\left(\frac{1}{2}\right)=\frac{1}{4}$이므로, 다섯 번째 시합에서 홍보부서가 우승할 확률은 $\frac{1}{4}\times\frac{1}{2}=\frac{1}{8}$이다.

따라서 홍보부서가 네 번째 또는 다섯 번째 시합에서 결승에 우승할 확률은 $\frac{1}{16}+\frac{1}{8}=\frac{1+2}{16}=\frac{3}{16}$이다.

24
정답 ②

주택청약을 신청한 집합을 A, 펀드는 B, 부동산 투자는 C라고 가정하고, 벤 다이어그램 공식을 사용하여 2개만 선택한 직원 수를 구하면 다음과 같다.

$A\cup B\cup C=A+B+C-[(A\cap B)+(B\cap C)+(C\cap A)]$
$+(A\cap B\cap C)$

(이때, 전체 직원 수는 각 항목에 해당하는 총인원에서 중복(3개 또는 2개)으로 선택한 직원 수를 제외한 것)

$(A\cap B)+(B\cap C)+(C\cap A)$의 값을 x라고 하면,

$A\cup B\cup C=A+B+C-[(A\cap B)+(B\cap C)+(C\cap A)]$
$+(A\cap B\cap C)$

→ $60=27+23+30-x+5$ → $x=25$

$(A\cap B)+(B\cap C)+(C\cap A)$의 값은 25명이며,

여기서 $A\cap B\cap C$, 3개 모두 선택한 직원 수가 3번 포함되어 있다.

따라서 2개만 선택한 직원 수는 $25-5\times3=10$명임을 알 수 있다.

25
정답 ①

기존 남학생 수를 x명, 여학생 수를 y명이라고 할 때,

신입회원이 남자라면 $x+1=2y$ … ㉠

신입회원이 여자라면 $y+1=x$ … ㉡

㉠과 ㉡을 연립하면 $x=3$, $y=2$이다.

따라서 기존의 동아리 회원 수는 $3+2=5$명이다.

07

정답 ②

- 출근 : 일터로 근무하러 나가거나 나옴
- 퇴근 : 일터에서 근무를 마치고 돌아가거나 돌아옴

오답분석

① 출세 : 사회적으로 높은 지위에 오르거나 유명하게 됨
③ 지출 : 어떤 목적을 위하여 돈을 지급하는 일
④ 개근 : 학교나 직장 따위에 일정한 기간 동안 하루도 빠짐없이 출석하거나 출근함

08

정답 ②

- 간섭 : 직접 관계가 없는 남의 일에 부당하게 참견함
- 방임 : 돌보거나 간섭하지 않고 제멋대로 내버려 둠

오답분석

① 참견 : 자기와 별로 관계없는 일이나 말 따위에 끼어들어 쓸데없이 아는 체하거나 간섭함
③ 섭정 : 군주가 직접 통치할 수 없을 때에 군주를 대신하여 나라를 다스림
④ 개간 : 거친 땅이나 버려둔 땅을 일구어 논밭이나 쓸모 있는 땅으로 만듦

09

정답 ④

- Why don't we ~ : 우리 ~ 할까?

A : 너 이번 주말에 계획 있니?
B : 우리 낚시하러 갈까?
A : 그거 좋은데.
B : 내가 사진 찍게 카메라를 가져올게.

10

정답 ③

제시문은 두 번째 문단의 첫 번째 문장에서 지구의 내부가 지각, 상부 맨틀, 하부 맨틀, 외핵, 내핵으로 이루어진 층상 구조라고 밝히며, 지구 내부의 구조를 설명하고 있다. 따라서 중심 내용으로 가장 적절한 것은 ③이다.

11

정답 ④

전통적인 경제학은 외부성의 비효율성을 줄이기 위해 정부의 개입을 해결책으로 제시하고 있다. 따라서 정부의 개입이 오히려 비용을 높일 수 있다는 주장을 반박으로 제시할 수 있다.

오답분석

①·② 전통적인 경제학의 주장이다.
③ 외부성에 대한 설명이다.

12

정답 ④

GR이 많으면 코르티솔 민감성을 낮아지게 하는 되먹임회로가 강화되므로 스트레스에 덜 반응하게 된다. 또한 어미에게 많이 핥인 새끼는 그렇지 않은 새끼보다 GR이 더 많이 생겨난다. 따라서 많이 핥인 새끼가 GR이 더 많으므로 그렇지 않은 새끼보다 스트레스에 더 무디게 반응한다.

오답분석

① GR 유전자가 아닌 GR 유전자의 발현 정도에 따라 나타나는 GR의 수가 스트레스 반응 정도와 관련이 있다.
② 어미의 보살핌 정도에 따라 GR 유전자 자체의 차이가 발생하는 것이 아니라 그 발현 정도에 차이가 발생하는 것이다. 또한 빈칸의 앞 문장에서는 스트레스와 GR의 관계를 이야기하고 있으므로 적절하지 않다.
③ 스트레스 반응 정도는 코르티솔 민감성에 따라 결정되고, 이러한 코르티솔 민감성은 GR이 많을수록 낮아지게 된다.

13

정답 ④

먼저 농약허용물질목록제도(PLS)의 개념과 시행에 대해 언급하고 있는 (라) 문단이 처음으로 오는 것이 적절하며, 그 뒤로는 PLS 도입의 목적에 대해 설명하는 (가) 문단이 오는 것이 자연스럽다. 다음으로는 PLS 시행에 대한 농업계의 우려를 보여주는 (마) 문단이 오며, 그 뒤로는 PLS 시행으로 예상되는 문제점을 설명하는 (다) 문단이 오고, 마지막으로는 PLS 시행의 문제점에 대한 정부의 대응을 언급하는 (나) 문단이 오는 것이 적절하다.

14

정답 ③

정부는 1월 1일부터 PLS를 시행하였지만, 올해는 계도 위주로 운용하여 법적 책임을 묻기보다는 PLS가 안정적으로 정착할 수 있도록 하는 데 초점을 두고 있다.

오답분석

① PLS 도입의 목적은 국민에게 안전한 농산물을 제공하는 것이다.
② 일본·유럽연합·대만 등의 주요 국가는 이미 PLS를 도입하였다.
④ 농업계는 PLS 도입의 필요성을 인정하지만, 생산 농가의 준비가 아직 충분하지 않다는 입장이다.

15

정답 ①

농촌사랑 모바일상품권은 5천 원권, 1만 원권, 5만 원권, 10만 원권의 총 4종으로 발행된다.

제6회 모의고사 정답 및 해설

01	02	03	04	05	06	07	08	09	10
③	④	④	③	④	④	②	②	④	③
11	12	13	14	15	16	17	18	19	20
④	④	④	③	①	②	③	②	④	④
21	22	23	24	25	26	27	28	29	30
①	①	④	②	①	③	④	②	③	①
31	32	33	34	35	36	37	38	39	40
④	③	①	④	②	④	③	②	②	④
41	42	43	44	45	46	47	48	49	50
③	①	③	④	④	④	②	①	③	③
51	52	53	54	55	56	57	58	59	60
③	④	③	④	②	④	①	②	③	①

01

정답 ③

제시된 단어는 도구와 용도의 관계이다. 사전은 검색하는 데 쓰이고, 물감은 칠하는 데 쓰인다.

02

정답 ④

'엄지(공주)', '인어(공주)', '낙랑(공주)'를 연상할 수 있다. 엄지공주와 인어공주는 덴마크 작가 한스 안데르센(Hans Christian Andersen)이 지은 동화 속 주인공이다. 낙랑공주는 낙랑 태수(太守) 최리(崔理)의 딸로, 고구려 왕자 호동(好童)과 결혼하였고, 호동의 부탁으로 낙랑의 자명고를 찢었다. 이 때문에 낙랑은 멸망하였고 낙랑공주는 이 사실을 알게 된 최리에 의해 죽었다.

03

정답 ④

④는 대상 – 행위 – 장소의 관계이다.

오답분석

①·②·③ 뒤의 단어가 앞의 두 단어를 발견할 수 있는 장소이다.

04

정답 ③

- 부화뇌동(附和雷同) : '우레 소리에 맞춰 함께 한다'는 뜻으로, 자신의 뚜렷한 소신 없이 그저 남이 하는 대로 따라가는 것을 의미한다.
- 서낭에 가 절만 한다. : 서낭신 앞에 가서 아무 목적도 없이 절만 한다는 뜻으로, 영문도 모르고 남이 하는 대로만 따라함을 비유적으로 이르는 말

오답분석

① 서른세 해 만에 꿈 이야기한다. : 까맣게 잊어버린 지난 일을 새삼스럽게 들추어내서 상기시키는 쓸데없는 행동을 비유적으로 이르는 말
② 누운 소 똥 누듯 한다. : 무슨 일을 힘들이지 않고 쉽게 하는 것을 비유적으로 이르는 말
④ 차돌에 바람 들면 석돌보다 못하다. : 오달진 사람일수록 한번 타락하면 건잡을 수 없게 된다는 말

05

정답 ④

제시문과 ④의 '나서다'는 '어떠한 일을 적극적으로 또는 직업적으로 시작하다.'라는 의미이다.

오답분석

① 앞이나 밖으로 나와 서다.
② 어떠한 일을 가로맡거나 간섭하다.
③ 어디를 가기 위하여 있던 곳을 나오거나 떠나다.

06

정답 ④

제시문과 ④의 '사이'는 주로 '없다'와 함께 쓰여 어떤 일에 들이는 시간적인 여유나 겨를을 의미한다.

오답분석

① 한곳에서 다른 곳까지, 또는 한 물체에서 다른 물체까지의 거리나 공간
② 한때로부터 다른 때까지의 동안
③ 서로 맺은 관계, 또는 사귀는 정분

53 정답 ②

면접평가 결과를 점수로 변환하면 다음과 같다.

(단위 : 점)

구분	A	B	C	D	E
의사소통능력	100	100	100	80	50
문제해결능력	80	75	100	75	95
조직이해능력	95	90	60	100	90
대인관계능력	50	100	80	60	85

변환된 점수에 최종 합격자 선발기준에 따른 평가비중을 곱하여 최종 점수를 도출하면 다음과 같다.

- A : (100×0.4)+(80×0.3)+(95×0.2)+(50×0.1)=88점
- B : (100×0.4)+(75×0.3)+(90×0.2)+(100×0.1)=90.5점
- C : (100×0.4)+(100×0.3)+(60×0.2)+(80×0.1)=90점
- D : (80×0.4)+(75×0.3)+(100×0.2)+(60×0.1)=80.5점
- E : (50×0.4)+(95×0.3)+(90×0.2)+(85×0.1)=75점

따라서 최종 합격자는 상위자 2명이므로 B, C가 선발된다.

54 정답 ②

연 1회 가능하므로 다음 해에 월 임대료를 임대보증금으로 1번 전환할 수 있다.

1년 동안 A사원이 내는 월 임대료는 500,000×12=6,000,000원이고, 이 금액에서 최대 56%까지 보증금으로 전환이 가능하므로 6,000,000×0.56=3,360,000원을 보증금으로 바꿀 수 있다. 보증금에 전환이율 6.72%를 적용하여 환산한 환산보증금은 3,360,000÷0.0672=50,000,000원이 된다. 즉, 월세를 최대로 낮췄을 때 월세는 500,000×(1−0.56)=220,000원이며, 보증금은 환산보증금 5천만 원을 추가하여 8천만 원이 된다.

55 정답 ④

제시문은 한정 판매 마케팅 기법에 대한 설명으로, 이는 한정판 제품의 공급을 통해 의도적으로 공급의 가격탄력성을 0에 가깝게 조정한 것이다. 이 기법은 판매 기업의 입장에서는 이윤 증대를 위한 경영 혁신이지만 소비자의 합리적 소비를 저해할 수 있다.

56 정답 ②

업무 순서를 나열하면 '회사 홈페이지, 관리자 페이지 및 업무용 메일 확인 – 외주업체로부터 브로슈어 샘플 디자인 받기 – 회의실 예약 후 마이크 및 프로젝터 체크 – 팀 회의 참석 – 지출결의서 총무부 제출'이다. 따라서 출근 후 두 번째로 해야 할 일은 '외주업체로부터 판촉 행사 브로슈어 샘플 디자인 받기'이다.

57 정답 ④

빈칸에 각각 들어갈 단어는 ㉠ '이문화 커뮤니케이션', ㉡ '국제 커뮤니케이션'이다.

오답분석

- 비공식적 커뮤니케이션 : 조직의 공식적 통로를 거치지 않는 의사소통
- 다문화 커뮤니케이션 : 메시지의 송신자와 수신자가 서로 다른 문화의 일원일 경우에 일어나는 커뮤니케이션
- 공식적 커뮤니케이션 : 공식조직의 제도적·계층적 경로를 따라 정식으로 행해지는 의사소통

58 정답 ①

(가)는 안정형, (나)는 중립형, (다)는 적극형 포트폴리오이다. 고객 A에게는 손실 최소화와 안정적 투자를 목표하는 안정형, 고객 B에게는 수익성과 안정성을 고려하여 어느 한쪽에 치우치지 않도록 하는 중립형, 고객 C에게는 위험을 감내하더라도 높은 수준의 투자수익을 추구하는 적극형을 추천해야 한다.

59 정답 ④

오픈뱅킹은 하나의 어플리케이션만으로 여러 은행의 계좌를 관리할 수 있도록 제공하는 서비스이다.

오답분석

① 섭테크 : 금융감독(Supervision)과 기술(Technology)의 합성어로, 최신기술을 활용하여 금융감독 업무를 효율적으로 수행하기 위한 기법이다.

② 레그테크 : 레귤레이션(Regulation)과 기술(Technology)의 합성어로, 최신기술을 활용하여 기업들이 금융규제를 쉽고 효율적으로 수행하기 위한 기법이다.

③ 뱅크런 : 경제상황 악화로 금융시장에 위기감이 조성되면서 은행의 예금 지급 불능 상태를 우려한 고객들이 대규모로 예금을 인출하는 사태를 말한다.

60 정답 ①

도시농업 사업은 농산물 재배와 더불어 미래 먹거리 개발에도 힘쓰고 있으며, 이밖에도 전문인력 양성, 일자리 창출, 귀농·귀촌 교육, 치유농업 프로그램 등 다양한 프로그램을 함께 추진하고 있다.

오답분석

㉡ 도시농업은 전문인력 양성을 위해 전문교육을 실시하고 있으며, 이는 청년층에 국한된 것이 아니라 다양한 계층의 시민을 대상으로 진행되고 있다.

㉢ 도시농업의 추진 목적은 도시에서도 농업을 육성하여 건강한 먹거리를 직접 생산하기 위함에 있다.

㉣ 코로나19 이후 도시농업은 도시에서 직접 작물을 재배하면서 육체적·정신적 건강을 도모하는 여가문화로 인식이 변화되었다.

46

정답 ④

㉡ 민간의 자율주행기술 R&D를 지원하여 기술적 안정성을 높이는 전략은 위협을 최소화하는 내용은 포함하지 않고 약점만 보완하는 내용이므로 ST전략이라 할 수 없다.

㉣ 국내 기업의 자율주행기술 투자가 부족한 약점을 국가기관의 주도로 극복하려는 내용은 약점을 최소화하고 위협을 회피하려는 WT전략의 내용으로 적절하지 않다.

오답분석

㉠ 높은 수준의 자율주행기술을 가진 외국 기업과의 기술이전협약 기회를 통해 국내외에서 우수한 평가를 받는 국내 자동차기업이 국내 자율주행자동차 산업의 강점을 강화하는 전략은 SO전략에 해당한다.

㉢ 국가가 지속적으로 자율주행차 R&D를 지원하는 법안이 본회의를 통과한 기회를 토대로 기술개발을 지원하여 국내 자율주행자동차 산업의 약점인 기술적 안전성을 확보하려는 전략은 WO전략에 해당한다.

47

정답 ③

유아가 동행하지만, 유모차 대여유무는 'V0(미대여)'로 표기되어 있다.

오답분석

① AU : 시작일(8월 1일)과 마감일(9월 30일)만 시간 제약이 있고, 그 이외 날짜에는 24시간 가능하므로 8월 후기(8월 16 ~ 31일)에 신청한 신청자는 시간제약 없이 신청 가능했다.

② A2C0B1 : 성인(만 19세 이상) 2명과 유아(만 3세 이하) 1명, 총 3명으로 표기되어 있다.

④ 19 : 20일과 21일은 주말로 평일 중 마지막 날은 19일이므로 옳은 내용이다.

48

정답 ②

신청내용을 신청번호 순으로 정리하면 다음과 같다.

- 9월 1일 15시 30분 통화 : 사전신청일은 9월 전기(SE)
- 관람인원은 보호자인 고객과 6살 아이 : A1C1B0
- 유모차 미대여 : V0
- 관람날짜 / 요일 / 시간 : 10월 둘째 주 토요일(10월 13일)의 주말 오전시간대(13HB)

따라서 신청자의 신청번호는 'SEA1C1B0V013HB'이다.

49

정답 ②

제시된 자료를 토대로 각 레스토랑의 통신사별 할인이 적용된 최종금액을 산정하면 다음과 같다..

구분	A통신사	B통신사	C통신사
A 레스토랑	143,300 −5,000 =138,300원	143,300 ×0.85 ≒121,800원	143,300 −14,300 =129,000원
B 레스토랑	165,000원	165,000×0.8 =132,000원	45,500 (∵ 65,000×0.7) +100,000 =145,500원
C 레스토랑	174,500 −26,100 =148,400원	112,050 (∵ 124,500×0.9) +50,000 =162,050원	174,500×0.7 =122,150원

따라서 A레스토랑에서 B통신사의 15% 할인을 받았을 때 최종금액이 121,800원으로 가장 저렴하다.

50

정답 ④

체육대회는 주말에 한다고 하였으므로 평일과 비가 오는 장마기간은 제외한다. 12일과 13일에는 사장이 출장으로 자리를 비우고, 마케팅팀이 출근해야 하므로 적절하지 않다. 19일은 서비스팀이 출근해야 하며, 26일은 마케팅팀이 출근해야 한다. 또한, ○○운동장은 둘째, 넷째 주말엔 개방하지 않으므로 27일을 제외하면 남은 날은 20일이다.

51

정답 ③

월요일에는 늦지 않게만 도착하면 되므로, 서울역에서 8시에 출발하는 KTX를 이용한다. 수요일에는 최대한 빨리 와야 하므로, 사천공항에서 19시에 출발하는 비행기를 이용한다.
따라서 소요되는 교통비는 65,200(∵ '서울 – 사천' KTX 비용)+22,200(∵ '사천역 – 사천연수원' 택시비)+21,500(∵ '사천연수원 – 사천공항' 택시비)+93,200(∵ '사천 – 서울' 비행기 비용)×0.9(10% 할인)=192,780원이다.

52

정답 ②

제시된 자료를 이용해 원격훈련 지원금 계산에 필요한 수치를 정리하면 다음과 같다.

구분	원격훈련 종류별 지원금	시간	수료 인원	기업 규모별 지원 비율
X기업	5,400원	6시간	7명	100%
Y기업	3,800원	3시간	4명	70%
Z기업	11,000원	4시간	6명	50%

세 기업의 원격훈련 지원금을 계산하면 다음과 같다.

- X기업 : 5,400×6×7×1=226,800원
- Y기업 : 3,800×3×4×0.7=31,920원
- Z기업 : 11,000×4×6×0.5=132,000원

따라서 바르게 짝지어진 것은 ②이다.

38

정답 ④

- 예승 : 2021년과 2022년에는 전년 대비 회원기금원금 합계가 감소하였다.
- 세현 : 2024년 목돈수탁원금의 비중은 15.6%로 3위이다.

오답분석

- 선미 : 2022년에 회원 수가 가장 적으며, 이 해에 목돈수탁원금도 가장 적다.
- 송해 : 2024년에 평균 계좌 수와 회원기금원금이 가장 많다.

39

정답 ③

㉠ 2023년에 B등급이었던 고객이 2025년까지 D등급이 되는 경우는 다음과 같다.

2023년	2024년	2025년	확률
B	A	D	0.14×0.02=0.0028
	B		0.65×0.05=0.0325
	C		0.16×0.25=0.04
	D		0.05

따라서 구하고자 하는 확률은 0.0028+0.0325+0.04+0.05=0.1253로 0.08 이상이다.

㉡ 해마다 다음 해로 4가지의 등급변화가 가능하다. 이때, D등급을 받으면 5년간 등급변화가 생기지 않는 점에 유의한다. 2023년 C등급에서 2024년에 4가지로 변화가 가능하고, 2025년에 D를 제외한 모든 등급이 다시 4가지씩 변화가 가능하다. 마찬가지로 2026년에 D등급을 제외한 모든 등급이 4가지씩 변화할 수 있으므로 총 경우의 수는 40가지인데, 이 중 C등급이 유지되는 경우를 제외하면 31가지이다.

오답분석

㉢ • B등급 고객의 신용등급이 1년 뒤에 하락할 확률 : 0.16+0.05=0.21
• C등급 고객의 신용등급이 1년 뒤에 상승할 확률 : 0.15+0.05=0.2

따라서 B등급 고객의 신용등급이 하락할 확률이 더 높다.

40

정답 ②

현재 빌릴 돈을 x만 원이라고 하자. 4년 후 갚아야 할 돈이 2,000만 원이므로, 이율은 r%, 개월 수를 n개월이라고 할 때, 복리와 단리일 때 빌릴 돈을 계산하면 다음과 같다.

- 복리 : (원금)$\times(1+r)^{\frac{n}{12}}=x\times1.08^4=2,000$
  $\rightarrow x=\frac{2,000}{1.08^4}=\frac{2,000}{1.36}\fallingdotseq1,471$만 원
- 단리 : (원금)$\times\left(1+\frac{r}{12}\times n\right)=x\times(1+0.08\times4)=2,000$
  $\rightarrow x\times1.32=2,000\rightarrow x=\frac{2,000}{1.32}\fallingdotseq1,515$만 원

따라서 금액의 차이는 1,515−1,471=44만 원이다.

41

정답 ③

채소 품목들의 조사단위가 모두 10kg이기 때문에 혼동하게끔 만들어놓은 선택지이다. 무의 조사단위는 15kg이므로 이에 유의해야 한다.

오답분석

①·②·④ 모두 제시된 자료를 옳게 표시한 그래프이다.

42

정답 ①

영희가 전체 평균 점수 1등을 했으므로 총점이 가장 높다.

오답분석

②·③·④ 등수는 알 수 있지만 각 점수는 알 수 없기 때문에 점수 간 비교는 불가능하다.

43

정답 ①

'아침에 운동을 한다.'를 A, '건강한 하루를 시작한 것'을 B, '일찍 일어났다.'를 C라고 하면, 첫 번째 명제는 A → B, 마지막 명제는 ~B → ~C이다. 첫 번째 명제의 대우가 ~B → ~A이므로 ~B → ~A → ~C가 성립하기 위한 두 번째 명제는 ~A → ~C나 C → A이다. 따라서 빈칸에 들어갈 명제로 가장 적절한 것은 '일찍 일어나면 아침에 운동을 한다.'이다.

44

정답 ③

조건에 따라 정리하면 다음과 같다.

- 비밀번호를 구성하는 숫자는 소수가 아니므로 0, 1, 4, 6, 8, 9 중에서 4자리 조합이다.
  소수 : 1과 자기 자신만으로 나누어지는 1보다 큰 양의 정수(예 2, 3, 5, 7…)
- 비밀번호는 짝수로 시작하며 가장 큰 수부터 차례로 4가지 숫자가 나열되므로, 9는 제외되고 8 또는 6으로 시작한다.
- 8과 6은 단 하나만 비밀번호에 들어가므로 서로 중복하여 사용할 수 없다. 따라서 8410 또는 6410이라는 두 가지 숫자의 조합밖에 나오지 않는다.

오답분석

① 두 비밀번호 모두 0으로 끝나므로 짝수이다.
② 두 비밀번호의 앞에서 두 번째 숫자는 4이다.
④ 두 비밀번호 모두 1을 포함하지만 9는 포함하지 않는다.

45

정답 ①

C의 진술이 참일 경우 D의 진술도 참이 되므로 1명만 진실을 말하고 있다는 조건이 성립하지 않는다. 그러므로 C의 진술은 거짓이 되고, D의 진술도 거짓이 되므로 C와 B는 모두 주임으로 승진하지 않았음을 알 수 있다. 이에 따라 B가 주임으로 승진하였다는 A의 진술도 거짓이 된다. 결국 A가 주임으로 승진하였다는 B의 진술이 참이 되므로 주임으로 승진한 사람은 A사원이 된다.

34

정답 ③

- 영희 : 인터넷을 이용하는 남성의 수는 113+145=258명, 여성의 수는 99+175=274명으로 여성의 수가 더 많다.
- 현호 : 인터넷을 이용하지 않는 30세 미만은 56명, 30세 이상은 112명이므로 30세 이상이 더 많다.

오답분석

- 정수 : 인터넷을 자주 이용하는 30세 미만은 135명, 30세 이상은 77명이지만, 구체적인 남녀의 수는 나와 있지 않으므로 알 수 없다.

35

정답 ②

저항기 부문의 공공외부자금 조달 비중 대비 민간외부자금 조달 비중은 $\frac{9.1}{11.0}\times100 \fallingdotseq 82.7\%$이므로 옳다.

오답분석

① 모든 투자재원이 기업내부에서 조달되는 세부부문은 비산화물, 기타 분말원료, 도자기, 광학, 기타 전기 전자부품으로 5개이다.
③ 세라믹산업 전체에서 민간외부자금 조달이 차지하는 비중보다 비중이 높은 세부부문 항목은 수산화물, 산화물, 세라믹섬유, 유리, 생체소재 및 제품, 회로기판 및 세라믹 패키지, 저항기, 세라믹센서 및 액추에이터, 전지용 부품으로 총 9개이다.
④ 세라믹 1차 제품 부문 중 기업내부 조달 비중이 가장 작은 세부부문은 세라믹 코팅제인데, 공공외부자금 조달 비중은 31.1%로 가장 크다.

36

정답 ①

- 네 번째 조건을 이용하기 위해 6개 수종의 인장강도와 압축강도의 차를 구하면 다음과 같다.
  - A : $52-48=4\text{N/mm}^2$
  - B : $125-64=61\text{N/mm}^2$
  - C : $69-63=6\text{N/mm}^2$
  - 삼나무 : $45-41=4\text{N/mm}^2$
  - D : $24-21=3\text{N/mm}^2$
  - E : $59-51=8\text{N/mm}^2$

  즉, 인장강도와 압축강도의 차가 두 번째로 큰 수종은 E이므로 E는 전나무이다.
- 첫 번째 조건을 이용하기 위해 6개 수종의 전단강도 대비 압축강도 비를 구하면 다음과 같다.
  - A : $\frac{48}{10}=4.8$
  - B : $\frac{64}{12}\fallingdotseq 5.3$
  - C : $\frac{63}{9}=7$
  - 삼나무 : $\frac{41}{7}\fallingdotseq 5.9$
  - D : $\frac{24}{6}=4$
  - E : $\frac{51}{7}\fallingdotseq 7.3$

  즉, 전단강도 대비 압축강도 비가 큰 상위 2개 수종은 C와 E이다. E가 전나무이므로 C는 낙엽송이다.
- 두 번째 조건을 이용하기 위해 6개 수종의 휨강도와 압축강도의 차를 구하면 다음과 같다.
  - A : $88-48=40\text{N/mm}^2$
  - B : $118-64=54\text{N/mm}^2$
  - C : $82-63=19\text{N/mm}^2$
  - 삼나무 : $72-41=31\text{N/mm}^2$
  - D : $39-24=15\text{N/mm}^2$
  - E : $80-51=29\text{N/mm}^2$

  휨강도와 압축강도의 차가 큰 상위 2개 수종은 A와 B이므로 소나무와 참나무는 A와 B 중 하나이다. 따라서 D는 오동나무이다.
- 오동나무 기건비중의 2.5배는 $0.31\times2.5=0.775$이다. 세 번째 조건에 의하여 참나무의 기건비중은 오동나무 기건비중의 2.5배 이상이므로, B는 참나무이고 A가 소나무이다.

따라서 A는 소나무, C는 낙엽송이다.

37

정답 ②

㉠ 1라운드 때 S팀의 선수를 C선수로 정하면, 나머지 라운드에 출전할 수 있는 선수는 다음과 같다.
- 2라운드 : A선수, B선수
- 3라운드 : D선수, F선수, G선수

따라서 1라운드에서 S팀의 선수를 C선수로 정할 때, S팀이 선발할 수 있는 출전 선수의 조합은 2×3=6가지이다.

㉢ C선수는 1라운드와 2라운드에 출전할 수 있다. 그러나 첫 번째 조건에 의하여 한 명의 선수는 하나의 라운드에만 출전할 수 있으므로 C선수의 1라운드 출전 여부에 따라 출전 선수 조합의 수를 구해야 한다.
- C선수가 1라운드에 출전하는 경우
  ㉠의 해설에 따라 S팀이 선발할 수 있는 출전 선수의 조합은 6가지이다.
- C선수가 1라운드에 출전하지 않는 경우
  - 1라운드 : E선수
  - 2라운드 : A선수, B선수, C선수
  - 3라운드 : D선수, F선수, G선수

  C선수가 1라운드에 출전하지 않을 때 S팀이 선발할 수 있는 출전 선수의 조합은 1×3×3=9가지이다.

따라서 S팀이 선발할 수 있는 출전 선수의 조합은 6+9=15가지이다.

오답분석

㉡ 2라운드 때 S팀의 선수를 A선수로 정하면 나머지 라운드에 출전할 수 있는 선수는 다음과 같다.
- 1라운드 : C선수, E선수
- 3라운드 : D선수, F선수, G선수

따라서 2라운드에서 S팀의 선수를 A선수로 정할 때, S팀이 선발할 수 있는 출전 선수의 조합은 2×3=6가지이다.

28

정답 ②

㉠ 해당 적금은 영업점과 비대면 채널(인터넷 / 스마트뱅킹)에서 모두 판매되고 있다.

㉢ 우대금리를 적용받는 연금의 종류에는 타행의 연금이라도 '연금'이라는 문구가 포함되면 인정되므로, 타행의 연금에 가입한 경우에도 만기 전전월 말 이전의 가입기간 중 2개월 이상 당행 계좌로 연금이 입금되어 우대금리 요건을 충족시킨다면 우대금리를 적용받을 수 있다.

오답분석

㉡ 신고는 서류양식을 갖추어 통보만 하면 효력이 발생하는 것을 의미하지만, 약관에 따르면 질권설정을 위해서는 은행이 내용을 실질적으로 검토하여 허락을 하는 승인이 필요하다.

㉣ 우대금리는 만기해지 시에만 적용되므로, 중도에 해지하는 경우에는 요건을 충족하는 항목이 있더라도 우대금리를 적용받을 수 없다.

29

정답 ④

최과장은 가입기간 중 급여를 당행 계좌로 입금받고 있으므로 우대금리를 0.2%p 적용받고, 비대면 채널로 가입하였으므로 0.1%p의 우대금리를 적용받는다. 그러므로 기본금리를 포함하여 총 1.0%의 금리를 적용받는다.

따라서 최과장이 만기에 수령할 원리금은 다음과 같다.

$$(200,000\times 12)+\left(200,000\times \frac{12\times 13}{2}\times \frac{0.01}{12}\right)$$

$=2,413,000$원

30

정답 ③

은행 상담을 통해 A씨가 가진 외화를 우선 원화로 환전한 뒤, 환전한 원화를 홍콩달러로 환전해야 함을 알 수 있다. 이때의 다음과 같은 절차를 거치게 된다.

i) 외화를 원화로 환전할 경우 : '팔 때' 환율 적용
- 미국 USD : $1,000×1,190.40=1,190,400원
- 유럽연합 EUR : €500×1,300.13=650,065원
- 중국 CNY : ¥10,000×175.90=1,759,000원
- 일본 JPY 100 : ¥5,000×1,046.64÷100=52,332원

∴ 원화 총액 : 3,651,797원

ii) 원화를 홍콩달러로 환전할 경우 : '살 때' 환율 적용

3,651,797÷159.07=22,957 (∵ 소수점 단위 금액 절사)

따라서 A씨는 HK$ 22,957을 수령한다.

31

정답 ④

서비스 품질 5가지 항목의 점수와 서비스 쇼핑 체험 점수를 비교하면, 모든 대형마트에서 서비스 쇼핑 체험 점수가 가장 낮다는 것을 확인할 수 있다. 그러므로 서비스 쇼핑 체험 부문의 만족도는 서비스 품질 부문들보다 낮다고 이해할 수 있다. 또한, 서비스 쇼핑 체험 점수의 평균은 $(3.48+3.37+3.45+3.33)\div 4\fallingdotseq 3.41$점이다.

오답분석

① 제시된 자료에서 단위를 살펴보면 5점 만점으로 조사되었음을 알 수 있으며, 종합만족도의 평균은 $(3.72+3.53+3.64+3.56)\div 4\fallingdotseq 3.61$점이다.
업체별로는 A마트 → C마트 → D마트 → B마트 순으로 종합 만족도가 낮아짐을 알 수 있다.

② 두 번째 표에서 마트별 인터넷·모바일쇼핑 만족도의 차를 구하면 A마트 0.07점, B마트·C마트 0.03점, D마트 0.05점으로 A마트가 가장 차이가 크다.

③ 평균적으로 고객접점직원 서비스보다 고객관리 서비스가 더 낮게 평가되었다.

32

정답 ②

㉠ 근로자가 총 90명이고 전체에게 지급된 임금의 총액이 2억 원이므로 근로자당 평균 월 급여액은 $\frac{2억\ 원}{90명}\fallingdotseq 222$만 원이다. 따라서 평균 월 급여액은 230만 원 이하이다.

㉡ 월 210만 원 이상 급여를 받는 근로자 수는 26+12+8+4=50명이다. 따라서 총 90명의 절반인 45명보다 많으므로 옳다.

오답분석

㉢ 월 180만 원 미만의 급여를 받는 근로자 수는 6+4=10명이다. 따라서 전체에서 $\frac{10}{90}\times 100\fallingdotseq 11$%의 비율을 차지하고 있으므로 옳지 않다.

㉣ '월 240만 원 이상 270만 원 미만'의 구간에서 월 250만 원 이상 받는 근로자의 수는 제시된 자료만으로는 확인할 수 없다. 따라서 옳지 않다.

33

정답 ②

㉡ 기계장비 부문의 상대수준은 일본이다.

㉢ 한국의 전자 부문 투자액은 301.6억 달러, 전자 외 부문 투자액의 총합은 3.4+4.9+32.4+16.4=57.1억 달러로, 57.1×6=342.6>301.6이다. 따라서 옳지 않다.

오답분석

㉠ 제시된 자료를 통해 한국의 IT서비스 부문 투자액은 최대 투자국인 미국 대비 상대수준이 1.7%임을 알 수 있다.

㉣ 일본은 '전자 – 바이오·의료 – 기계장비 – 통신 서비스 – IT서비스' 순이고, 프랑스는 '전자 – IT서비스 – 바이오·의료 – 기계장비 – 통신 서비스' 순으로 동일하지 않다.

20
정답 ②

×2와 −2가 번갈아 가면서 적용되는 수열이다.
따라서 (　)=88−2=86이다.

21
정답 ④

대문자 알파벳, 한글 자음, 숫자, 한자 순서로 나열되며, 각 항에 해당하는 숫자는 앞의 항에 +1인 수열이다.

A	ㄴ	3	(四)	E	ㅂ	7	八
1	2	3	4	5	6	7	8

22
정답 ④

피보나치 수열로 앞의 두 항의 합이 다음 항인 수열이다.

a	2	c	5	h	13	(u)	34
1	2	3	5	8	13	21	34

23
정답 ②

연필, 지우개, 공책 가격을 각각 x, y, z원이라고 하자.
$2x+y=z$ …㉠
$y+z=5x$ …㉡
㉠을 ㉡에 연립하면 다음과 같은 식이 성립한다.
$2x+2y=5x$
$\rightarrow x=\frac{2}{3}y,\ z=\frac{7}{3}y$
$\rightarrow 10x+4z=\frac{20}{3}y+\frac{28}{3}y=16y$
따라서 연필 10자루와 공책 4권의 가격의 합은 지우개 16개의 가격과 같다.

24
정답 ④

3km/h로 걸어간 거리를 $x$km라고 하면 시간은 $\frac{x}{3}$시간이 되고, 6km/h로 뛰어간 거리는 $(8-x)$km, 시간은 $\frac{8-x}{6}$시간이 된다.
회사에 도착하기까지 걸린 시간은 1시간 30분 이하이므로, 다음 부등식이 성립한다.
$\frac{x}{3}+\frac{8-x}{6}\leq\frac{3}{2}$
$\rightarrow 2x+(8-x)\leq 9$
$\therefore\ x\leq 1$
따라서 B대리는 집에서 회사 방향으로 최대 1km 지점까지 3km/h로 걸어갔다.

25
정답 ②

부가세 15%를 포함하지 않은 원래 피자 가격을 x원이라고 하면, 다음 식이 성립한다.
$\left(1+\frac{15}{100}\right)x=18,400$
$\rightarrow 115x=1,840,000$
$\therefore\ x=16,000$
피자 정가가 16,000원이므로 부가세 10%를 포함한 피자의 가격은 16,000×1.1=17,600원이다.

26
정답 ④

- A, B가 1～9층에 내리는 경우의 수 : 9×9=81가지
- A가 1～9층에 내리는 경우의 수 : 9가지

B는 A가 내리지 않은 층에서 내려야 하므로 B가 내리는 경우의 수는 8가지이다.
따라서 두 사원이 서로 다른 층에 내릴 확률은 $\frac{9\times 8}{81}=\frac{8}{9}$이다.

27
정답 ②

적금 가입기간이 24개월이므로 기본금리는 1.3%이다. 여기에 3개월 전부터 급여통장 당행 계좌를 이용 중이고, 스마트뱅킹으로 적금에 가입하였으므로 우대금리(0.2+0.1=0.3%p)를 가산하면 적용금리는 1.6%가 된다. 해당 고객이 만기해지 시 받을 수 있는 이자를 구하는 식은 다음과 같다.
$200,000\times 0.016\times\frac{1}{12}\times\frac{24\times 25}{2}=80,000$
따라서 해당 고객이 만기해지 시 받을 수 있는 이자는 80,000원이다.

08

정답 ①

- 아성(牙城) : 아주 중요한 근거지를 비유적으로 이르는 말
- 근거 : 근본이 되는 거점. 또는 어떤 일이나 의논, 의견에 그 근본이 됨

오답분석

② 유예 : 망설여 일을 결행하지 아니함
③ 유린 : 남의 권리나 인격을 짓밟음
④ 요원 : '아득히 멀다.'라는 뜻의 동사 '요원하다'의 어근

09

정답 ④

제시문은 시기에 따라 협상의 성과가 달라진다는 것을 설명하는 글이다. 따라서 '상품이나 서비스 구매는 비수기에 하는 것이 유리하다.'가 글의 주제로 가장 적절하다.

> 사람들이 보트를 구입하거나, 해변 별장을 빌리거나, 수영장 유지 보수 작업하는 것을 겨울에 하려고 고려하는 경우는 흔치 않지만, 그때가 바로 이런 것들에 대한 좋은 거래를 찾아보아야 할 때이다. 그런 상품이나 서비스를 제공하는 사람들은 흔히 그 시기에는 덜 바쁘다. 그래서 당신은 수요가 더 많은 성수기 동안보다 더 따뜻한 환영을 받을 것이다. 그것이 해변에서의 휴가를 12월에 계획해야 한다는 것을 의미하는 것은 아니다. 그러나 그 논의를 비수기에 시작한다면 성과 있는 협상을 할 가능성이 더 높다.

10

정답 ②

제시문은 재즈가 어떻게 생겨났고 재즈가 어떠한 것들을 표현하는 음악인지에 대해 설명하는 글이다. 따라서 '재즈의 기원과 본질'이 제목으로 가장 적절하다.

11

정답 ④

제시문은 죄수의 딜레마의 예를 들며, 사회적 합리성을 위해서는 개인의 노력도 중요하지만 이로는 충분하지 않으며, '공동'의 노력이 필수라고 한다. 따라서 ④는 제시문의 내용으로 적절하다.

12

정답 ③

먼저 각국에서 추진 중인 오픈뱅킹에 대해 설명하는 (다) 문단이 오는 것이 적절하며, 그다음으로는 우리나라에서 추진하고 있는 오픈뱅킹 정책을 이야기하며 지난해 시행된 오픈뱅킹시스템에 대해 설명하는 (나) 문단과 올해 도입된 마이데이터 산업에 대해 설명하는 (라) 문단이 차례로 오는 것이 자연스럽다. 마지막으로 이러한 오픈뱅킹 정책을 성공적으로 시행하기 위해서는 현재의 오픈뱅킹시스템에 대한 법적 근거와 효율적 문제 해결 체계를 갖춰야 한다는 내용의 (가) 문단이 와야 한다. 따라서 (다) – (나) – (라) – (가) 순으로 나열하는 것이 적절하다.

13

정답 ②

놀이 공원이나 휴대전화 요금제 등을 미루어 생각해 볼 때, 이부가격제는 이윤 추구를 최대화하려는 기업의 가격 제도이다.

14

정답 ③

두 번째 문단에서 부조화를 감소시키는 행동은 비합리적인 면이 있으며 그러한 행동들이 자신들의 문제에 대해 실제적인 해결책을 찾지 못하도록 할 수 있다고 하였다.

오답분석

① 첫 번째 문단에 따르면 인지 부조화는 불편함을 유발하기 때문에 사람들은 이것을 감소시키려고 한다.
② 제시문에는 부조화를 감소시키는 행동의 합리적인 면이 나타나 있지 않다.
④ 부조화를 감소시키는 행동으로 사람들은 자신의 긍정적인 측면의 이미지를 유지하게 되는데, 이를 통해 부정적인 이미지를 감소시키는지는 알 수 없다.

15

정답 ④

㉠ 앞의 내용에 따르면 인지 부조화 이론에서 '사람들은 현명한 사람을 자기 편, 우매한 사람을 다른 편이라 생각할 때 마음이 편안해질 것이다.'라고 하였다. 따라서 자신의 의견과 동일한 주장을 하는 글은 논리적인 글이라고 기억하고, 자신의 의견과 반대되는 주장을 하는 글은 형편없는 글이라고 기억할 것이라 예측할 수 있다.

16

정답 ②

$48\div4+2^3-3^2+16$
$=12+8-9+16$
$=36-9$
$=27$

17

정답 ④

$(4,261-3,954)\times231$
$=307\times231$
$=70,917$

18

정답 ③

제시된 수열은 분모가 2^2+4, 3^2+4, 4^2+4, 5^2+4, …, 정수부분과 분자는 $+1$인 수열이다.

따라서 (　)$=(1+1)\frac{4+1}{3^2+4}=2\frac{5}{13}$이다.

19

정답 ③

제시된 수열은 $+1.99$, $+1.98$, $+1.97$, …인 수열이다.
따라서 (　)$=7.94+1.96=9.9$이다.

지역농협 6급 필기시험

제5회 모의고사 정답 및 해설

01	02	03	04	05	06	07	08	09	10
②	③	③	③	③	②	①	①	④	②
11	12	13	14	15	16	17	18	19	20
④	③	②	③	④	②	④	③	③	②
21	22	23	24	25	26	27	28	29	30
④	④	②	④	②	④	②	②	④	③
31	32	33	34	35	36	37	38	39	40
④	②	②	③	②	①	②	④	③	②
41	42	43	44	45	46	47	48	49	50
③	①	①	③	①	④	③	②	②	④
51	52	53	54	55	56	57	58	59	60
③	②	②	②	④	②	④	①	④	①

01

정답 ②

'전구'는 '어둠'을 쫓는 데 쓰이고, '부채'는 '더위'를 쫓는 데 쓰인다.

02

정답 ③

- 미봉(彌縫) : 일의 빈 구석이나 잘못된 것을 임시변통으로 이리저리 주선하여 꾸며 댐
- 임시방편(臨時方便) : 갑자기 터진 일을 우선 간단하게 둘러맞추어 처리함

오답분석

① 이심전심(以心傳心) : 마음과 마음으로 서로 뜻이 통함
② 괄목상대(刮目相對) : 눈을 비비고 상대편을 본다는 뜻으로, 남의 학식이나 재주가 놀랄 만큼 부쩍 늚을 이르는 말
④ 주도면밀(周到綿密) : 주의가 두루 미쳐 자세하고 빈틈이 없음

03

정답 ③

'붙이다'는 '불이 옮아 타기 시작하다.'는 의미를 지닌 '붙다'의 사동사로 올바른 표기이다.

오답분석

① '가만히'가 올바른 표기이다.
② 의존명사 '만큼'으로 쓰였으므로 '먹을 만큼만'으로 띄어 써야 한다.
④ '바치다'는 '신이나 웃어른께 드리다.'의 의미로 문맥상 '받쳐'로 고쳐 써야 한다.

04

정답 ③

'그래'는 일부 종결 어미 뒤에 붙어 청자에게 문장의 내용을 강조함을 나타내는 보조사이다. 따라서 조사는 앞말에 붙여 쓴다는 한글 맞춤법에 따라 '맑군그래'와 같이 붙여 써야 한다.

05

정답 ③

- 결제 → 결재
- 의임 → 위임
- 부필요한 → 불필요한

06

정답 ②

㉠ '딴생각'은 '주의를 기울이지 않고 다른 데로 쓰는 생각'을 의미하는 하나의 단어이므로 붙여 쓴다.
㉡ '사사(師事)'는 '스승으로 섬김. 또는 스승으로 삼고 가르침을 받음'의 의미를 지닌 단어로, 이미 '받다'라는 의미를 자체적으로 지니고 있기 때문에 '사사받다'가 아닌 '사사하다'가 올바른 표기이며, 활용형은 '사사한'이다.
㉢ '파토'는 '일이 잘못되어 흐지부지됨을 비유적으로 이르는 말'인 '파투'의 잘못된 표현이므로 '파투'가 올바른 표기이다.

07

정답 ①

제시문과 ①의 '보다'는 '눈으로 대상의 존재나 형태적 특징을 알다.'는 의미이다.

오답분석

② 상대편의 형편 따위를 헤아리다.
③ 눈으로 대상을 즐기거나 감상하다.
④ 맡아서 보살피거나 지키다.

58

정답 ④

네덜란드와 한국의 시차는 8시간이며 한국이 더 빠르다고 명시되어 있으므로, 한국시각으로 10월 11일 오전 1시에 네덜란드 농민과의 만찬이 예정되어 있다. 만찬 장소까지 소요되는 5분을 고려하여 네덜란드 공항에는 10월 11일 오전 12시 55분까지 도착해야 한다.

① SP-340 : 한국시각 10월 10일 14시+11시간 50분
=10월 11일 오전 1시 50분

② GE-023 : 한국시각 10월 10일 9시+5시간+10시간 30분
=10월 11일 오전 12시 30분

③ NL-110 : 한국시각 10월 10일 14시 10분+11시간 10분
=10월 11일 오전 1시 20분

④ KR-730 : 한국시각 10월 10일 12시+12시간 55분
=10월 11일 오전 12시 55분

따라서 제시간까지 도착할 수 있는 항공편 ②, ④ 중 경유시간이 없는 ④ KR-730을 선택한다.

59

정답 ④

네덜란드 현지시각으로 10월 10일 오후 4시는 한국시각으로 10월 11일 오전 12시이다.

① GE-023 : 한국시각 10월 10일 9시+5시간+10시간 30분
=10월 11일 오전 12시 30분

② NL-110 : 한국시각 10월 10일 14시 10분+11시간 10분
=10월 11일 오전 1시 20분

③ KR-730 : 한국시각 10월 10일 12시+12시간 55분
=10월 11일 오전 12시 55분

④ OL-038 : 한국시각 10월 10일 10시 30분+3시간+10시간 30분=10월 11일 오전 12시

따라서 OL-038을 이용할 수 있다.

60

정답 ④

농업협동조합법 제1장 제2조 제1호에 따르면 조합은 지역조합과 품목조합을 의미한다. 이때 지역조합은 지역농업협동조합과 지역축산업협동조합을, 품목조합은 품목별·업종별 협동조합을 의미한다.

따라서 농업협동조합중앙회는 조합에 해당하지 않는다.

〈농업협동조합법 제1장 제2조(정의)〉

이 법에서 사용하는 용어의 뜻은 다음과 같다.

1. '조합'이란 지역조합과 품목조합을 말한다.
2. '지역조합'이란 이 법에 따라 설립된 지역농업협동조합과 지역축산업협동조합을 말한다.
3. '품목조합'이란 이 법에 따라 설립된 품목별·업종별 협동조합을 말한다.
4. '중앙회'란 이 법에 따라 설립된 농업협동조합중앙회를 말한다.

50

정답 ②

개인별 필기시험과 면접시험 총점에 가중치를 적용하여 환산점수를 구하면 다음 표와 같다.

(단위 : 점)

성명	필기시험 총점	면접시험 총점	환산점수
이진기	92+74+84 =250	60+90 =150	250×0.7+150×0.3 =220
박지민	89+82+99 =270	80+90 =170	270×0.7+170×0.3 =240
최미정	80+66+87 =233	80+40 =120	233×0.7+120×0.3 =199.1
김남준	94+53+95 =242	60+50 =110	242×0.7+110×0.3 =202.4
정진호	73+92+91 =256	50+100 =150	256×0.7+150×0.3 =224.2
김석진	90+68+100 =258	70+80 =150	258×0.7+150×0.3 =225.6
황현희	77+80+92 =249	90+60 =150	249×0.7+150×0.3 =219.3

따라서 채용이 보류되는 사람은 199.1점을 받은 최미정이다.

51

정답 ②

D호텔은 300명 이상 수용할 수 없고, C체육관은 칠판이나 화이트보드를 보유하고 있지 않으므로 제외한다. 대관료가 가장 저렴한 시설은 A중학교이지만 대관 가능 시간이 3시간을 넘지 않으므로 제외한다. 따라서 H사원은 B고등학교를 대관해야 한다.

52

정답 ④

세차 가격이 무료가 되는 주유량은 다음과 같다.

- A의 경우 : $1,550a \geq 50,000$원 → $a \geq 32.2$이므로 33L부터 세차 가격이 무료이다.
- B의 경우 : $1,500b \geq 70,000$원 → $b \geq 46.6$이므로 47L부터 세차 가격이 무료이다.

주유량에 따른 주유와 세차에 드는 비용은 다음과 같다.

구분	32L 이하	33L 이상 46L 이하	47L 이상
A주유소	$1,550a+3,000$	$1,550a$	$1,550a$
B주유소	$1,500a+3,000$	$1,500a+3,000$	$1,500a$

주유량이 32L 이하와 47L 이상일 때, A주유소와 B주유소의 세차 가격 포함유무가 동일하므로 이때는 B주유소가 더 저렴하다. 따라서 A주유소에서 33L 이상 46L 이하를 주유할 때 B주유소보다 더 저렴하다.

53

정답 ④

C주임의 행동을 나열한다면 기존 비품 중 바로 사용할 사무용품과 따로 보관해둘 물품을 분리하는 (C), 동일 및 유사 물품으로 분류하는 (B), 물품의 형상 및 소재에 따라 보관 장소를 선정하는 (A)의 순서가 적절하다.

물적자원의 관리 과정

1. 사무 용품과 보관 물품의 구분
   - 반복 작업 방지, 물품 활용의 편리성
2. 동일 및 유사 물품으로 분류
   - 동일성, 유사성의 원칙
3. 물품 특성에 맞는 보관 장소 선정
   - 물품의 형상 및 소재

54

정답 ④

- 한국시각 기준 비행기 탑승 시각 : 21일 8시 30분+13시간=21일 21시 30분
- 비행기 도착 시각 : 21일 21시 30분+17시간=22일 14시 30분

∴ 김 사원의 출발 시각 : 22일 14시 30분−1시간 30분−30분=22일 12시 30분

55

정답 ④

다른 직원들의 휴가일정과 겹치지 않고, 주말과 공휴일이 아닌 평일이며, 전체 일정도 없는 3월 21 ~ 22일이 적절하다.

오답분석

① 3월 1일은 공휴일이므로 휴가일로 적절하지 않다.
② 3월 5일은 ○○농협 △△지점 전체회의 일정이 있어 휴가를 사용하지 않는다.
③ 3월 10일은 주말이므로 휴가일로 적절하지 않다.

56

정답 ①

전체회의 일정과 공휴일(삼일절), 주말을 제외하면 3월에 휴가를 사용할 수 있는 날은 총 20일이다. 직원이 총 12명이므로 한 명당 2일 이상 휴가를 사용할 수 없다.

57

정답 ②

선택지에 제시된 항공편의 비용은 다음과 같다.

① SP-340 : 87×10×2×0.9=1,566만 원
② GE-023 : 70×10×2=1,400만 원
③ NL-110 : 85×10×2×0.95=1,615만 원
④ AR-018 : 90×10×2×0.85=1,530만 원

따라서 가장 저렴한 비용의 항공편은 ② GE-023이다.

41

정답 ④

'A대학교에 다닌다.'를 p, 'B시에 거주한다.'를 q, '빨간 머리'를 r, '한나'를 s라 할 때, 제시된 명제를 정리하면 다음과 같다.

- 첫 번째 명제 : $p \rightarrow q$
- 두 번째 명제 : $r \rightarrow \sim q$
- 세 번째 명제 : $s \rightarrow p$

어떤 명제가 참일 때 그 대우 명제도 참이므로 두 번째 명제의 대우명제인 $q \rightarrow \sim r$도 참이다. 이때 $s \rightarrow p \rightarrow q \rightarrow \sim r$이 성립하므로 $s \rightarrow \sim r$은 참인 명제이다.

따라서 '한나는 빨간 머리가 아니다.'는 반드시 참이다.

42

정답 ②

'음악을 좋아한다.'를 A, '미술을 좋아한다.'를 B, '사회를 좋아한다.'를 C라 하면, 첫 번째 명제와 두 번째 명제는 각각 $A \rightarrow B$, $C \rightarrow A$이므로 $C \rightarrow A \rightarrow B$가 성립한다.

따라서 빈칸에 들어갈 명제로 가장 적절한 것은 $C \rightarrow B$의 대우 명제인 '미술을 좋아하지 않는 사람은 사회를 좋아하지 않는다.'이다.

43

정답 ④

제시된 조건을 정리하면 $E \rightarrow B \rightarrow F \rightarrow G \rightarrow D \rightarrow C \rightarrow A$의 순서를 알 수 있다. 따라서 다섯 번째로 채결한 계약은 D이다.

44

정답 ②

'을'과 '정'이 서로 상반된 이야기를 하고 있으므로 둘 중 한 명이 거짓말을 하고 있다. 만일 '을'이 참이고 '정'이 거짓이라면 화분을 깨뜨린 사람은 '병', '정'이 되는데, 화분을 깨뜨린 사람은 1명이어야 하므로 모순이다. 따라서 거짓말을 한 사람은 '을'이다.

45

정답 ②

주어진 조건에 따라 회사의 옥상 정원 구조를 추론해보면 다음과 같다.

1줄	은행나무, 벚나무
2줄	플라타너스, 단풍나무
3줄	소나무, 감나무
4줄	밤나무, 느티나무

따라서 벚나무는 은행나무와 함께 맨 앞줄에 심어져 있다.

46

정답 ②

기회는 외부 환경에서 비롯된 요인 중 해당 회사에 긍정적으로 작용할 수 요인을 뜻한다. 따라서 관광 분야 예산 확대 등 정부의 여행 산업 육성 정책은 여행 산업에 긍정적인 영향을 끼치므로 N사에게는 충분히 기회로 활용할 수 있는 외부적 요인이 된다.

오답분석

① 약점은 내부 환경에서 비롯된 요인 중에서 기업 목표 달성을 저해할 수 있으나 통제가 가능한 요인을 말한다. 자회사들의 수년 간 누적된 적자는 경영 목표 달성을 방해할 수 있으나 노력의 정도에 따라 통제 가능하므로 약점 요인에 해당한다.

③·④ 위협은 외부 환경에서 비롯된 요인 중에서 통제하기 어려우며 해당 회사에 부정적으로 작용할 수 요인을 뜻한다. 여행사를 이용하지 않는 여행객의 증가 추세는 여행사인 N사에게는 경영 여건을 위협하는 외부적 요인이므로 위협 요인에 해당한다. 또한 온라인 플랫폼(OTA) 기업들의 여행업 진출은 새로운 경쟁자와의 경쟁 심화를 초래할 수 있는 외부적 요인이므로 위협 요인에 해당한다.

47

정답 ③

융자 신청기한을 참고하였을 때, 혼인신고일로부터 90일 이내에 신청하여야 하므로 4달(약 120일) 뒤에 신청한 정 씨는 생활안정자금을 지원받을 수 없다.

48

정답 ①

강 씨의 신용보증료는 900만$\times$0.009$\div$2$=$40,500원이다.

49

정답 ①

수리능력과 자원관리능력 점수의 합을 표로 나타내면 다음과 같다.

(단위 : 점)

성명	수리	자원관리	합계
이진기	74	84	158
박지민	82	99	181
최미정	66	87	153
김남준	53	95	148
정진호	92	91	183
김석진	68	100	168
황현희	80	92	172

따라서 총무팀에 배치될 사람은 박지민과 정진호이다.

35

정답 ②

2021년 대비 2024년 국제소포 분야의 매출액 증가율은 $\frac{21,124-17,629}{17,629}\times100≒19.8\%$이므로 옳지 않은 설명이다.

오답분석

① 주어진 자료를 통해 확인할 수 있다.

③ 2020년 대비 2024년 분야별 매출액 증가율은 다음과 같다.

- 국제통상 : $\frac{34,012-16,595}{16,595}\times100≒105.0\%$
- 국제소포 : $\frac{21,124-17,397}{17,397}\times100≒21.4\%$
- 국제특급 : $\frac{269,674-163,767}{163,767}\times100≒64.7\%$

따라서 2020년 대비 2024년에 매출액 증가율이 가장 큰 분야는 국제통상 분야이다.

④ 2023년 총매출액에서 국제통상 분야 매출액이 차지하고 있는 비율은 $\frac{26,397}{290,052}\times100≒9.1\%$이므로 10% 미만이다.

36

정답 ③

주민번호 암호화가 가장 취약한 분야는 '금융 / 보험업'이다. 주민번호 보유율이 86.6%로 가장 높은 반면, 암호화 적용 예정이 없다고 응답한 비율 또한 75%로 가장 높기 때문이다.

오답분석

① 주민번호 보유율이 가장 낮은 업종은 46.2%인 '협회 / 단체'이다.

② 50인 미만 업체 중 주민번호를 보유하고 있다고 응답한 업체는 946×0.684+657×0.706≒1,111곳으로 1,000곳이 넘는다.

④ 주민번호를 보유한 전체 업체 수는 2,000×0.698=1,396곳이며, 그중 비암호화 업체는 1,396×0.50=698곳이다. 암호화 적용 예정을 응답한 비율은 40.8%이므로 업체 수는 698×0.408≒285곳이다. 따라서 300곳을 넘지 않는다.

37

정답 ③

제시된 그래프의 연간 총 투자 금액은 다음과 같다.

- 2021년 : 1,500+1,000+800+500=3,800억 원
- 2022년 : 1,600+950+750+500=3,800억 원
- 2023년 : 1,700+850+700+550=3,800억 원
- 2024년 : 1,800+800+700+600=3,900억 원

따라서 연간 총 투자 금액은 2024년에만 상승하였다.

오답분석

① 수도 사업에 대한 투자 금액은 매년 100억 원씩 증가하였다.

② 댐 사업에 대한 투자 금액은 2023년과 2024년이 700억 원으로 동일하다.

④ 2021 ~ 2023년의 총 투자 금액의 50%는 1,900억 원, 2024년의 총 투자 금액의 50%는 1,950억 원으로 연간 총 투자 금액의 50%를 넘는 사업은 없다.

38

정답 ④

2024년 단지 사업의 투자 금액은 800억 원이고, 기타 사업의 투자 금액은 600억 원이므로 두 사업의 투자 금액 비율은 4 : 3이다. 210억 원을 투자 금액에 정비례해 배분하면 4 : 3=120 : 90이므로 2025년 단지 사업에 투자할 금액은 800+120=920억 원이다.

39

정답 ③

2023년 여름과 겨울의 사고건수 비율은 다음과 같다.

- 여름 : $\frac{58,140}{255,000}\times100=22.8\%$
- 겨울 : $\frac{122,910}{255,000}\times100=48.2\%$

따라서 차이는 48.2−22.8=25.4%p이다.

2024년 여름의 사고건수 비율은 $\frac{73,491}{280,500}\times100=26.2\%$이므로 2024년 여름의 사고건수 비율이 더 크다.

오답분석

① 사고건수가 많은 계절 순서로 나열하면 다음과 같다.

- 2023년 : 겨울(122,910건) − 여름(58,140건) − 봄(50,694건) − 가을(23,256건)
- 2024년 : 겨울(125,664건) − 여름(73,491건) − 봄(49,929건) − 가을(31,416건)

② 2023년 사고건수를 비교하면 여름(58,140건)이 가을(23,256건)의 58,140÷23,256=2.5배이다.

④ 2023년 봄부터 2024년 겨울까지의 사고건수는 계절마다 증가와 감소를 반복한다.

40

정답 ②

㉠ 2023년, 2024년 겨울과 봄의 사고건수 차이는 다음과 같다.

- 겨울 : 125,664−122,910=2,754건
- 봄 : 50,694−49,929=765건

따라서 겨울의 사고건수 차이는 봄의 사고건수 차이의 2,754÷765=3.6배이다.

㉢ 2023년과 2024년의 봄·여름·가을·겨울의 사망자 수는 다음과 같다.

- 2023년 : 8,850명(봄), 12,440명(여름), 5,922명(가을)
- 2024년 : 6,854명(봄), 7,120명(여름), 2,870명(가을)

따라서 겨울을 제외하고 2023년이 더 많다.

오답분석

㉡ 2023년 가을의 사망자 수는 5,922명, 부상자 수는 28,200명이므로 $\frac{5,922}{28,200}\times100=21\%$이다.

㉣ 2024년 계절별 사망자 수는 봄 6,854명, 여름 7,120명, 가을 2,870명, 겨울 27,887명으로 '증가 − 감소 − 증가'하였지만, 부상자 수는 봄 75,558명, 여름 74,299명, 가을 42,110명, 겨울 138,883명으로 '감소 − 감소 − 증가'하였다.

오답분석

① 둘째 날 매도하였을 때 매도가격은 1,320,000원이므로 수익률은 원금대비 $\frac{1,320,000-1,000,000}{1,000,000}\times 100=32\%$이다.

② 셋째 날의 수익률은 원금대비 $\frac{1,188,000-1,000,000}{1,000,000}\times 100=18.8\%$이다.

③ A씨는 49,600원 만큼 손실을 보았다.

29

정답 ②

- 9명 중 2명을 뽑는 경우의 수 : ${}_9C_2=\frac{9\times 8}{2\times 1}=36$가지
- 남은 7명 중 3명을 뽑는 경우의 수 : ${}_7C_3=\frac{7\times 6\times 5}{3\times 2\times 1}=35$가지
- 남은 4명 중 4명을 뽑는 경우의 수 : ${}_4C_4=1$가지

따라서 구하고자 하는 경우의 수는 $36\times 35\times 1=1,260$가지이다.

30

정답 ②

변동금리부 대출상품에서의 기준금리는 COFIX와 같이 시장상황에 따라 변동하는 금리로, 대출상품의 변동금리를 결정하는 데 기준이 되는 금리를 의미한다. 반면 가산금리는 기준금리에 덧붙이는 위험가중 금리로 은행에서 신용도에 따라 자체적으로 정하는 금리이다.

K씨가 받은 문자에서는 여신금리가 4%에서 3.75%로 인하되었다는 것을 확인할 수 있으며, 경제 신문에서는 한국은행의 금리인하가 결정된 것과 A은행의 가산금리는 변동이 없다는 것을 확인할 수 있다. 여기서 한국은행의 금리인하는 시중은행들이 자금을 조달하는 데 들어가는 비용에도 영향을 주기 때문에 COFIX의 하락을 예측할 수 있다. 따라서 기준금리가 하락하고, 가산금리는 변동이 없는 ②가 가장 적절하다.

31

정답 ①

베타는 시장수익률의 변동에 개별주식의 수익률이 얼마나 민감하게 반응하는지를 나타낸 것으로, 시장수익률이 1% 증가하거나 감소할 때 개별주식의 수익률이 0.8% 증가하거나 감소한다면 개별주식의 베타는 0.8이다. 또한 베타가 낮을수록 개별주식의 위험이 낮다는 것을 의미하며, 무위험 자산의 베타는 0이다. 이러한 내용을 이해하고 주어진 자산들의 투자비중을 나열하면 A주식은 10%, B주식은 30%, C주식은 20%가 된다. 따라서 기대수익률을 구하면 $\{(0.12\times 0.1)+(0.06\times 0.3)+(0.10\times 0.2)+(0.4\times 0.4)\}\times 100=6.6\%$이며, 기대수익은 1백만$\times 0.066=66,000$원이 된다.

32

정답 ③

상품별 고객 만족도 1점당 비용을 구하면 다음과 같다.

- 차량용 방향제 : $7,000\div 5=1,400$원
- 식용유 세트 : $10,000\div 4=2,500$원
- 유리용기 세트 : $6,000\div 6=1,000$원
- 32GB USB : $5,000\div 4=1,250$원
- 머그컵 세트 : $10,000\div 5=2,000$원
- 육아 관련 도서 : $8,800\div 4=2,200$원
- 핸드폰 충전기 : $7,500\div 3=2,500$원

할당받은 예산을 고려하여 고객 만족도 1점당 비용이 가장 낮은 상품부터 구매비용을 구하면 다음과 같다.

- 유리용기 세트 : $6,000\times 200=1,200,000$원
  → 남은 예산 : $5,000,000-1,200,000=3,800,000$원
- 32GB USB : $5,000\times 180=900,000$원
  → 남은 예산 : $3,800,000-900,000=2,900,000$원
- 차량용 방향제 : $7,000\times 300=2,100,000$원
  → 남은 예산 : $2,900,000-2,100,000=800,000$원
- 머그컵 세트 : $10,000\times 80=800,000$원
  → 남은 예산 : $800,000-800,000=0$원

확보 가능한 상품의 개수는 $200+180+300+80=760$개이다. 따라서 최대 $760\div 2=380$명의 고객에게 사은품을 증정할 수 있다.

33

정답 ①

800g 소포의 개수를 x, 2.4kg 소포의 개수를 y라 하면 다음과 같은 식이 성립한다.

$800\times x+2,400\times y\le 16,000$

→ $x+3y\le 20\cdots$ ㉠

B회사는 동일지역, C회사는 타지역이므로

$4,000\times x+6,000\times y=60,000$

→ $2x+3y=30$ → $3y=30-2x\cdots$ ㉡

㉡을 ㉠에 대입하면 다음과 같은 식이 성립한다.

$x+30-2x\le 20$ → $x\ge 10\cdots$ ㉢

따라서 ㉡, ㉢을 동시에 만족하는 x, y값은 $x=12$, $y=2$이다.

34

정답 ②

전 직원의 주 평균 야간근무 빈도는 직급별 사원 수를 알아야 구할 수 있는 값이다. 단순히 직급별 주 평균 야간근무 빈도를 모두 더하여 평균을 구하는 것은 옳지 않다.

오답분석

① 자료를 통해 알 수 있다.

③ 0.2시간은 60분$\times 0.2=12$분이다. 따라서 4.2시간은 4시간 12분이다.

④ 대리는 주 평균 1.8일, 6.3시간의 야간근무를 한다. 야근 1회 시 평균 $6.3\div 1.8=3.5$시간 근무로 가장 긴 시간 동안 일한다.

17
정답 ③

농협의 '고충상담센터'는 농·축산업 외국인 근로자뿐만 아니라 고용 농업인을 대상으로 특화된 상담서비스를 제공한다.

18
정답 ①

(가)에서는 고령 농업인을 대상으로 하는 농협의 '농업인행복버스' 사업에 대해 설명하고 있으며, (나)에서는 농·축산업 외국인 근로자와 고용 농업인의 노동환경 개선을 위한 농협의 '고충상담센터'에 대해 설명하고 있다. (가)와 (나)를 통해 농협이 소외 및 취약 계층에 다양한 복지서비스를 제공하고 있다는 것을 알 수 있으므로 (다) 문단 또한 농협이 주거환경 취약농가를 대상으로 노후화된 주거환경 개선을 지원한다는 내용이 들어가는 것이 가장 적절하다.

19
정답 ①

$\frac{27}{8}\times\frac{42}{9}+\frac{21}{8}\times\frac{36}{49}$

$=\frac{63}{4}+\frac{27}{14}$

$=\frac{441}{28}+\frac{54}{28}$

$=\frac{495}{28}$

20
정답 ④

$48.231-19.292+59.124$

$=28.939+59.124$

$=88.063$

21
정답 ②

$40.5\times0.23+1.185$

$=9.315+1.185$

$=10.5$

22
정답 ②

앞의 항이 $a\frac{c}{b}$일 때, 다음 항은 $(a+2)\left(\frac{a-c}{a+b}\right)$인 수열이다.

따라서 ( )$=(10+2)\left(\frac{10-3}{10+23}\right)=12\frac{7}{33}$이다.

23
정답 ①

×7−1, ×7, ×7+1, ×7+2 …인 수열이다.

따라서 ( )=0.2×7−1=0.4이다.

24
정답 ②

앞의 항에 +3인 수열이다.

A	D	G	J	M	P	(S)	V
1	4	7	10	13	16	19	22

25
정답 ④

피보나치 수열로 앞의 두 항의 합이 다음 항을 이루며, 소문자 알파벳, 한글 자음, 숫자 순서로 나열된다.

a	ㄱ	2	c	ㅁ	8	m	(ㅅ)	34	c
1	1	2	3	5	8	13	21	34	55

26
정답 ②

철수와 영희가 처음 만날 때까지 걸린 시간을 x분이라고 하자. x분 동안 철수와 영희의 이동거리는 각각 $70x$m, $30x$m이므로

$70x+30x=1,000$

$\therefore x=10$

따라서 철수와 영희는 출발한 지 10분 후에 처음 만난다.

27
정답 ④

농도 9% 소금물 200g에 들어있는 소금의 양은 $\frac{9}{100}\times200=18$g이므로, 100g에 들어있는 소금의 양은 9g이고, 농도 4% 소금물 150g에 들어있는 소금의 양은 $\frac{4}{100}\times150=6$g이다. 따라서 그릇 B에 들어있는 소금물의 농도는 $\frac{9+6}{100+150}\times100=6\%$이다.

28
정답 ④

- 원금 : 1,000,000원
- 첫째 날 주식가격(10% 상승)
  : 1,000,000×1.1=1,100,000원
- 둘째 날 주식가격(20% 상승)
  : 1,100,000×1.2=1,320,000원
- 셋째 날 주식가격(10% 하락)
  : 1,320,000×0.9=1,188,000원
- 넷째 날 주식가격(20% 하락)
  : 1,188,000×0.8=950,400원

따라서 A씨는 최종적으로 1,000,000−950,400=49,600원 만큼 손실을 보았다.

08

정답 ③

'내'가 일부 시간적·공간적 범위를 나타내는 명사와 함께 쓰여, 일정한 범위의 안을 의미할 때는 의존 명사이므로 띄어 쓴다.

오답분석

① 짓는데 → 짓는 데
② 김철수씨는 → 김철수 씨는
④ 해결할 게 → 해결할게

09

정답 ①

상대방의 잘못을 지적할 때는 상대방이 알 수 있도록 확실하게 지적해야 한다. 모호한 표현은 설득력을 약화시키기 때문이다.

10

정답 ③

'you should refresh yourself regularly(주기적으로 자신의 활력을 되찾게 해야 한다).'라는 문장을 통해 중심 내용을 알 수 있다.

> 녹초가 되었다고 느낄 때마다, 하루이틀 정도 쉬어야 한다. 다시 말해서, 더 나은 삶을 위해 주기적으로 당신 자신의 생기를 되찾게 해야 한다. 예를 들어, 주말에 책을 읽거나 친구들과 담소를 나눌 수 있다. 그러면 당신의 에너지가 증가하는 것을 느낄 수 있고, 당신 자신이 생기를 되찾았음을 느낀다.

11

정답 ①

제시문에서는 중소기업의 기술 보호를 위한 선제적 노력의 방법으로 특허등록과 기술 유출 방지, 기술 보호 역량에 대해 설명하고 있으므로 글의 제목으로는 ①이 가장 적절하다.

오답분석

② 기술분쟁 사례는 언급하고 있지 않다.
③ 비교분석에 관한 내용은 찾아 볼 수 없다.
④ 핵심기술에 대한 특허등록은 기술 보호를 위한 방법 중 하나이므로 글 전체 내용을 나타내는 제목으로 적절하지 않다.

12

정답 ②

제시문은 문화재 가운데 가장 가치 있는 것으로 평가받는 국보에 대하여 설명하는 글이다. 따라서 (가) 문화재의 종류와 국보에 대한 설명 – (다) 국보의 선정 기준 – (나) 국보 선정 기준으로 선발된 문화재의 종류 – (라) 국보 선정 기준으로 선발된 문화재가 지니는 의미의 순으로 나열하는 것이 적절하다.

13

정답 ③

제시문은 태양의 온도를 일정하게 유지해 주는 에너지원에 대한 설명이다. 태양의 온도가 일정하게 유지되는 이유는 태양 중심부의 온도가 올라가 핵융합 에너지가 늘어나면 에너지의 압력으로 수소를 밖으로 밀어내어 중심부의 밀도와 온도를 낮춰주기 때문이다. 즉, 태양 내부에서 중력과 핵융합 반응의 평형상태가 유지되기 때문에 태양은 50억 년간 빛을 낼 수 있었고, 앞으로도 50억 년 이상 더 빛날 수 있는 것이다. 따라서 빈칸에 들어갈 내용으로 '태양이 오랫동안 안정적으로 빛을 낼 수 있게 된다.'가 가장 적절하다.

14

정답 ①

제8조에 따르면 제1호에 해당하는 사람 외에도 제2호에 해당하는 자도 임명될 수 있음을 알 수 있다.

오답분석

② 제9조 제1항에 따르면 상호금융 소비자보호 업무전담자에 대하여 징계 등 특별한 경우를 제외하고 타 업무 종사자에 비해 인사평가의 불이익이 발생하지 않도록 하여야 한다는 내용을 통해 징계를 받는 특별한 경우가 있다는 것을 알 수 있다.
③ 제11조에 따르면 적절한 설명임을 알 수 있다.
④ 제9조 제2항 제1호에 따르면 적절한 설명이다.

15

정답 ④

농협 미래농업지원센터에서는 '청년농부사관학교'와 함께 농촌 융·복합산업, 스마트 팜 운영, 귀농·귀촌과정 등 다양한 교육을 실시하고 있으며, 창업·유통·경영 등에 대한 현장 컨설팅 진행과 농식품 아이디어 발굴 경연대회를 통한 창업 지원, 판로와 금융지원 등 다양한 프로그램을 운영하고 있다. 그러나 이는 모두 미래농업지원센터의 일반적인 운영 내용이므로 이번 박람회에서 진행하는 내용으로 보기 어렵다.

16

정답 ④

빈칸 뒤의 '도시민의 성공적인 귀농·귀촌을 지원하고 미래농업의 다양한 정보를 제공하기 위해 열리는 이번 박람회'를 통해 이번 박람회의 슬로건으로는 농업의 미래에 대해 이야기하는 '100년 먹거리, 농업이 미래다.'가 가장 적절함을 알 수 있다.

오답분석

① '에이팜(A-Farm Show) 창농(創農)·귀농(歸農) 박람회'의 슬로건이므로 농협과 관련된 내용은 적절하지 않다.
② 이번 박람회의 목적은 도시민의 귀농·귀촌을 지원하고 미래농업에 대한 정보를 전달하는 데 있으므로 100년 전통을 지키자는 내용은 적절하지 않다.
③ 박람회의 주제를 스마트 팜에만 국한된 것으로 보기 어려우며, 이번 박람회는 도시민에게 미래농업의 다양한 정보를 제공하기 위해 개최되었으므로 적절하지 않다.

지역농협 6급 필기시험

제4회 모의고사 정답 및 해설

01	02	03	04	05	06	07	08	09	10
②	②	④	④	④	④	④	③	①	③
11	12	13	14	15	16	17	18	19	20
①	②	③	①	④	④	③	①	①	④
21	22	23	24	25	26	27	28	29	30
②	②	①	②	④	②	④	④	②	②
31	32	33	34	35	36	37	38	39	40
①	③	①	②	②	③	③	④	③	②
41	42	43	44	45	46	47	48	49	50
④	②	④	②	②	②	③	①	①	②
51	52	53	54	55	56	57	58	59	60
②	④	④	④	④	①	②	④	④	④

01

정답 ②

'책'을 읽고 쓰는 글은 '독후감'이고 '일상'을 기록하는 글은 '일기'이다.

02

정답 ②

오답분석

①·③·④는 용도가 같은 물건이다.

① 음식물 분쇄, ③ 필기, ④ 몸에 착용

03

정답 ④

'소송', '판결', '천칭'을 통해 '법'을 연상할 수 있다.

- 소송 : 법은 국가 및 공공 기관이 제정한 법률, 명령, 규칙, 조례를 의미하며 소송은 법에 근거하여 원고와 피고 사이의 권리나 의무 따위의 법률관계를 확정하여 줄 것을 법원에 요구하는 것이다.
- 판결 : 판결은 법에 근거하여 법원이 변론을 거쳐 소송 사건에 대하여 판단하고 결정하는 것이다.
- 천칭 : 천평칭이라고도 하며 우리나라 법조계는 천평칭을 상징 도안(심벌마크)로 하여 법 앞에서 누구나 평등함을 강조한다.

04

정답 ④

㉠ 발효(發效) : 조약, 법, 공문서 따위의 효력이 나타남. 또는 그 효력을 나타냄

㉡ 발행(發行) : 화폐, 증권, 증명서 따위를 만들어 세상에 내놓아 널리 쓰도록 함

㉢ 발령(發令) : 명령을 내림. 또는 그 명령. 흔히 직책이나 직위와 관계된 경우를 이른다.

오답분석

- 발간(發刊) : 책, 신문, 잡지 따위를 만들어 냄
- 발표(發表) : 어떤 사실이나 결과, 작품 따위를 세상에 널리 드러내어 알림

05

정답 ④

제시된 문장과 ④의 '밟다'는 '어떤 일을 위하여 순서나 절차를 거쳐 나가다.'라는 의미로 쓰였다.

오답분석

① 어떤 이의 움직임을 살피면서 몰래 뒤를 따라가다.

② 발을 들었다 놓으면서 어떤 대상 위에 대고 누르다.

③ 어떤 곳에 도착하다.

06

정답 ④

'청출어람(靑出於藍)'은 푸른색이 쪽에서 나왔으나 쪽보다 더 푸르다는 뜻으로, 제자가 스승보다 나은 것을 비유하는 말이다.

07

정답 ④

한글 맞춤법에 따르면 '률(率)'은 모음이나 'ㄴ' 받침 뒤에서는 '이자율, 회전율'처럼 '율'로 적고, 그 이외의 받침 뒤에서는 '능률, 합격률'처럼 '률'로 적는다. 따라서 '수익률'이 옳은 표기이다.

오답분석

① 추계(推計) : '일부를 가지고 전체를 미루어 계산함'의 의미를 지닌 단어로 재정 추계는 국가 또는 지방 자치 단체가 정책을 시행하기 위해 필요한 자금을 추정하여 계산하는 일을 말한다.

② 그간(-間) : '조금 멀어진 어느 때부터 다른 어느 때까지의 비교적 짧은 동안'이라는 의미를 지닌 한 단어이다.

③ 전제(前提) : '어떠한 사물이나 현상을 이루기 위하여 먼저 내세우는 것'의 의미를 지닌 단어로 옳은 표기이다.

53

정답 ④

- A사원 : 9월에 비해 10월에 엔/달러 환율이 1.2만큼 상승했다.
- C사원 : 8월에 비해 9월에 엔/달러 환율이 하락했기 때문에 미국 여행을 떠난 일본 여행객들에게 유리하게 작용한다.
- D사원 : 원/달러와 위안/달러를 비교하여 원화와 위안화의 가치를 비교할 수 있다. 6월과 7월의 위안/달러는 6.20으로 동일하고, 원/달러는 6월에 비해 7월에 상승했으므로 원화가 위안화에 비해 그 가치가 떨어졌다고 할 수 있다. 따라서 한국인은 한국에서 중국으로 송금할 시 6월에 비해 7월에 손해를 입게 된다.

오답분석

- B사원 : 10월에 원/달러의 환율은 전월 대비 하락했다.

54

정답 ②

영상 송출 시 에러코드 관련 지식 점검은 회의에 포함되지 않은 내용이다. 수급팀에는 백업 캡처 관리자와 사전협의 등을 통해 영상 결함 발생 시 사용할 대체 영상 등의 수급에 대한 내용이 포함되는 것이 적절하다.

55

정답 ③

제시된 업무는 인사부가 담당한다. 기획부는 경영계획 및 전략 수립, 전사기획업무 종합 및 조정, 중・장기 사업계획의 종합 및 조정 등을 한다.

56

정답 ②

공식적 목표와 실제적 목표가 다를 수 있으며 다수의 조직목표를 추구할 수 있다.

57

정답 ③

조직을 둘러싼 환경이 급변하면서 이에 적응하기 위한 전략이 중요해지고 있다.

58

정답 ③

OJT에 의한 교육방법의 4단계는 다음과 같다.

ⓛ 제1단계 : 배울 준비를 시킨다.
ⓒ 제2단계 : 작업을 설명한다.
㉠ 제3단계 : 시켜본다.
ⓔ 제4단계 : 가르친 결과를 본다.

59

정답 ④

김팀장의 업무 지시에 따르면 이번 주 금요일 회사 창립 기념일 행사가 끝난 후 진행될 총무팀 회식의 장소 예약은 목요일 퇴근 전까지 처리되어야 한다. 따라서 이대리는 ⓜ을 목요일 퇴근 전까지 처리해야 한다.

60

정답 ③

농협아그로는 과수용 농자재 생산 전문기업으로, 각종 과실 봉지 및 포장재의 제조, 공급 사업을 진행한다. 유류제품 사업은 남해화학에서 맡는 업무이다.

46

정답 ③

A는 직접비용, B는 간접비용이다.

오답분석

실제비용은 실제로 사용되는 비용이고, 책정비용은 임의의 금액을 책정하는 것으로, 예산을 책정할 때 실제비용보다 책정비용이 클 경우 경쟁력을 잃게 되며, 작을 경우에는 적자가 발생한다.

47

정답 ③

A사원은 경영교육을 15시간 이수하였으므로 추가로 15시간을 더 이수해야 한다. 하지만 사무영어교육은 30시간으로, 기준보다 10시간 초과하여 이수했기 때문에 조건에 따라 초과한 10시간은 시간당 0.5점씩 경영점수로 환산할 수 있다.

따라서 5점이 경영점수로 환산되어 경영점수는 20점이 되므로 총 의무이수 교육점수는 10점이 부족하다.

48

정답 ①

'반복 작업 방지'와 '물품활용의 편리성'은 같은 단계의 특성이다.

물적자원관리 과정

1. 사용 물품과 보관 물품의 구분 : 반복 작업 방지, 물품활용의 편리성
2. 동일 및 유사 물품으로의 분류 : 통일성의 원칙, 유사성의 원칙
3. 물품 특성에 맞는 보관 장소 선정 : 물품의 형상, 물품의 소재

49

정답 ②

A씨의 업무시간은 점심시간 1시간을 제외하면 8시간이다. 주간업무계획 수립으로 8시간$\times \frac{1}{8}$=1시간을, 프로젝트 회의로 8시간$\times \frac{2}{5}$=192분=3시간 12분을, 거래처 방문으로 8시간$\times \frac{1}{3}$=160분=2시간 40분을 보냈다.

따라서 남은 시간은 8시간−(1시간+3시간 12분+2시간 40분)=1시간 8분이다.

50

정답 ③

면접에 참여하는 직원들의 휴가 일정은 다음과 같다.

- 마케팅팀 차장 : 6월 29일 ~ 7월 3일
- 인사팀 차장 : 7월 6일 ~ 10일
- 인사팀 부장 : 7월 6일 ~ 10일
- 인사팀 과장 : 7월 6일 ~ 9일
- 총무팀 주임 : 7월 1일 ~ 3일

선택지에 제시된 날짜 중에서 직원들의 휴가 일정이 잡히지 않은 유일한 날짜가 면접 가능 날짜가 되므로 정답은 7월 5일이다.

51

정답 ③

만기일시지급식은 가입기간 동안 약정이율로 계산한 이자를 만기에 일시 지급하는 방식이며, 월이자지급식은 총이자를 개월 수로 나누어 매월 지급하는 방식이므로 받을 수 있는 총이자금액은 서로 같다. 그러나 해당상품의 경우 만기일시지급식과 월이자지급식에 따라 적용되는 기본금리가 서로 다르므로 기본금리가 더 높은 만기일시지급식을 선택한 경우의 이자금액이 더 많다.

오답분석

① 해당 상품은 은행에 직접 방문하지 않고 스마트폰 등을 통해 가입할 수 있는 비대면 전용 상품이다.

② 거치식 예금에 대한 설명이므로 옳은 내용이다.

④ 해당 상품은 총 3천억 원의 판매 한도를 정하여 판매하는 상품으로 한도 소진 시 조기에 판매가 종료될 수 있다. 따라서 가입하는 사람들의 가입금액에 따라 상품의 판매 종료 시점이 달라질 수 있다.

52

정답 ①

L씨는 월이자지급식으로 신규금액은 6,000만 원이고, K씨는 만기일시지급식으로 4,000만 원을 신규금액으로 하였다. 현재 L씨는 5개월, K씨는 8개월이 지났으며 이에 해당하는 중도해지금리를 정리하면 다음과 같다.

구분	신규금액(만 원)	기본금리(%)	우대금리(%p)	경과기간에 따른 적용금리
L씨	6,000	1.2	비대면 : 0.2	(중도해지 기준금리)×40%
K씨	4,000	1.3	• 비대면 : 0.2 • 오픈뱅킹 서비스 계좌이체 6회 : 0.3	(중도해지 기준금리)×60%

하지만 우대금리 내용을 보면 '우대조건을 만족하는 경우 만기해지 시 적용'이라고 했으므로 두 고객에게는 우대금리가 적용되지 않는다. 중도해지금리는 L씨의 경우 1.2×0.4=0.48%, K씨는 1.3×0.6=0.78%가 적용된다. 각각 해당되는 이자지급방식에 대입하여 총 이자를 구하면 다음과 같다.

- L씨(월이자지급식) : $\frac{(\text{신규금액})\times(\text{약정금리})\times(\text{예치일수})}{365}$ = $\frac{6{,}000\times0.0048\times(5\times30)}{365}$ ≒ 11.8만 원
- K씨(만기일시지급) : $\frac{(\text{신규금액})\times(\text{약정금리})\times(\text{예치일수})}{365}$ = $\frac{4{,}000\times0.0078\times(8\times30)}{365}$ ≒ 20.5만 원

월이자지급식의 이자지급방식에서 '개월 수'로 나누지 않은 이유는 총이자를 구해야 하기 때문이다.

따라서 두 고객의 중도해지 시 받을 수 있는 총이자의 차액은 20.5만 원−11.8만 원=87,000원이다.

40

정답 ③

N은행카드 모바일 간편결제는 14일 16시부터 15일 02시까지 일시적으로 제한되므로, 14일에 N은행카드 모바일 간편결제를 이용하려면 16시 이전에 결제를 마쳐야 한다.

오답분석

① 카드업무 중 체크카드의 이용은 14일부터 16일까지 제한되지만, 신용카드의 경우 물품 결제, 대금 결제 등의 승인은 언제나 가능하다.
② 신용카드의 이용은 제한되지 않으나 N은행카드 포인트 사용과 같은 승인 외 부수 업무는 13일부터 16일까지 제한되므로, 포인트를 사용할 수 없다.
④ 은행업무가 일시중단될 경우 타 금융기관을 이용한 N은행계좌의 입금·출금·계좌이체 및 조회도 불가하므로 입금확인을 할 수 없다.

41

정답 ①

주어진 자료를 토대로 민원처리 시점을 구하면 다음과 같다.

- A씨는 4/29(금)에 '부동산중개사무소 등록'을 접수하였고 민원처리기간은 7일이다. 민원사무처리기간이 6일 이상일 경우, 초일을 산입하고 '일' 단위로 계산하되, 토요일은 포함하고 공휴일은 포함하지 않는다. 따라서 민원사무처리가 완료되는 시점은 5/9(월)이다.
- B씨는 4/29(금)에 '토지거래계약허가'를 접수하였고 민원처리기간은 15일이다. 민원사무처리기간이 6일 이상일 경우, 초일을 산입하고 '일' 단위로 계산하되, 토요일은 포함하고 공휴일은 포함하지 않는다. 따라서 민원사무처리가 완료되는 시점은 5/19(목)이다.
- C씨는 4/29(금)에 '등록사항 정정'을 접수하였고 민원처리기간은 3일이다. 민원사무처리기간이 5일 이하일 경우, '시간' 단위로 계산하되, 토요일과 공휴일은 포함하지 않는다. 따라서 민원사무처리가 완료되는 시점은 5/4(수) 14시이다.

4/29(금)에 민원접수 후 처리기간을 다음 달력에 대입하면 쉽게 답을 도출할 수 있다.

일	월	화	수	목	금	토
					4/29	30
5/1	2	3	4	5	6	7
8	9	10	11	12	13	14
15	16	17	18	19	20	21
22	23	24	25	26	27	28
29	30	31				

42

정답 ③

고객은 만 30세에 1인 가구이므로 처음적금과 가족적금은 가입할 수 없다. 고객이 가입 가능한 생활적금, 든든적금에 적용되는 우대금리를 계산하여 최종금리를 비교하면 다음과 같다.

구분	기본금리	우대금리	적용금리
생활적금	4.4%	– 예금통장 보유 : 0.5%p – 자동이체 3건 : 0.9%p – 10년 가입 : 0.8%p	6.6%
든든적금	3.5%	– 예금통장 보유 : 1.1%p – 자동이체 3건 : 0.4%p (최대 2건)	5.0%

따라서 직원이 고객에게 추천해 줄 상품으로 가장 적절한 것은 생활적금이다.

43

정답 ③

42번의 고객이 가입한 상품은 생활적금에 해당하고 적금 기간은 6년이므로 중도해지 시 3.3%의 금리가 적용된다.

44

정답 ①

경제적 의사결정을 위해 상품별 만족도 총합을 계산하면 다음과 같다.

(단위 : 만 원, 점)

구분		광고 호감도 (5)	디자인 (12)	카메라 기능 (8)	단말기 크기 (9)	A/S (6)	만족도 총합
A	35	5	10	6	8	5	34
B	28	4	9	6	7	5	31
C	25	3	7	5	6	4	25

각 상품의 가격대비 만족도를 계산하면, 단위 금액당 만족도가 가장 높은 상품 B($=\frac{31}{28}$)를 구입하는 것이 가장 합리적이다.

오답분석

② 단말기 크기의 만족도 만점 점수는 9점으로 카메라 기능보다 높기 때문에 단말기 크기를 더 중시하고 있음을 알 수 있다.
③ 세 상품 중 상품 A의 만족도가 가장 크지만, 비용을 고려해야 하기 때문에 상품 A를 구입하는 것은 합리적인 선택으로 볼 수 없다.
④ 예산을 25만 원으로 제한할 경우 상품 C를 선택할 것이다.

45

정답 ②

월요일은 붙어 있는 회의실 두 곳 501호와 502호를 대여했고, 화요일은 504호, 목요일은 505호를 대여하였다. 이때 전날에 대여한 회의실은 대여할 수 없다고 했으므로 화요일과 목요일에 대여한 504·505호는 수요일에 대여가 불가능하므로 월요일에 대여한 501·502호, 그리고 아직 대여하지 않은 503호가 가능하다. 하지만 수요일에 대여한 회의실은 두 곳이므로 세 회의실 중에 붙어있지 않은 501·503호만 대여 가능하다. 따라서 수요일에 대여한 회의실 호실은 501·503호임을 알 수 있다.

31

정답 ④

우리나라의 OECD 순위는 30개의 회원국 중에서 매년 20위 이하이므로 상위권이라 볼 수 없다.

오답분석

① 우리나라의 CPI는 2022년에 5.6으로 가장 높아 가장 청렴했다고 볼 수 있다.
② 2023년에 39위를 함으로써 처음으로 30위권에 진입했다.
③ 청렴도는 2018년에 4.5점으로 가장 낮고, 2024년과 차이는 5.4−4.5=0.9점이다.

32

정답 ③

㉢ 2024년 12월 주식옵션의 총 거래대금은 주식선물 계약금액의 $\frac{4,845+5,557}{24,138,554}\times 100 \fallingdotseq 0.04\%$이다.
㉣ 2025년 1 ~ 5월 중 주식풋옵션 거래대금이 가장 높은 달은 3월이며, 이때 주식콜옵션 미결제약정 대비 주식선물 미결제약정 값은 $\frac{4,556,923}{165,391} \fallingdotseq 27.6$이다.

오답분석

㉠ 2025년 1월 주식선물 거래량은 주식옵션 총 거래량 대비 $\frac{60,917,053}{1,345,326} \fallingdotseq 45$배이다.
㉡ 2025년 4월 주식콜옵션의 거래량 중 미결제약정 건수의 비율은 $\frac{181,357}{1,123,637}\times 100 \fallingdotseq 16.1\%$이므로 주식풋옵션의 거래량 중 미결제약정의 비율인 $\frac{226,254}{1,129,457}\times 100 \fallingdotseq 20\%$보다 3.9%p 낮다.

33

정답 ④

㉠ 2025년 5월에 주식선물의 거래량은 증가한 반면 계약금액은 감소했으므로 옳지 않다.
㉡ 주식선물의 미결제약정 계약건수는 2025년 4월에 전년 대비 감소했으므로 옳지 않다.
㉢ 주식풋옵션의 거래대금은 2025년 1월에 전월 대비 감소했으므로 옳지 않다.
㉣ 2025년 3월에 주식선물의 거래량과 미결제약정 계약건수 모두 전월 대비 증가했으므로 옳지 않다.

34

정답 ①

2024년 11월과 12월에 가입금액이 자료보다 낮다.

35

정답 ④

을이 5점을 획득하는 경우도 있다.

오답분석

①·② 을이 주사위를 두 번 던지면 16점을 얻을 수 없다. 따라서 을은 최소 3번 주사위를 던졌다. 이때, 갑이 가장 많은 횟수를 던졌는데 3번 던졌다고 가정하면 을과 병 중 한 명이 4번을 던졌다는 뜻이 된다. 이는 세 번째 조건과 모순이므로 갑이 4번을 던지고, 을과 병은 3번씩 던진다.
③ 병은 최소 16점을 넘어야 한다. 6이 한 번도 나오지 않는다면 최대 15점을 얻을 수 있다. 따라서 6이 나온 적이 있다.

36

정답 ④

우선 A의 아이가 아들이라고 하면 A의 진술에 따라 B, C의 아이도 아들이므로 이것은 아들이 2명밖에 없다는 조건에 모순된다. 그러므로 A의 아이는 딸이다. 다음에 C의 아이가 아들이라고 하면 C의 대답에서 D의 아이는 딸이 되므로 B의 아이는 아들이어야 한다. 그런데 이것은 B의 대답과 모순된다(아들의 아버지인 B가 거짓말을 한 것이 되므로). 따라서 C의 아이도 딸이다.
그러므로 아들의 아버지는 B와 D이다.

37

정답 ④

마지막 명제의 대우는 '짬뽕을 좋아하는 사람은 밥을 좋아한다.'이다. 따라서 두 번째 명제와 연결하면 '초밥을 좋아하는 사람은 밥을 좋아한다.'는 명제를 얻을 수 있다.

38

정답 ②

고양이는 포유류이고, 포유류는 새끼를 낳아 키운다. 따라서 고양이는 새끼를 낳아 키운다.

39

정답 ②

ㄱ. 소비자의 낮은 신뢰도는 L항공사가 겪고 있는 문제에 해당하므로 내부환경인 약점 요인에 해당한다.
ㄷ. 해외 여행객의 증가는 항공사가 성장할 수 있는 기회가 되므로 외부환경에서 비롯되는 기회 요인에 해당한다.

오답분석

ㄴ. 안전 품질 기준에 대한 인증 획득은 기업이 가진 경영자원에 해당하므로 내부환경인 강점 요인에 해당한다.
ㄹ. 항공사에 대한 소비자의 기대치가 상승한다는 것은 그만큼 항공사가 만족시켜야 할 요건들이 많아진다는 것을 의미하므로 외부환경에서 비롯되는 위협 요인에 해당한다.

24

정답 ①

홀수 항은 +2, 짝수 항은 +3인 수열이다.

ㄹ	5	六	ㅠ	(ㅠ)	11	ㅊ	N
4	5	6	8	8	11	10	14

25

정답 ④

전체 양동이의 물의 양을 1이라 하고, A, B, C수도꼭지에서 1분당 나오는 물의 양을 a, b, c라고 하자.

$a+b+c=\frac{1}{10}$ …㉠

$b+c=\frac{1}{30}$ …㉡

$8b=a$ …㉢

㉢과 ㉠을 연립하면 $9b+c=\frac{1}{10}$이고, 이를 ㉡과 연립하여 c를 구하면 $9\left(\frac{1}{30}-c\right)+c=\frac{1}{10}$ → $8c=\frac{2}{10}$ → $c=\frac{1}{40}$

따라서 C수도꼭지는 1분당 $\frac{1}{40}$만큼의 물이 나오고, C수도꼭지로만 양동이를 가득 채우는 데 걸리는 시간은 총 40분이다.

26

정답 ②

(터널의 길이)+(열차의 길이)=(열차의 속도)×(열차가 터널을 완전히 통과하는 데 걸리는 시간)이다.

터널의 길이를 $x$km라고 하면, 0.5km인 열차가 시속 50km로 3분간 움직이는 거리는 $(x+0.5)$km이다. 이때 다음과 같은 식이 성립한다.

$x+0.5=50\times\frac{3}{60}$

→ $x+0.5=2.5$

∴ $x=2$

따라서 터널의 길이는 2km이다.

27

정답 ③

농도 12%인 소금물 600g에 들어있는 소금의 양은 600×0.12=72g이다. 600g의 소금물에서 xg을 퍼내면 소금의 양은 $0.12(600-x)$g이 되고, 여기에 물을 xg 더 넣으면 소금물의 양은 $600-x+x=600$g이 된다. 이 혼합물과 농도 4%의 소금물을 섞어 농도 5.5%의 소금물 800g을 만들었으므로 농도 4%인 소금물의 양은 200g이다. 그러므로 식을 세우면 다음과 같다.

$\frac{0.12(600-x)+(200\times0.04)}{600+200}\times100=5.5$

→ $80-0.12x=44$

→ $0.12x=36$

∴ $x=300$

따라서 처음에 퍼낸 소금물은 300g이다.

28

정답 ③

목표 수익률은 원금의 10%인 2,000×0.1=200만 원이다. 현재 2,000×0.04=80만 원의 수익을 얻었고, 6개월 동안 120만 원의 수익을 내야 한다.

따라서 지금부터 6개월까지 누적 수익률은 2,000만 원 중 120만 원이므로 6%이다.

29

정답 ④

해외송금 내역 자료에 대한 해외송금 수수료를 구하면 다음과 같다.

날짜	해외송금 금액	이용 은행	해외송금 수수료	전신료
2023.02.03.	$720	D은행	14,000원	7,500원
2023.03.06.	$5,200	A은행	30,000원	10,000원
2023.04.04.	$2,500	B은행	22,000원	7,000원
2023.04.27.	$1,300	A은행	20,000원	10,000원
2023.05.15.	$2,300	C은행	23,000원	8,000원
2023.06.09.	$1,520	D은행	14,000원	7,500원
2023.07.11.	$5,500	E은행	27,500원	7,000원
2023.08.20.	$800	D은행	14,000원	7,500원
2023.09.04.	$1,320	A은행	20,000원	10,000원
2023.10.24.	$2,300	D은행	19,000원	7,500원
2023.12.12.	$800	D은행	14,000원	7,500원

따라서 해외송금 수수료와 전신료를 모두 합한 금액은 307,000원이다.

30

정답 ④

1인당 GDP 순위는 E>C>B>A>D이다. 그런데 1인당 GDP가 가장 큰 E국은 1인당 GDP가 2위인 C국보다 1% 정도밖에 높지 않은 반면, 인구는 C국의 $\frac{1}{10}$ 이하이므로 총 GDP 역시 C국보다 작다. 따라서 1인당 GDP 순위와 총 GDP 순위는 일치하지 않는다.

오답분석

① 경제성장률이 가장 큰 국가는 D국이고, 5개국의 총 GDP는 다음과 같다.
- A국 : 27,214×50.6=1,377,028.4백만 달러
- B국 : 32,477×126.6=4,111,588.2백만 달러
- C국 : 55,837×321.8=17,968,346.6백만 달러
- D국 : 25,832×46.1=1,190,855.2백만 달러
- E국 : 56,328×24=1,351,872백만 달러

따라서 경제성장률이 가장 큰 D국의 총 GDP가 가장 작다.

② 총 GDP가 가장 큰 국가는 C국이고, 가장 작은 국가는 D국이다. C국의 총 GDP는 D국의 총 GDP보다 $\frac{17,968,346.6}{1,190,855.2}\fallingdotseq$ 15배이므로 옳은 설명이다.

③ 수출 및 수입 규모에 따른 순위는 각각 C>B>A>D>E이므로 옳은 설명이다.

13
정답 ③

세 번째 문단은 안전보장이사회의 결의안 채택 방식을 소개하고 있으며 상임이사국의 거부권 행사는 그중 일부 내용이므로 문단의 제목으로는 적절하지 않다.

14
정답 ③

국제사법재판소의 판결이행사항 이행은 안전보장이사회의 역할 중 하나이다.

오답분석

① 분쟁의 평화적 해결 문제를 다루는 것은 UN헌장 제6장이다.
② 5개의 상임이사국은 미국, 영국, 프랑스, 러시아, 중국으로 구성되어 있다.
④ 냉전종식 이후 UN헌장 제7장이 더 많이 활용되고 있다.

15
정답 ③

제19조 제1항에 따르면 조합원은 둘 이상의 지역농협에 가입할 수 없다.

오답분석

① 제19조 제1항에 따르면 조합원은 지역농협의 구역에 주소, 거소(居所)나 사업장이 있는 농업인이어야 한다.
② 제20조 제2항에 따르면 지역농협은 준조합원에 대하여 정관으로 정하는 바에 따라 가입금과 경비를 부담하게 할 수 있다.
④ 제21조 제5항에 따르면 조합원은 출자의 납입 시 지역농협에 대한 채권과 상계(相計)할 수 없다.

16
정답 ②

농업협동조합법 제19조 제3항에 따르면 특별시 또는 광역시의 자치구를 구역의 전부 또는 일부로 하는 품목조합은 해당 자치구를 구역으로 하는 지역농협의 조합원이 될 수 있다. 따라서 ◇◇자치구를 구역의 일부로 하는 품목조합 B는 ○○지역농협의 조합원이 될 수 있다.

오답분석

① 제19조 제2항에 따르면 주된 사무소를 지역농협의 구역에 두고 농업을 경영하는 영농조합법인과 농업회사법인이 지역농협의 조합원이 될 수 있다. 그러나 A는 영농조합법인이나 농업회사법인이 아닌 산림조합법인이므로 조합원이 될 수 없다.
③ 제19조 제2항에 따르면 농업을 경영하는 법인은 주된 사무소를 지역농협의 구역에 두어야 해당 지역농협의 조합원이 될 수 있다. 따라서 ○○지역농협의 구역에 주된 사무소가 아닌 지사를 두고 있는 C는 ○○지역농협의 조합원이 될 수 없다.
④ 제19조 제1항에 따르면 조합원은 둘 이상의 지역농협에 가입할 수 없으므로 이미 △△지역농협의 조합원인 D는 ○○지역농협의 조합원이 될 수 없다.

17
정답 ④

농협의 도농협동연수원이 개최한 '도농 협동 CEO 리더 어울림 과정' 연수에 대해 언급하는 (라) 문단이 처음 문단으로 오고, 연수의 첫째 날 일정을 설명하는 (다) 문단과 둘째 날 일정을 설명하는 (가) 문단이 차례대로 오는 것이 적절하다. 마지막으로는 연수에 참여한 단체인 '에너지와 여성'의 회장이 밝히는 연수 소감과 연수원 원장의 바람이 드러난 (나) 문단이 오는 것이 자연스럽다.

18
정답 ③

(654,321−123,456)+(456,456−136,321)
=(530,865)+(320,135)
=851,000

19
정답 ③

455÷50+0.1×9+2.5×4
=9.1+0.9+10
=10+10
=20

20
정답 ②

94,500÷54÷50÷7
=1,750÷50÷7
=35÷7
=5

21
정답 ①

n이 자연수일 때, n항과 $(n+1)$항의 역수를 곱한 값이 $(n+2)$항인 수열이다.

따라서 ( )$=\frac{9}{2}\times\frac{81}{20}=\frac{729}{40}$이다.

22
정답 ③

홀수 항은 ÷2, 짝수 항은 ÷4인 수열이다.
따라서 ( )=20÷4=5이다.

23
정답 ④

+1.6, −2.4, +3.2, −4, +4.8, …인 수열이다.
따라서 ( )=−3.6+4.8=1.2이다.

05

정답 ③

제시문은 큰 위기에 안일하게 대처하는 상황을 묘사하고 있다. '미봉(彌縫)'은 일의 빈 구석이나 잘못된 것을 임시변통으로 이리저리 주선하여 꾸며 대는 것을 이르는 말이다. 이 상황에 어울리는 사자성어는 '임시방편(臨時方便)'이다. 이는 갑자기 터진 일을 우선 간단하게 둘러맞추어 처리함을 의미한다.

오답분석

① 이심전심(以心傳心) : 마음과 마음으로 서로 뜻이 통함
② 괄목상대(刮目相對) : 눈을 비비고 상대편을 본다는 뜻으로, 남의 학식이나 재주가 놀랄 만큼 부쩍 늚을 이르는 말
④ 주도면밀(周到綿密) : 주의가 두루 미쳐 자세하고 빈틈이 없음

06

정답 ③

제시문의 내용은 『구운몽』의 일부로, 주인공이 부귀영화를 누렸던 한낱 꿈으로부터 현실로 돌아오는 부분이다. 따라서 부귀영화란 일시적인 것이어서 그 한때가 지나면 그만임을 비유적으로 이르는 말인 ③이 가장 적절하다.

오답분석

① 힘을 다하고 정성을 다하여 한 일은 그 결과가 반드시 헛되지 아니함을 비유적으로 이르는 말
② 무엇을 전혀 모르던 사람도 오랫동안 보고 듣노라면 제법 따라 할 수 있게 됨을 비유적으로 이르는 말
④ 속으로는 해칠 마음을 품고 있으면서, 겉으로는 생각해 주는 척함을 비유적으로 이르는 말

07

정답 ②

'발(이) 빠르다'는 '알맞은 조치를 신속히 취하다'라는 의미의 관용구로 띄어 쓴다. 따라서 띄어쓰기가 적절한 것은 ②이다.

오답분석

① 손 쉽게 가꿀 수 있는 → 손쉽게 가꿀 수 있는
 : '손쉽다'는 '어떤 것을 다루거나 어떤 일을 하기가 퍽 쉽다.'의 의미를 지닌 한 단어이므로 붙여 써야 한다.
③ 겨울한파에 언마음이 → 겨울한파에 언 마음이
 : '언'은 동사 '얼다'에 관형사형 어미인 '-ㄴ'이 결합한 관형어이므로 '언 마음'과 같이 띄어 써야 한다.
④ 깃발 아래 한 데 뭉치자. → 깃발 아래 한데 뭉치자.
 : '한데'는 '한곳이나 한군데'의 의미를 지닌 한 단어이므로 붙여 써야 한다.

08

정답 ②

• out of order : 고장이 난

> A : 시간 좀 알려 주시겠습니까?
> B : 아, 죄송합니다. 제 시계는 고장 났습니다.

09

정답 ②

개요에서 본격적으로 수정한 사항은 '2. 고령화 사회의 문제점'이다. 이는 고령화 사회로 인해 발생할 수 있는 사회적 비용을 의료 및 복지 비용으로, 인구 감소로 인한 문제를 노동력 공급 감소 및 생산성 저하로 구체화한 것이다.

오답분석

④ 구체적으로 문제 상황을 한정했다고 해서 논의 대상의 범위가 한정된 것은 아니다. 논의 대상인 고령화 사회의 문제점 자체는 그대로이기 때문이다.

10

정답 ②

마지막 문단의 '더 큰 문제는 이런 인식이 농민운동을 근대 이행을 방해하는 역사의 반역으로 왜곡할 소지가 있다는 것이다.'라는 문장을 통해 추론할 수 있다.

11

정답 ④

섬유 예술과 타 예술장르와의 관계에 대해서는 제시된 바가 없다.

오답분석

① 첫 번째 문단에서 섬유 예술의 재료인 실, 직물, 가죽, 짐승의 털 등이 제시되어 있다.
② 두 번째, 세 번째 문단에서 섬유 예술이 조형 예술 장르로 자리매김한 계기와, 이후 조형성을 강조하는 방향으로 발전한 과정을 설명하고 있다.
③ 대표적인 섬유 예술 작품으로 올덴버그의 「부드러운 타자기」와 라우센버그의 「침대」를 들고 있다.

12

정답 ①

첫 번째 문단에 의하면 섬유 예술에 쓰이는 재료들은 상징적 의미를 불러일으키는 '오브제'로 쓰인다. 따라서 라우센버그의 「침대」에 쓰인 모든 재료들 역시 이러한 의미를 지니고 있을 것임을 유추해볼 수 있으므로, 특별한 의미를 추구하지 않는다는 것은 옳지 않은 설명이다.

오답분석

② 올덴버그의 「부드러운 타자기」가 주목받은 것이 섬유 예술이 새로운 조형 예술의 한 장르로 자리매김한 결정적 계기라고 하였으므로, 이전에는 대체로 섬유 예술을 조형 예술 장르로 보지 않았음을 알 수 있다.
③ 두 번째 문단에 따르면 올덴버그가 「부드러운 타자기」를 통해 섬유를 심미적 대상으로 인식할 수 있게 하였다.
④ 세 번째 문단에서 콜라주와 아상블라주는 현대의 여러 예술 사조에서 활용되는 기법을 차용한 것이라고 하였으므로, 섬유 예술 이외에도 다양한 예술 분야에서 활용됨을 알 수 있다.

제3회 모의고사 정답 및 해설

01	02	03	04	05	06	07	08	09	10
④	③	④	②	③	③	②	②	②	②
11	12	13	14	15	16	17	18	19	20
④	①	③	③	③	②	④	③	③	②
21	22	23	24	25	26	27	28	29	30
①	③	④	①	④	②	③	③	④	④
31	32	33	34	35	36	37	38	39	40
④	③	④	①	④	④	④	②	②	③
41	42	43	44	45	46	47	48	49	50
①	③	③	①	②	③	③	①	②	③
51	52	53	54	55	56	57	58	59	60
③	①	④	②	③	②	③	③	④	③

01

정답 ④

제시된 단어들은 반의 관계이다.
'사실'의 반의어는 '허구'이며, '유명'의 반의어는 '무명'이다.

02

정답 ③

'자리', '투정', '꿈'을 통해 '잠'을 연상할 수 있다.

- 자리 : 잠자리는 잠을 자기 위해 사용하는 이부자리나 침대보 따위를 통틀어 이르는 말이다.
- 투정 : 잠투정은 어린아이가 잠을 자려고 할 때나 잠이 깨었을 때 떼를 쓰며 우는 것을 이르는 말이다.
- 꿈 : 꿈은 잠을 자는 동안에 깨어 있을 때와 마찬가지로 여러 가지 사물을 보고 듣는 것을 이르는 말이다.

03

정답 ④

'밀봉'과 '밀폐'는 유의 관계로, 이와 같은 것은 ④의 '모범'과 '귀감'이다.

- 밀봉 : 단단히 붙여 꼭 봉함
- 밀폐 : 샐 틈이 없이 꼭 막거나 닫음
- 모범 : 본받아 배울 만한 대상
- 귀감 : 거울로 삼아 본받을 만한 모범

오답분석

①·②·③은 반의 관계이다.

- 매립 : 우묵한 땅이나 하천, 바다 등을 돌이나 흙 따위로 채움
- 굴착 : 땅이나 암석 따위를 파고 뚫음
- 허비 : 헛되이 씀. 또는 그렇게 쓰는 비용
- 절용 : 아껴 씀
- 승진 : 직위의 등급이나 계급이 오름
- 좌천 : 낮은 관직이나 지위로 떨어지거나 외직으로 전근됨을 이르는 말

04

정답 ②

'개선'과 '개악'은 반의 관계로, 이와 같은 것은 ②의 '질서'와 '혼돈'이다.

- 개선 : 잘못된 것이나 부족한 것, 나쁜 것 따위를 고쳐 더 좋게 만듦
- 개악 : 고치어 도리어 나빠지게 함
- 질서 : 혼란 없이 순조롭게 이루어지게 하는 사물의 순서나 차례
- 혼돈 : 마구 뒤섞여 있어 갈피를 잡을 수 없음. 또는 그런 상태

오답분석

①·③·④는 유의 관계이다.

- 규칙 : 여러 사람이 다 같이 지키기로 작정한 법칙. 또는 제정된 질서
- 방칙 : 여러 사람이 다 같이 지키기로 작정한 법칙. 또는 제정된 질서
- 최선 : 가장 좋고 훌륭함. 또는 그런 일
- 극선 : 가장 좋음
- 간극 : 1. 사물 사이의 틈 2. 시간 사이의 틈 3. 두 가지 사건·현상 사이의 틈
- 간격 : 1. 공간적으로 벌어진 사이 2. 시간적으로 벌어진 사이 3. 사물 사이의 관계에 생긴 틈

65

정답 ④

㉠·㉢ 은 유기적 조직에 대한 설명이다.

기계적 조직과 유기적 조직
- 기계적 조직
  - 구성원의 업무가 분명하게 규정되어 있다.
  - 많은 규칙과 규제가 있다.
  - 상하 간 의사소통이 공식적인 경로를 통해 이루어진다.
  - 엄격한 위계질서가 존재한다.
  - 대표적으로 군대, 정부, 공공기관 등이 있다.
- 유기적 조직
  - 의사결정권한이 조직의 하부 구성원들에게 많이 위임되어 있다.
  - 업무가 고전되지 않아 업무 공유가 가능하다.
  - 비공식적인 상호 의사소통이 원활이 이루어진다.
  - 규제나 통제의 정도가 낮아 변화에 맞춰 쉽게 변할 수 있다.
  - 대표적으로 권한위임을 받아 독자적으로 활동하는 사내 벤처팀, 특정한 과제 수행을 위해 조직된 프로젝트팀이 있다.

66

정답 ④

인적성검사 합격자의 조 구성은 은경 씨가 하지만, 합격자에게 몇 조인지를 미리 공지하는지는 알 수 없다.

67

정답 ①

피터의 법칙(Peter's Principle)이란 무능력이 개인보다는 위계조직의 메커니즘에서 발생한다고 보는 이론이다. 우리 사회에서 많이 볼 수 있는 무능력, 무책임으로 인해 우리는 많은 불편을 겪으며 막대한 비용을 지출하게 된다. 그렇지만 이러한 무능력은 사라지지 않고 있으며, 오히려 무능한 사람들이 계속 승진하고 성공하는 모순이 발생하고 있다. 대부분의 사람은 무능과 유능이 개인의 역량에 달려 있다고 생각하기 쉬우나, 로렌스 피터(Laurence J. Peter)와 레이몬드 헐(Raymond Hull)은 우리 사회의 무능이 개인보다는 위계조직의 메커니즘에서 발생한다고 주장하였다.

68

정답 ①

메모에는 B대리가 수행해야 하는 업무가 두서없이 나열되어 있다. 그러나 수행해야 하는 시간이 언급되어 있으므로 이를 힌트로 삼아 중요도에 따라 업무를 재배열할 수 있다. B대리가 가장 우선시해야 하는 업무는 가장 마지막에 언급된 '중요한 자료'를 A팀장에게 메일로 보내는 것이다. 다른 업무는 중요도에 따라 차근차근 진행하면 된다.

69

정답 ③

홈페이지 접속 오류 문제의 경우 정보통신시스템 운영 관리 업무를 담당하는 정보화본부에 연락해야 한다.

오답분석

① 고객지원실 : 민원 업무, 개인정보 관리, 심사청구 업무 등을 담당한다.
② 인사혁신실 : 인사제도 개선, 신입직원 교육, 노사협력, 임직원 성과평가 등의 업무를 담당한다.
④ 기금운용본부 : 기금운용 계획, 평가, 채권·주식·증권 투자 등의 업무를 담당한다.
⑤ 시설관리센터 : 사옥 운영 및 시설 관리 등의 업무를 담당한다.

70

정답 ①

농협은 복잡한 축산물 유통구조를 축소하여 축산 농가는 더 받고, 소비자는 덜 내는 유통구조를 통해 가격안정에 기여하고 있다.

60

정답 ②

업무에서의 자원은 시간·예산·물적·인적자원을 뜻하는데, 자원의 낭비요인은 비계획적 행동, 편리성 추구, 자원에 대한 인식 부재, 노하우 부족(경험 및 학습 부족) 등이다. 따라서 계획적인 행동은 시간 낭비요인으로 옳지 않다.

61

정답 ①

예산을 수립하는 과정에서 필요한 활동을 구명하는 데 과업세부도를 활용하는 것이 효과적이다. 과업세부도란 과제 및 활동의 계획을 수립하는 데 있어서 가장 기본적인 수단으로 활용되는 그래프로 필요한 모든 일들을 중요한 범주에 따라 체계화시켜 구분해 놓은 그래프를 말한다.

오답분석

② 지출내역서 : 일정 기간 동안 사용한 경비지출의 내용을 기재한 문서이다.
③ 로직트리 : 문제해결 및 컨설팅에 사용하는 주요 사고기법으로 트리의 형태로 상위개념을 하위개념으로 논리적으로 분해하는 분석기법이다.
④ 간트차트 : 목적과 시간의 두 기본적인 요소를 이용하여 만든 그래프이다. 주로 공정관리 등에 쓰인다.
⑤ 플로차트 : 문제의 범위를 정하여 분석하고, 그 해법을 명확하게 하기 위해서 필요한 작업이나 사무처리 순서를 통일된 기호와 도형을 이용하여 도식화한 것이다.

62

정답 ④

N대리 가족은 어른 2명과 어린이 2명이므로, 보기에 해당하는 교통수단 이용순서에 따라 조건에 부합하는 요금을 계산하면 다음 표와 같다.

구분	교통수단	비용		
		어른	어린이	총비용
①	지하철 → 지하철 → 기차	(1,850원 +1,250원 +4,800원) ×2명 =15,800원	(1,850원×0.4) +(1,250원×0.4) +(4,800원×0.5 ×2명)=6,040원	21,840원
②	버스 → 지하철 → 기차	(2,500원 +1,250원 +4,800원) ×2명 =17,100원	(2,500원×0.2) +(1,250원×0.4) +(4,800원×0.5 ×2명)=5,800원	22,900원
③	지하철 → 버스 → 기차	(1,850원 +1,200원 +4,800원) ×2명 =15,700원	(1,850원×0.4) +(1,200원×0.2) +(4,800원×0.5 ×2명)=5,780원	21,480원
④	기차 → 버스 → 지하철	(2,700원 +1,200원 +2,150원) ×2명 =12,100원	(2,700원×0.5 ×2명) +(1,200원×0.2) +(2,150원×0.4) =3,800원	15,900원
⑤	기차 → 지하철 → 버스	(2,700원 +1,250원 +3,000원) ×2명 =13,900원	(2,700원×0.5× 2명) +(1,250원×0.4) +(3,000원×0.2) =3,800원	17,700원

따라서 수원역에서 가평역까지 소요시간에 상관없이 기차를 한 번 이용하여 최소비용으로 가는 방법은 '기차 → 버스 → 지하철'이며, 비용은 15,900원임을 알 수 있다.

63

정답 ①

교통수단 순서에 따른 소요시간 및 총비용은 다음과 같다.

구분	교통수단	소요시간	총비용
①	지하철 → 지하철 → 기차	63분+18분+38분 =119분	21,840원
②	버스 → 지하철 → 기차	76분+18분+38분 =132분	22,900원
③	지하철 → 버스 → 기차	63분+40분+38분 =141분	21,480원
④	기차 → 버스 → 지하철	32분+40분+77분 =149분	15,900원
⑤	기차 → 지하철 → 버스	32분+18분+164분 =214분	17,700원

따라서 소요시간이 140분 이내인 교통수단은 ①·②이며, 그중 최소비용은 ①이므로 '지하철 → 지하철 → 기차' 순서로 이용한다.

64

정답 ③

A~C길을 이용할 때 드는 비용(통행료+총주유비)은 다음과 같다.

- A길 : 4,500원+124원/km×98.28km≒16,690원
- B길 : 4,400원+124원/km×97.08km≒16,440원
- C길 : 6,600원+124원/km×102.35km≒19,290원

따라서 최대비용 C길과 최소비용 B길의 금액 차이는 19,290−16,440=2,850원이다.

53

정답 ③

제시된 자료와 상황의 내용을 이용해 투자액에 따른 득실을 정리하면 다음과 같다.

구분		투자액	감면액	득실
1등급	최우수	2억 1천만 원	2억 4천만 원	+3,000만 원
	우수	1억 1천만 원	1억 6천만 원	+5,000만 원
2등급	최우수	1억 9천만 원	1억 6천만 원	−3,000만 원
	우수	9천만 원	8천만 원	−1,000만 원

따라서 ㉠·㉡은 옳은 내용이다.

오답분석

㉢ 2등급을 받기 위해 투자한 경우, 최소 1,000만 원에서 최대 3,000만 원의 경제적 손실을 입는다.

54

정답 ②

예상되는 평가점수는 63점이고 에너지효율이 3등급이기 때문에 취·등록세액 감면 혜택을 받을 수 없다. 추가 투자를 통해서 평가점수와 에너지효율을 높여야 취·등록세액 감면 혜택을 받게 된다.

오답분석

① 현재 신축 건물의 예상되는 친환경 건축물 평가점수는 63점으로 우량 등급이다.
③ 친환경 건축물 우수 등급, 에너지효율 1등급을 받을 때, 경제적 이익이 극대화된다.
④·⑤ 예산 관리는 활동이나 사업에 소요되는 비용을 산정하고, 예산을 편성하는 것뿐만 아니라 예산을 통제하는 것 모두를 포함한다고 할 수 있다.

55

정답 ①

문제 해결은 문제 해결자의 개선 의식, 도전 의식과 끈기를 필요로 한다. 마지막 문장에서 '자신의 아이디어에 대한 확신과 계속해서 추진할 수 있는 자세가 부족'하다고 언급하고 있는 것을 확인할 수 있다. A씨의 경우 문제 해결 방법에 대한 지식이 충분함에도 불구하고 도전 의식과 끈기가 부족하여 문제 해결에 어려움을 겪고 있다.

56

정답 ③

파일링시스템 규칙을 적용하면 2025년 초에 작성한 문서의 경우, 2026년 1월 1일부터 보존연한이 시작되어 2028년 12월 31일자로 완결되므로 올바른 폐기연도는 2029년 초이다.

57

정답 ②

팀장과 과장의 휴가일정과 세미나가 포함된 주를 제외하면 A대리가 연수에 참석할 수 있는 날짜는 첫째 주 금요일부터 둘째 주 화요일까지로 정해진다. 4월은 30일까지 있으므로 주어진 일정을 달력에 표시를 하면 다음과 같다.

일	월	화	수	목	금	토
	1	2 팀장 휴가	3 팀장 휴가	4 팀장 휴가	5 A대리 연수	6 A대리 연수
7 A대리 연수	8 A대리 연수	9 A대리 연수	10 B과장 휴가	11 B과장 휴가	12 B과장 휴가	13
14	15 B과장 휴가	16 B과장 휴가	17 C과장 휴가	18 C과장 휴가	19	20
21	22	23	24	25	26 세미나	27
28	29	30				

따라서 5일 동안 연속으로 참석할 수 있는 날은 4월 5일부터 9일까지이므로 A대리의 연수 마지막 날짜는 9일이다.

58

정답 ④

자원활용계획을 수립할 때는 자원의 희소성이 아닌 자원이 투입되는 활동의 우선순위를 고려하여 자원을 할당해야 한다.

자원 관리의 4단계 과정

1) 필요한 자원의 종류와 양 확인 : '어떠한' 자원이 '얼마만큼' 필요한지 파악하는 단계로, 일반적으로 '시간, 예산, 물적자원, 인적자원'으로 구분하여 파악한다.
2) 이용 가능한 자원의 수집과 확보 : 필요한 양보다 조금 더 여유 있게 최대한으로 자원을 확보한다.
3) 자원활용계획 수립 : 자원이 투입되는 활동의 우선순위를 고려하여 자원을 할당하고 활용계획을 수립한다.
4) 계획에 따른 수행 : 계획을 수립한 대로 업무를 추진한다.

59

정답 ⑤

시간 관리에 대해 모두 잘못 이해하고 있다.

- 윤아 : 시간이 촉박하면 다른 생각을 할 여유가 없기 때문에 집중이 잘되는 것처럼 느껴질 뿐이다. 이런 경우 실제 수행 결과는 만족스럽지 못한 경우가 많다.
- 태현 : 시간 관리 자체로 부담을 과하게 가지면 오히려 수행에 문제가 생길 수 있지만 기본적으로 시간 관리는 꼼꼼히 해야 한다.
- 지현 : 계획한 대로 시간 관리가 이루어지면 보다 효율적으로 일을 진행할 수 있다.
- 성훈 : 흔히 창의와 관리는 상충된다고 생각하지만 창의성이 필요한 일도 관리 속에서 더 효율적으로 이루어진다.

44

정답 ⑤

수학을 잘하는 사람은 컴퓨터를 잘하고, 컴퓨터를 잘하는 사람은 사탕을 좋아한다.
따라서 수학을 잘하는 사람은 사탕을 좋아한다.

45

정답 ⑤

모든 조건을 고려해 보면 다음과 같은 경우가 나온다.

경우 \ 우세	B	C
1	D, F	E, F
2	E, F	D, F

㉡·㉢ 위의 표를 보면 쉽게 알 수 있다.

오답분석

㉠ 위의 표를 보면 C는 E에게 우세할 수도 있지만 열세일 수도 있다.

46

정답 ③

확정기여형(DC) 퇴직연금유형은 근로자가 선택하는 운용 상품의 운용 수익률에 따라 퇴직 급여가 달라진다.

오답분석

① 확정급여형과 확정기여형은 운영방법의 차이로 인해 퇴직연금 수준이 달라질 수 있다.
② 확정급여형에서는 기업부담금이 산출기초율로 정해지며, 이는 자산운용 수익률과 퇴직률 변경 시 변동되는 사항이다.
④ 확정급여형은 직장이동 시 합산이 어렵기 때문에 직장이동이 잦은 근로자들은 확정기여형을 선호할 것이라고 유추할 수 있다.
⑤ 확정급여형은 IRA / IRP를 활용할 수 있으므로 이에 대한 설명을 추가하는 것은 적절하다.

47

정답 ②

운용 현황에 관심이 많은 근로자는 확정기여형 퇴직연금유형에 적합하다.

48

정답 ①

Logic Tree는 문제의 원인을 깊이 파고들거나 해결책을 구체화할 때 제한된 시간 안에 넓이와 깊이를 추구하는 데 도움이 되는 기술로, 주요 과제를 나무 모양으로 분해하여 정리하는 기술이다.

오답분석

② SWOT 분석 : 기업내부의 강점과 약점, 외부환경의 기회와 위협요인을 분석·평가하고 이들을 서로 연관지어 전략을 개발하고 문제해결 방안을 개발하는 방법이다. SWOT 분석은 내부환경요인과 외부환경요인의 2개의 축으로 구성되어 있으며 내부환경요인은 자사 내부의 환경을 분석하는 것으로 다시 자사의 강점과 약점으로 분석된다. 외부환경요인은 자사 외부의 환경을 분석하는 것으로 분석은 다시 기회와 위협으로 구분된다. 내부환경요인과 외부환경요인에 대한 분석이 끝난 후에 매트릭스가 겹치는 SO, WO, ST, WT에 해당되는 최종 분석을 실시한다.
③ 3C 분석 : 사업환경을 구성하고 있는 요소인 고객, 자사, 경쟁사를 3C라고 하며, 3C에 대한 체계적인 분석을 통해서 환경분석을 수행할 수 있다. 3C 분석 중 고객 분석에서는 '고객은 자사의 상품 및 서비스에 만족하고 있는지'를, 자사 분석에서는 '자사가 세운 달성목표와 현상 간에 차이가 없는지'를, 경쟁사 분석에서는 '경쟁기업의 우수한 점과 자사의 현상과 차이가 없는지'에 대한 질문을 통해서 환경을 분석하게 된다.

49

정답 ②

ⓐ 다음 주에 상부에 보고해야 하는 업무는 중요하지만, 아직 시간이 조금 남아있는 상태이므로 긴급한 업무는 아니다. 그러므로 제2사분면에 위치하는 것이 가장 적절하다.
ⓑ 고객이 당장 오늘 내로 문제 해결 방법을 알려달라는 강한 불만을 제기했으므로 긴급하면서도 중요한 문제이다. 그러므로 제1사분면에 위치하는 것이 가장 적절하다.
ⓒ 친구와의 약속은 업무에서 중요하지 않고 긴급한 일이 아니다. 그러므로 제4사분면에 위치하는 것이 가장 적절하다.

50

정답 ②

피로도와 운동량을 동일하게 중요시하는 직원에게는 자전거 가격이 높을수록 피로도가 낮기 때문에 S-8653 모델보다는 S-4532 모델이 더 적합하다.

51

정답 ④

다섯 명의 운동량을 구하면 다음과 같다.

- 갑 : $1.4\times2=2.8$
- 을 : $1.2\times2\times0.8=1.92$
- 병 : $2\times1.5=3$
- 정 : $2\times0.8+1\times1.5=3.1$
- 무 : $0.8\times2\times0.8+1.2=2.48$

따라서 정>병>갑>무>을 순으로 운동량이 많다.

52

정답 ②

문제해결절차는 '문제 인식 → 문제 도출 → 원인 분석 → 해결안 개발 → 실행 및 평가'이다.
㉠은 강대리가 문제 인식을 하고 팀장님께 보고한 후 어떤 문제가 발생했는지 도출해 내는 단계이므로 문제를 명확히 하는 '문제 도출' 단계이다.
㉡은 최팀장에게 왜 그런 현상이 나타나는 것인지에 대해 대답할 차례이므로 문제가 나타나는 현상에 대한 원인을 분석하는 '원인 분석' 단계이다.

37

정답 ④

80 ~ 100만 원 미만 구간에서 100만 원을 포함하고 중앙값을 구하면 90만 원이 된다. 따라서 장애연금 급여를 모두 지급했을 때, 지급 금액은 $90 \times 1,796 = 161,640$만 원이다.

38

정답 ③

생산량 대비 수출량은 2023년에 $\frac{12.4}{16.2} \times 100 \fallingdotseq 76.5\%$이고, 2024년에 $\frac{10.1}{13.4} \times 100 \fallingdotseq 75.4\%$이다. 따라서 생산량 대비 수출량이 가장 큰 해는 2023년이다.

오답분석

① 2022년 전년 대비 쌀 수출량의 증가율은 $\frac{6.7-3.3}{3.3} \times 100 \fallingdotseq$ 103%로 가장 크다.
② 전년 대비 2022년에는 쌀 생산량이 늘지만 1인당 연간 쌀 소비량은 줄고, 2023년에는 쌀 생산량과 소비량이 늘어난다. 따라서 주어진 자료만으로는 쌀 생산량과 1인당 연간 쌀 소비량 사이에 특별한 상관관계가 없다고 볼 수 있다.
④ 2024년 1월 1일 쌀 비축량은 전년 생산량 16.2만 톤에 수출량 12.4만 톤과 소비량 3만 톤을 제한 나머지이므로 0.8만 톤이다.
⑤ 2023년 쌀 생산량은 16.2만 톤이고, 이의 75%는 $162,000 \times \frac{3}{4} = 121,500$톤이다. A국은 2023년 쌀을 124,000(12.4만) 톤 수출하였으므로 옳은 설명이다.

39

정답 ①

2022년 쌀 소비량 4.2만 톤은 4,200만kg이고, 2022년 1인당 연간 소비량이 28kg이므로 2022년 A국의 인구는 $4,200만 \div 28 = 150$만 명이다.

40

정답 ④

2020년 대비 2024년 EBS의 수출액 증가율은 약 1.7배이지만 SBS는 약 3.8배 증가했으므로 옳지 않다.

오답분석

①·③ 표를 통해 쉽게 확인할 수 있다.
② 2022년에는 전년에 비해 3배 이상 증가했다.
⑤ 블루레이 / 스트리밍 판매 조사기간 중 편당 수출액은 2023년에 $\frac{21,813}{1,324} \fallingdotseq 16.48$천 달러로 가장 높다.

41

정답 ③

편당 수출액은 $\frac{(금액)}{(편수)}$과 같다. MBC는 2022년에 비해 2023년에 편수는 증가했지만, 금액은 감소했다. 즉, 분모가 커지고 분자가 작아졌다. 따라서 편당 수출액은 2023년이 2022년보다 적으므로 그래프로 옮기면 하향 곡선이 그려져야 한다.
또한, 2024년의 금액은 28,526천 달러이고 편수는 9,379편이므로 편당 수출액은 약 3천 달러이다. 그러나 그래프는 4천 달러를 가리키고 있으므로 적절하지 않다.

42

정답 ④

다음의 논리 순서를 따라 제시된 조건을 정리하면 쉽게 접근할 수 있다.

- 두 번째 조건 : 홍보팀은 5실에 위치한다.
- 첫 번째 조건 : 홍보팀이 5실에 위치하므로, 마주보는 홀수실인 3실 또는 7실에 기획조정 1팀과 미래전략 2팀이 위치한다.
- 네 번째 조건 : 보안팀은 남은 홀수실인 1실에 위치하고, 이에 따라 인사팀은 8실에 위치한다.
- 세 번째 조건 : 7실에 미래전략 2팀, 3실에 기획조정 1팀이 위치한다.
- 마지막 조건 : 2실에 기획조정 3팀, 4실에 기획조정 2팀이 위치하고, 남은 6실에는 자연스럽게 미래전략 1팀이 위치함을 알 수 있다.

이를 정리하며 사무실을 배치하면 다음과 같다.

1실 – 보안팀	2실 – 기획조정 3팀	3실 – 기획조정 1팀	4실 – 기획조정 2팀
복도			
5실 – 홍보팀	6실 – 미래전략 1팀	7실 – 미래전략 2팀	8실 – 인사팀

따라서 기획조정 1팀(3실)은 기획조정 2팀(4실)과 기획조정 3팀(2실) 사이에 위치한다.

오답분석

① 인사팀은 8실에 위치한다.
② 미래전략 1팀은 6실에 위치한다.
③ 미래전략 2팀과 기획조정 3팀은 복도를 사이에 두고 위치한다.
⑤ 홍보팀이 있는 라인에서 가장 높은 번호의 사무실은 8실로 인사팀이 위치한다.

43

정답 ②

다음의 논리 순서를 따라 주어진 조건을 정리하면 쉽게 접근할 수 있다.

- 첫 번째, 마지막 조건 : A는 반드시 F와 함께 외근을 나간다.
- 두 번째 조건 : F는 A와 외근을 나가므로 B는 반드시 D와 함께 외근을 나간다.
- 세 번째 조건 : C는 E와 함께 외근을 나간다.

따라서 A와 F, B와 D, C와 E가 함께 외근을 나간다.

29

정답 ②

홀수 항은 $+1$, 짝수 항은 $\times 2$인 수열이다.

D	C	E	F	F	L	(G)	X
4	3	5	6	6	12	7	24

30

정답 ④

홀수 항은 -3, 짝수 항은 $+3$인 수열이다.

ㅋ	ㄹ	(ㅇ)	ㅅ	ㅁ	ㅊ
11	4	8	7	5	10

31

정답 ④

세제 1스푼의 양을 x, 물 3kg에 들어갈 세제의 양을 y라 하자. (단, 단위는 g) 이때 다음과 같은 식이 성립한다.

$$\frac{5}{1,000}\times 2,000+4x=\frac{9}{1,000}\times(2,000+4x)$$

$$\rightarrow x=\frac{2,000}{991}$$

$$y=\frac{9}{1,000}\times(3,000+y) \rightarrow 1,000y=27,000+9y$$

$$\rightarrow y=\frac{27,000}{991}$$

$$\frac{y}{x}=\frac{\frac{27,000}{991}}{\frac{2,000}{991}}=13.5$$

따라서 13.5스푼을 넣으면 농도가 0.9%인 세제 용액이 된다.

32

정답 ②

- 전체 구슬의 개수 : $3+4+5=12$개
- 빨간색 구슬 2개를 꺼낼 확률 : $\frac{{}_3C_2}{{}_{12}C_2}=\frac{1}{22}$
- 초록색 구슬 2개를 꺼낼 확률 : $\frac{{}_4C_2}{{}_{12}C_2}=\frac{1}{11}$
- 파란색 구슬 2개를 꺼낼 확률 : $\frac{{}_5C_2}{{}_{12}C_2}=\frac{5}{33}$

구슬 2개를 꺼낼 때, 모두 빨간색이거나 모두 초록색이거나 모두 파란색일 확률은 위의 세 가지 확률을 더하여 구할 수 있다.

따라서 구하는 확률은 $\frac{1}{22}+\frac{1}{11}+\frac{5}{33}=\frac{19}{66}$이다.

33

정답 ⑤

- 사무용품 구매액 : $300,000\times 0.8=240,000$원
- 사무용품 구매 후 남은 예산 : $300,000-240,000=60,000$원
- 서랍장 구매액 : $60,000\times 0.4=24,000$원
- 서랍장 구매 후 남은 예산 : $60,000-24,000=36,000$원
- 볼펜 1개의 온라인 구매가 : $500\times\left(1-\frac{20}{100}\right)=400$원

따라서 $36,000\div 400=90$이므로, 최대 90개의 볼펜을 살 수 있다.

34

정답 ③

수영장에 물이 가득 찼을 때의 물의 양을 1이라 하면, 수도관은 1분에 $\frac{1}{60}$만큼 물을 채우며, 배수로는 1분에 $\frac{1}{100}$만큼 물을 빼낸다.

따라서 수영장에 물을 가득 채우는 데 $\frac{1}{\frac{1}{60}-\frac{1}{100}}=\frac{1}{\frac{1}{150}}=$ 150분, 즉 2시간 30분이 걸린다.

35

정답 ③

월평균 매출액이 35억 원이므로 연 매출액은 $35\times 12=420$억 원이며, 연 매출액은 상반기와 하반기 매출액을 합한 금액이다. 상반기의 월평균 매출액은 26억 원이므로 상반기 총매출액은 $26\times 6=156$억 원이고, 하반기 총매출액은 $420-156=264$억 원이다. 따라서 하반기 평균 매출액은 $264\div 6=44$억 원이며, 상반기 때보다 $44-26=18$억 원 증가하였다.

36

정답 ②

80 ~ 100만 원 미만의 급여를 받은 건수 중 노령연금의 비율은 $\frac{181,717}{181,717+1,796+1,627}\times 100=\frac{181,717}{185,140}\times 100\fallingdotseq 98.2\%$로, 90% 이상이다.

오답분석

① 노령연금, 장애연금, 유족연금 모두 20 ~ 40만 원 미만의 금액을 지급받은 건수가 가장 많으므로 적절하다.
③ 40 ~ 60만 원 미만의 급여를 받은 건수 중 노령연금을 받은 건수가 유족연금을 받은 건수의 $\frac{620,433}{73,200}\fallingdotseq 8.5$배이다.
④ 60 ~ 80만 원 미만의 급여를 받은 건수 중 유족연금을 받은 건수는 장애연금을 받은 건수의 $\frac{18,192}{6,988}\fallingdotseq 2.6$배이다.
⑤ 0 ~ 20만 원 미만의 급여를 받은 건수 중 노령연금과 유족연금 건수의 차이는 $890,880-180,191=710,689$건이다.

17 정답 ④

제시문은 최근 식도암 발병률이 늘고 있는데, S병원의 조사 결과를 근거로 식도암을 조기 발견하여 치료하면 치료 성공률을 높일 수 있다고 말하고 있다. 따라서 (라) 최근 서구화된 식습관으로 식도암이 증가 – (가) 식도암은 조기에 발견하면 치료 성공률을 높일 수 있음 – (마) S병원이 조사한 결과 초기에 치료할 경우 생존율이 높게 나옴 – (나) 식도암은 조기에 발견할수록 치료 효과가 높았지만 실제로 초기에 치료받는 환자의 수는 적음 – (다) 식도암을 조기에 발견하기 위해서 50대 이상 남성은 정기적으로 검사를 받을 것을 강조 순으로 나열하는 것이 가장 적절하다.

18 정답 ①

'휴리스틱'의 개념 설명을 시작으로 휴리스틱에 반대되는 '알고리즘'에 대한 내용이 이어지고, 다음으로는 휴리스틱을 이용하는 방법인 '이용가능성 휴리스틱'에 대한 설명과 휴리스틱의 문제점인 '바이어스(Bias)'의 개념을 연이어서 설명하며 '휴리스틱'에 대한 정보의 폭을 넓혀가며 설명하고 있다.

19 정답 ③

확률이나 빈도를 바탕으로 주관적인 판단에 따라(이유가 있음) 사건을 예측하였지만, 예측하지 못한 결과가 발생하는 것, 주관적인 판단과 객관적인 판단 사이에 오는 차이를 '바이어스'라고 한다. ③과 같이 확률이나 빈도를 바탕으로 주관적인 확률에 따라 사건(최근 한달 동안 가장 높은 타율)을 예측하였지만 결과가 예상할 수 없었던 모습(4타수 무안타)으로 나타나는 것을 말한다.

20 정답 ④

제시문은 농산물의 콘텐츠화에 대한 설명으로, 네 번째 문단에 따르면 앞으로는 소비자들이 농산물의 품질만 보고 구매하는 것이 아니라 생산과정 전체를 이야기로 이해하고 농산물을 구매하게 될 것이다. 따라서 글을 바르게 이해한 사람은 민수이다.

오답분석

① 스마트농업의 단점을 언급하지는 않았지만, 단점이 없으니 무조건 추진해야 한다는 말은 논리적인 비약이다.

② 마지막 문단에서 농업은 환경 및 기후변화의 영향을 크게 받기 때문에 환경오염을 최소화하는 지속가능한 농업의 중요성이 커질 것이라고 언급하고 있다.

③ 마지막 문단에 따르면 농업 부산물로부터 에너지를 얻어 다양한 산업의 소재로 활용하는 기술이 이미 실용화되고 있다.

⑤ 세 번째 문단에서 스마트농업의 확산을 통해 부모세대의 기술 및 노하우가 스마트장치를 매개로 자녀세대에게 효과적으로 전달될 수 있을 것이라는 점을 언급하고 있다.

21 정답 ①

트렌드(Trend)는 유행, 경향, 흐름 등으로 순화해서 사용할 수 있으나, 제시문에서는 유행보다 흐름, 경향이라는 의미로 사용되었으므로 ①이 적절하지 않다.

22 정답 ③

채권을 발행한 기업의 경영 환경이 악화되면 지급 불능 위험이 높아지므로 채권가격은 떨어지게 된다.

23 정답 ①

빈칸 앞의 '금리는 현재가치에 반대 방향으로 영향을 준다.'와 빈칸 뒤의 '금리가 상승하면 채권의 현재가치가 하락하게 되고'는 논리적 모순 없이 인과관계를 이룬다. 그러므로 빈칸에는 '따라서'가 들어가는 것이 가장 적절하다.

24 정답 ③

$(1.111\times9+0.001)\div10+9$

$=(9.999+0.001)\div10+9$

$=10\div10+9$

$=1+9$

$=10$

25 정답 ②

$\frac{27}{3}\times8+70+(10^2+70\times60)$

$=9\times8+70+(100+4,200)$

$=72+70+4,300$

$=4,442$

26 정답 ④

$3+14\div2\times4=31$

27 정답 ②

$+2.7$, $\div2$가 반복되는 수열이다.

따라서 ( )$=10.2\div2=5.1$이다.

28 정답 ①

홀수 항은 $\times\frac{1}{2}$, 짝수 항은 -3.7, -4.2, -4.7, …인 수열이다.

따라서 ( )$=1\times\frac{1}{2}=\frac{1}{2}$이다.

10 정답 ③

제시문에서 우화는 교훈이나 가르침이 있는 짧은 이야기라고 하였으므로 ③은 적절하지 않다.

- fable : 우화, 꾸며낸 이야기
- moral : 교훈
- lesson : 학과, 수업, 교훈, 가르침
- tale(=story) : 이야기
- become known as : ~로 유명해지다
- famous : 유명한, 훌륭한

> 이솝은 기원전 약 620년부터 560년까지 그리스에 살았던 사람이다. 그는 여러 동물들에 관한 우화를 들려주었다. 우화는 교훈이나 가르침이 있는 짧은 이야기이다. 이솝이 죽은 후에 많은 다른 사람들이 그의 이야기를 들려주었고 새 이야기를 덧붙이기도 했다. 이 이야기들이 이솝 우화로 알려지게 되었다. 이것은 세상에서 가장 유명한 우화이다. 비록 이솝 우화가 주로 동물에 관한 이야기이긴 하지만, 그것은 인간에게 잘 사는 법을 가르쳐 준다.

11 정답 ③

ⓒ은 '2. 우리말의 오용 원인' 중 '(2) 사회적 측면'의 하위 항목으로 대중매체에서 잘못 사용되고 있는 우리말의 사례를 활용해야 한다. ③은 우리말이 잘못 사용되고 있는 사례로 보기 어려우므로 활용 방안으로 적절하지 않다.

12 정답 ③

제9조 제1항에 따르면, 자율준수관리자는 경쟁법규 위반 가능성이 높은 분야의 임직원을 대상으로 반기당 2시간 이상의 교육을 실시하여야 한다. 따라서 반기당 4시간의 교육을 실시하는 것은 세칙에 부합한다.

오답분석

① 제6조 제2항에 따르면, 임직원은 담당 업무 수행 중 경쟁법규 위반사항 발견 시, 지체 없이 이를 자율준수관리자에게 보고하여야 한다.
② 제7조 제1항에 따르면, 자율준수관리자는 경쟁법규 자율준수를 위한 매뉴얼인 자율준수편람을 제작 및 배포하여야 하는 의무를 지닌다.
④ 제10조 제2항과 제3항에 따르면, 자율준수관리자는 경쟁법규 위반을 행한 임직원에 대하여 관련 규정 교육이수의무를 부과할 수 있으나, 직접 징계를 할 수는 없고, 징계 등의 조치를 요구할 수 있다.
⑤ 제11조 제3항에 따르면, 자율준수 이행 관련 자료를 작성하여 5년간 보관하여야 하는 것은 자율준수관리자가 아니라 자율준수담당자이다.

13 정답 ①

- 개선(改善) : 잘못된 것이나 부족한 것, 나쁜 것 따위를 고쳐 더 좋게 만듦
- 개정(改正) : 주로 문서의 내용 따위를 고쳐 바르게 함
- 개조(改造) : 고쳐 만들거나 바꿈

14 정답 ③

제시문과 ③의 '멀다'는 '시간적으로 사이가 길거나 오래다.'라는 의미로 쓰였다.

오답분석

① 시력이나 청력 따위를 잃다.
② 거리가 많이 떨어져 있다.
④ 사람과 사람 사이가 서먹서먹하다.
⑤ (비유적으로) 어떤 생각에 빠져 판단력을 잃다.

15 정답 ④

- 기대 : 어떤 일이 원하는 대로 이루어지기를 바라면서 기다림
- 소망 : 어떤 일을 바람. 또는 그 바라는 것

오답분석

① 기부 : 자선사업이나 공공사업을 돕기 위하여 돈이나 물건 따위를 대가 없이 내놓음
② 부귀 : 재산이 많고 지위가 높음
③ 관망 : 한발 물러나서 어떤 일이 되어 가는 형편을 바라봄
⑤ 허사 : 보람을 얻지 못하고 쓸데없이 한 노력

16 정답 ⑤

제시문에서는 한 손님이 패스트푸드점의 직원을 폭행한 사건을 통해 손님들의 끊이지 않는 갑질 행태를 이야기하고 있다. 따라서 제시문과 관련된 한자성어로는 '곁에 사람이 없는 것처럼 아무 거리낌 없이 제멋대로 함부로 말하고 행동하는 태도가 있음'을 의미하는 '방약무인(傍若無人)'이 가장 적절하다.

오답분석

① 견마지심(犬馬之心) : 개나 말이 주인을 위하는 마음이라는 뜻으로, 신하나 백성이 임금이나 나라에 충성하는 마음을 겸손하게 이르는 말
② 빙청옥결(氷淸玉潔) : 얼음같이 맑고 옥같이 깨끗한 심성을 비유적으로 이르는 말
③ 소탐대실(小貪大失) : 작은 것을 탐하다가 오히려 큰 것을 잃음
④ 호승지벽(好勝之癖) : 남과 겨루어 이기기를 좋아하는 성미나 버릇

지역농협 6급 필기시험

제2회 모의고사 정답 및 해설

01	02	03	04	05	06	07	08	09	10
③	⑤	①	③	②	①	④	②	②	③
11	12	13	14	15	16	17	18	19	20
③	③	①	③	④	⑤	④	①	③	④
21	22	23	24	25	26	27	28	29	30
①	③	①	③	②	④	②	①	②	④
31	32	33	34	35	36	37	38	39	40
④	②	⑤	③	③	②	④	③	①	④
41	42	43	44	45	46	47	48	49	50
③	④	②	⑤	⑤	③	②	①	②	②
51	52	53	54	55	56	57	58	59	60
④	②	③	②	①	③	②	④	⑤	②
61	62	63	64	65	66	67	68	69	70
①	④	①	③	④	④	①	①	③	①

01

정답 ③

제시된 단어는 상징 관계이다.
'비둘기'는 '평화'의 상징이고, '독수리'는 '미국'의 상징이다.

02

정답 ⑤

제시된 단어는 반의 관계이다.
'응분'은 '어떤 정도나 분수에 맞음'을 의미하며, '과분'은 '분수에 넘침'을 의미한다. 또한 '겸양하다'는 '겸손한 태도로 양보하거나 사양하다.'를 의미하며, '젠체하다'는 '잘난 체하다.'를 의미한다.

03

정답 ①

제시된 단어는 상하 관계이다.
'음식'과 '김치'는 상하 관계이므로 '한옥'의 상위어인 '건물'이 빈칸에 적절하다.

04

정답 ③

③은 세 단어가 모두 동위어 관계이다.

오답분석

①·②·④·⑤는 앞의 두 단어가 뒤에 있는 단어의 구성요소이다.

05

정답 ②

②에서는 얼음이 물이 될 수도, 수증기가 물이 될 수도 있으므로, 시간의 흐름에 따른 단계라고 볼 수는 없다.

오답분석

①·③·④·⑤는 시간의 흐름에 따른 자연 생물의 성장 과정의 단계를 나타낸다.

06

정답 ①

'고래', '인간', '개' 모두 포유류이므로 '포유류'를 연상할 수 있다.

07

정답 ④

'마찰'은 한 물체가 다른 물체와 충돌하거나 접촉한 상태에서 움직이고 있을 때 접촉면에서 운동을 저지하는 힘이고 이때 생기는 전기를 정전기라고 하므로, 제시된 단어들을 통해 마찰을 연상할 수 있다.

08

정답 ②

'사춘기'는 육체적·정신적으로 성장하여 성인이 되어 가는 시기로 이때 방황하거나 반항하는 청소년이 생기므로, 제시된 단어들을 통해 사춘기를 연상할 수 있다.

09

정답 ②

'썩이다'는 '걱정이나 근심으로 몹시 괴로운 상태가 되게 하다.'라는 뜻으로, '물건이나 사람 또는 사람의 재능 따위가 쓰여야 할 곳에 제대로 쓰이지 못하고 내버려진 상태에 있게 하다.'라는 뜻의 '썩히다'로 고쳐야 한다.

65

정답 ②

제시문이 설명하는 것은 바코드이다.

오답분석

① RFID : 극소형 칩에 상품정보를 저장하고 안테나를 달아 무선으로 데이터를 송신하는 장치
③ NFC : 10cm 이내의 가까운 거리에서 다양한 무선 데이터를 주고받는 통신 기술
④ 유심 : 무선 통신 회선 가입자들의 식별정보를 담고 있는 것
⑤ QR코드 : 바코드보다 많은 정보를 담을 수 있는 격자무늬의 2차원 코드로, 마케팅이나 홍보 수단으로 사용

66

정답 ③

- 조직목표는 조직이 달성하려는 장래의 상태이다. (○)
- 조직구조는 조직 내 부문 사이에 형성된 관계로 조직 구성원들의 공유된 생활양식이나 가치이다. (×)
  → 조직 구성원 간 생활양식이나 가치를 공유하게 되는 것은 조직문화이며 조직구조와는 구분된다. 조직구조는 조직 구성원 간 상호작용을 보여준다.
- 조직도는 조직 구성원들의 임무, 수행과업, 일하는 장소를 알아보는 데 유용하다. (○)
- 조직의 규칙과 규정은 조직 구성원들의 행동범위를 정하고 일관성을 부여하는 역할을 한다. (○)

67

정답 ④

새로운 사회환경을 접할 때는 개방적 태도를 갖는 동시에 자신의 정체성을 유지하도록 해야 한다.

68

정답 ②

조합원·고객의 실익증진을 위해 각종 사업을 추진하는 것은 농협이 하는 일 중 금융 부문에 속하는 일이다. 농협은 농업인 조합원과 고객에게 더 많은 이익을 돌려드리기 위해 상호금융특별회계사업 활성화, 행복이음패키지 상품 개발, 농업인 무료법률구조기금 출연, 휴면예금 찾아주기 운동 등 다양한 사업을 추진하고 있다.

오답분석

① 농협은 생산자조직 구축과 연합사업 활성화를 통해 산지유통을 혁신하고 있다. 또한 미곡종합처리장과 농산물 산지유통센터의 규모화·전문화로 상품성 제고에 기여하고 있다.
③ 농협은 안성농식품물류센터와 전국 단위 복합물류센터 구축 등 혁신적인 농산물 도매유통 시스템을 갖춤으로써 물류비 절감의 혜택을 농업인과 소비자 모두에게 제공한다.
④ 농협은 ‘산지에서 소비지까지(Farm to Table)’ 체계적인 농식품 관리와 교육을 통해 안전하고 우수한 국산 농식품을 공급한다.
⑤ 농협은 대량구매를 통해 비료·농약·농기계·유류 등 영농에 필요한 농자재를 저렴하고 안정적으로 공급하고 있다. 이를 통해 농업 경영비를 절감함으로써 농업인 소득증대 및 생활안정에 기여하고자 최선을 다한다.

69

정답 ①

축산물이력제는 축산물의 사육이 아닌, 도축부터 판매에 이르기까지의 정보만을 기록·관리하여 위생·안전상의 문제를 방지하고, 문제 발생 시 신속하게 대처하기 위한 제도이다. 해당 제도를 통해 생산·이동·출하에 대한 거래내역을 기록·관리할 수 있어 농가에 대한 방역의 효율성 도모는 물론 축산물 유통에 대한 투명성 또한 높여 원산지 허위 표시를 방지하는 효과가 있다.

70

정답 ⑤

농협의 영농인력 육성사업은 농촌 청년인구의 유출을 감소시키기 위한 것이 아닌, 미래 농업·농촌을 이끌 영농인력을 육성하고, 고령화된 농촌지역의 일손부족문제를 해소시키고자 지원하는 사업이다.

58 정답 ②

두배드림 적금의 가입기간은 36개월로 상품가입 3년에 해당되며, 가입금액인 월 20만 원과 우대금리 조건인 입금실적이 본 은행의 12개월 이상이어야 한다는 조건에 모두 부합되기 때문에 두배드림 적금을 추천할 수 있다.

오답분석

① 스마트 적금 : 스마트 적금은 가입기간이 입금금액이 700만 원이 될 때까지이므로, 월 20만 원씩 3년 동안 가입할 고객의 조건과 부합되지 않고, 우대금리 조건이 없는 적금이다.
③ 월복리 정기예금 : 적금에 가입한다고 하였으므로, 예금상품은 해당되지 않는다.
④ DREAM 적금 : 우대금리의 대상이 은행신규고객이기 때문에 기존에 20개월 동안 이용한 고객의 조건과 부합되지 않는다.
⑤ 미래설계 적금 : 우대금리의 조건이 연금이체이기 때문에 추천할 상품에 해당되지 않는다.

59 정답 ③

구매하려는 소파의 특징에 맞는 제조사를 찾기 위해 제조사별 특징의 대우 명제로 정리하면 다음과 같다.

- A사 : 이탈리아제 천을 사용하면 쿠션재에 스프링을 사용한다. 커버를 교환 가능하게 하면 국내산 천을 사용하지 않는다. → ×
- B사 : 국내산 천을 사용하지 않으면 쿠션재에 우레탄을 사용하지 않는다. 이탈리아제의 천을 사용하면 리클라이닝이 가능하다. → ○
- C사 : 국내산 천을 사용하지 않으면 쿠션재에 패더를 사용한다. 쿠션재에 패더를 사용하면 침대 겸용 소파가 아니다. → ○
- D사 : 이탈리아제 천을 사용하지 않으면 쿠션재에 패더를 사용하지 않는다. 쿠션재에 우레탄을 사용하지 않으면 조립이라고 표시된 소파가 아니다. → ×

따라서 B사 또는 C사의 소파가 적절하다.

60 정답 ②

'D가 훔쳤다.'는 진술이 참일 경우, D의 진술 중 '나는 훔치지 않았다.'와 'A가 내가 훔쳤다고 말한 것은 거짓말이다.'는 거짓이 되고, 이는 모순이다. 따라서 D는 지갑을 훔치지 않았다. 그러면 A의 진술에 따라 A, C는 지갑을 훔치지 않았다. B의 '나는 훔치지 않았다.'는 진술이 참일 경우, 'E가 진짜 범인을 알고 있다.'는 B의 진술과 'B가 훔쳤다.'는 E의 진술이 모순된다. 따라서 B가 지갑을 훔쳤다.

61 정답 ④

앞서 '충분한 시간을 주었다'고 말한 정부장이 '충분한 시간을 가져야 한다'고 조언하는 것은 자연스럽지 않다. 또한 계획은 완벽히 세우기 어렵고, 설사 완벽하게 세웠더라도 실천하지 못하면 무용지물이다. 계획이 완벽해야 한다는 부담감을 버리고 실제로 해나가면서 수정될 수 있음을 염두에 두는 것이 좋다.

62 정답 ④

(가)~(다) 각각의 단어 뜻을 생각하면 쉽게 연결시킬 수 있다.
(가) 권한위임 : 타인에게 일을 맡김
(나) 우선순위 : 여러 일 중에 우선적인 일을 먼저 처리함
(다) Flexibility : '유연함'이라는 뜻을 가진 영단어로 시간계획을 유연하게 작성하는 것을 말함

따라서 (가) – C, (나) – A, (다) – B임을 알 수 있다.

63 정답 ②

각국에서 출발한 직원들이 국내(대한민국)에 도착하는 시간을 계산하기 위해서는 먼저 시차를 구해야 한다. 동일 시점에서 각국의 현지시각을 살펴보면 국내의 시각이 가장 빠르다는 점을 알 수 있다. 즉, 국내의 현지시각을 기준으로 각국의 현지시각을 빼면 시차를 구할 수 있다. 시차는 계산 편의상 24시를 기준으로 한다.

구분	계산식	시차
대한민국 ~ 독일	6일 06:20−5일 23:20	7시간
대한민국 ~ 인도	6일 06:20−6일 03:50	2시간 30분
대한민국 ~ 미국	6일 06:20−5일 17:20	13시간

각국의 직원들이 국내에 도착하는 시간은 출발지 기준 이륙시각에서 비행시간과 시차를 더하여 구할 수 있다. 계산 편의상 24시 기준으로 한다.

구분	계산식	대한민국 도착시각
독일	6일 16:20+11:30+07:00	7일 10:50
인도	6일 22:10+08:30+02:30	7일 09:10
미국	6일 07:40+14:00+13:00	7일 10:40

따라서 인도에서 출발하는 직원이 가장 먼저 도착하고, 미국, 독일 순서로 도착하는 것을 알 수 있다.

64 정답 ②

유사성의 원칙은 유사품을 인접한 장소에 보관한다는 것을 말한다. 같은 장소에 보관하는 것은 동일성의 원칙이다.

오답분석

① 물적자원관리 과정에서 첫 번째로 해야 할 일은 사용 물품과 보관 물품의 구분으로, 물품 활용의 편리성과 반복 작업 방지를 위해 필요한 작업이다.
③ 물품 분류가 끝났으면 적절하게 보관 장소를 선정해야 하는데, 물품의 특성에 맞게 분류하여 보관하는 것이 바람직하다. 재질의 차이로 분류하는 방법도 옳은 방법이다.
④ 회전대응 보관 원칙에 대한 옳은 정의이다. 물품 보관 장소까지 선정이 끝나면 차례로 정리하면 된다. 여기서 회전대응 보관 원칙을 지켜야 물품 활용도가 높아질 수 있다.
⑤ 물품 보관 장소를 선정할 때 무게와 부피에 따라 분류하는 방법도 중요하다. 만약 다른 약한 물품들과 같이 놓게 되면 무게 또는 부피가 큰 물품에 의해 다른 물품이 파손될 가능성이 크기 때문이다.

50

정답 ①

(가) 자료(Data) : 정보 작성을 위하여 필요한 데이터를 말하는 것으로, 이는 '아직 특정의 목적에 대하여 평가되지 않은 상태의 숫자나 문자들의 단순한 나열'을 뜻한다.

(나) 정보(Information) : 자료를 일정한 프로그램에 따라 컴퓨터가 처리 · 가공함으로써 '특정한 목적을 달성하는 데 필요하거나 특정한 의미를 가진 것으로 다시 생산된 것'을 뜻한다.

(다) 지식(Knowledge) : '어떤 특정의 목적을 달성하기 위해 과학적 또는 이론적으로 추상화되거나 정립되어 있는 일반화된 정보'로서 어떤 대상에 대하여 원리적 · 통일적으로 조직되어 객관적 타당성을 요구할 수 있는 판단의 체계를 제시한다.

51

정답 ④

게임 규칙과 결과를 토대로 경우의 수를 따져보면 다음과 같다.

<table>
<tr><th>라운드</th><th>벌칙 제외</th><th>총 퀴즈 개수</th></tr>
<tr><td>3</td><td>A</td><td>15</td></tr>
<tr><td>4</td><td>B</td><td>19</td></tr>
<tr><td rowspan="6">5</td><td>C</td><td rowspan="2">21</td></tr>
<tr><td>D</td></tr>
<tr><td>C</td><td rowspan="2">22</td></tr>
<tr><td>E</td></tr>
<tr><td>D</td><td rowspan="2">22</td></tr>
<tr><td>E</td></tr>
</table>

㉡ 총 22개의 퀴즈가 출제되었다면, E는 정답을 맞혀 벌칙에서 제외된 것이다.

㉢ 게임이 종료될 때까지 총 21개의 퀴즈가 출제되었다면 C, D가 벌칙에서 제외된 경우로 5라운드에서 E에게는 정답을 맞힐 기회가 주어지지 않는다. 따라서 퀴즈를 푸는 순서가 벌칙을 받을 사람 선정에 영향을 미친다.

오답분석

㉠ 5라운드까지 4명의 참가자가 벌칙에서 제외되었으므로 정답을 맞힌 퀴즈는 8개이다. 또한 벌칙을 받을 사람은 5라운드까지 정답을 맞힌 퀴즈가 0개나 1개이다. 따라서 정답을 맞힌 퀴즈는 총 8개나 9개이다.

52

정답 ②

예시는 한 주제에 대한 여러 힌트를 다른 아이디어로 연결 짓는 '강제 연상법'을 사용하고 있다.

창의적 사고를 개발하는 방법

1. 자유 연상법 : 어떤 생각에서 다른 생각을 계속해서 떠올리게 하는 작용을 통해 어떤 주제에서 생각나는 것을 계속해서 열거해 나가는 방법 예 브레인스토밍
2. 강제 연상법 : 각종 힌트에서 강제적으로 연결 지어서 발상하는 방법 예 체크리스트
3. 비교 발상법 : 주제와 본질적으로 닮은 것을 힌트로 하여 새로운 아이디어를 얻는 방법 예 NM법, Synetics

53

정답 ④

선택지를 보고 조건에 부합하지 않는 선지가 있는지 확인하여 푸는 것이 빠르게 풀 수 있는 방법이다. 따라서 ④만 모든 조건에 부합한다.

오답분석

① 여성만 세 명인 조와 남성만 세 명인 조가 있어서 오답이다.
② 인원수가 균등하지 않고, 남성만 세 명인 조가 있어서 오답이다.
③ C와 F가 같은 조인데, G는 H와 같은 조에 배정받지 않아서 오답이다.
⑤ B와 D가 다른 조이고, I가 A와 D 둘 중 한 명과 조를 하지 않아서 오답이다.

54

정답 ②

문제해결과정은 다음과 같다.

문제 인식 → 문제 도출 → 원인 분석 → 해결안 개발 → 실행 및 평가

55

정답 ①

3만 원 초과 10만 원 이하 소액 통원의료비를 청구할 시, 진단서 없이 보험금 청구서와 병원영수증, 질병분류기호(질병명)가 기재된 처방전이 필요하다.

56

정답 ③

상속 전과 다른 분야의 사업을 시작하는 경우에 창업으로 인정한다.

오답분석

㉠ 기업형태는 변경하였지만, 변경 전 사업과 같은 사업을 이어가기 때문에 창업에서 제외된다.
㉡ 폐업 전과 후의 사업이 같은 종류이기 때문에 창업에서 제외된다.

57

정답 ③

조직의 기능단위 수준에서 현 문제점을 분석하지 않고, 다른 문제와 해결방안을 연결하여 모색하는 전략적 사고를 해야 한다.

47

정답 ③

㉠ 2021년까지 전체 경지 면적은 줄어들고 있는 반면 밭의 면적은 계속 늘어나고 있으므로, 경지 면적에서 밭의 비율을 일일이 계산해보지 않더라도 증가함을 알 수 있다.

각각의 연도에 밭이 차지하는 비율을 계산하면 다음과 같다.

- 2017년 : $\frac{712}{1,782}\times100 \fallingdotseq 39.96\%$
- 2018년 : $\frac{713}{1,759}\times100 \fallingdotseq 40.53\%$
- 2019년 : $\frac{727}{1,737}\times100 \fallingdotseq 41.85\%$
- 2020년 : $\frac{731}{1,715}\times100 \fallingdotseq 42.62\%$
- 2021년 : $\frac{738}{1,698}\times100 \fallingdotseq 43.46\%$

따라서 밭이 차지하는 비율은 계속 증가하고 있다.

㉡ 2017 ~ 2024년 논 면적의 평균을 구하면

$\frac{1,070+1,046+1,010+984+960+966+964+934}{8}$

=991.75천ha이다.

이보다 줄어든 것은 논 면적이 984천ha였던 2020년부터이다.

오답분석

㉢ 전체 논 면적 중 수리답 면적을 제외한 면적만 줄어들고 있다면 수리답 면적은 그대로이거나 증가해야 한다. 그런데 이는 2017년과 2018년 수리답 면적만 확인해 보아도 사실이 아닌 것을 알 수 있다.

2017년 수리답 면적을 x천ha라고 하면 다음과 같다.

$\frac{x}{1,070}\times100=79.3$

→ x=848.51천ha

2018년 수리답 면적을 y천ha라고 하면 다음과 같다.

$\frac{y}{1,046}\times100=79.5$

→ y=831.57천ha

따라서 논 면적이 감소하면서 수리답 면적도 함께 감소하였다.

48

정답 ⑤

E에 따르면 대출금리 평균은 $\frac{3.74+4.14+5.19+7.38+8.44}{5}$ $\fallingdotseq$5.78%가 되어야 하지만, 6.17%이므로 옳지 않다.

제시된 대출금리의 평균은 1 ~ 3등급, 7 ~ 10등급의 금리를 모두 동일하게 계산하면 다음과 같다.

$\frac{[(1 \sim 3\text{등급})\times3]+4\text{등급}+5\text{등급}+6\text{등급}+[(7 \sim 10\text{등급})\times4]}{10}$

$=\frac{(3.74\times3)+4.14+5.19+7.38+(8.44\times4)}{10} \fallingdotseq 6.17\%$

오답분석

① 가산금리는 최초 계약기간 또는 6개월 중 짧은 기간으로 정하기에 1년이라면 적어도 중간에 6개월이 경과한 후에는 금리가 조정된다.

② (최종금리)=(기준금리)+(가산금리)−(우대금리)임으로 기준금리가 상승하면 최종금리도 상승한다.

③ 제시된 신용등급별 금리 표와 같이 10등급 쪽으로 갈수록 대출금리와 가산금리 모두 증가한다.

④ 4등급과 5등급의 금리 차이인 5.19−4.17=1.05%p는 최고 우대금리인 1.5%p보다 작다. 따라서 5등급의 대출자가 우대금리를 많이 받는다면 최대 1.5%p까지 절약할 수 있고, 이 경우 4등급 대출자보다 금리를 더 적게 적용받을 수 있다.

49

정답 ⑤

모두 대출금과 계약기간이 동일하고 같은 상환 방식으로 상환하므로 지불해야 할 상환액이 많은 순서는 최종금리가 높은 순서와 같다. 다음은 각자 적용될 수 있는 우대금리를 정리하여 최종금리를 계산한 표이다. 이때 대출금리는 기준금리와 가산금리의 합이다.

(단위 : %p, %)

구분	신용등급	우대금리 적용이 안 되는 사항	대출금리	우대금리	최종금리
갑	2	M카드 사용액 (30만 원)	3.74	0.2	3.54
을	6	−	7.38	0.2+0.1 +0.2=0.5	6.88
병	4	−	4.14	0.3+0.2 +0.2=0.7	3.44
정	7	자동이체 2건 (아파트관리비와 펌뱅킹)을 자동이체로 내고 있다.	8.44	0.3+0.3 =0.6	7.84
무	5	−	5.19	0.2+0.3 +0.3+0.3 =1.1	4.09

따라서 최종금리가 가장 높은 '정'이 상환액을 가장 많이 내고, 최종금리가 가장 낮은 '병'이 상환액을 가장 적게 내며 차례는 '정>을>무>갑>병' 순서이다.

42

정답 ④

WT전략은 외부 환경의 위협 요인을 회피하고 약점을 보완하는 전략을 적용해야 한다. ④는 강점(S)을 강화하는 방법에 대해 이야기하고 있다.

오답분석

① SO전략은 기회를 활용하면서 강점을 더욱 강화시키는 전략이므로 옳다.
② WO전략은 외부의 기회를 사용해 약점을 보완하는 전략이므로 옳다.
③ ST전략은 외부 환경의 위협을 회피하며 강점을 적극 활용하는 전략이므로 옳다.
⑤ WT전략은 외부 환경의 위협 요인을 회피하고 약점을 보완하는 전략이므로 옳다.

43

정답 ②

11주 차까지 쓰레기 배출 가능한 요일을 표로 정리하면 다음과 같다.

구분	일	월	화	수	목	금	토
1주 차	A		B		C		D
2주 차		E		A		B	
3주 차	C		D		E		A
⋮	⋮	⋮	⋮	⋮	⋮	⋮	⋮
8주 차		A		B		C	
9주 차	D		E		A		B
10주 차		C		D		E	
11주 차	A		B		C		D

따라서 10주 차 일요일에는 어떠한 동도 쓰레기를 배출하지 않으며, 11주 차 일요일에 A동이 다시 쓰레기를 배출할 수 있다.

오답분석

① 2주 차만 보더라도 참이다.
③ A동이 쓰레기 배출 가능한 요일을 순서대로 나열하면, '일－수－토－화－금－월－목－일'이므로, 모든 요일에 쓰레기를 배출할 수 있다.
④ 처음 2주 차까지만 살펴봐도, 2주에 걸쳐 모두 7번의 쓰레기 배출이 이루어지므로 A, B 두 동은 2주 동안 쓰레기를 2회 배출함을 알 수 있다.
⑤ B동이 수요일에 쓰레기를 처음 버리는 주는 8주 차이다.

44

정답 ②

3년 이상 근속한 직원에게는 최초 1년을 초과하는 근속연수 매 2년에 가산휴가 1일이 발생하므로 2025년 1월 26일에는 16일의 연차휴가가 발생한다.

- 2021년 1월 1일～2021년 12월 31일
  → 2022년 15일 연차휴가 발생
- 2022년 1월 1일～2022년 12월 31일
  → 2023년 15일 연차휴가 발생
- 2023년 1월 1일～2023년 12월 31일
  → 2024년 15일 연차휴가 발생＋1일 가산휴가
- 2024년 1월 1일～2024년 12월 31일
  → 2025년 16일 연차휴가 발생

따라서 A대리의 당해 연도 연차휴가는 16일이다.

45

정답 ⑤

제시된 모든 조건에 부합하는 제품은 E이다.

오답분석

① 예산이 150만 원이라고 했으므로 예산을 초과하였다.
② 신속한 A/S가 조건이므로 해외 A/는 적절하지 않다.
③ 조명도가 5,000lx 미만이므로 적절하지 않다.
④ 가격과 조명도도 적절하고 특이사항도 문제없지만 가격이 저렴한 제품을 우선으로 한다고 하였으므로 E가 적절하다.

46

정답 ①

2024년의 수리답 면적을 x천ha라고 하자.

$$\frac{x}{934}\times100=80.6$$

$$\rightarrow \frac{x}{934}=0.806$$

$$\therefore x=752.804\fallingdotseq753$$

따라서 약 753,000ha이다.

35

정답 ③

㉠ 1,950−1,877=73천 명

㉡ '전기・운수・통신・금융업' 분야의 취업자 수가 7,600천 명으로 가장 많다.

오답분석

㉢ 제시된 자료만으로는 알 수 없다.

36

정답 ④

월 급여가 300만 원 미만인 직원은 1,200×(0.18+0.35)=636명, 월 급여가 350만 원 이상인 직원은 1,200×(0.12+0.11)=276명으로 $\frac{636}{276}$ ≒2.30배이다. 따라서 2.5배 미만이다.

오답분석

① 4년제 국내 수도권 내 대학교 졸업자 수는 1,200×0.35×0.45=189명으로, 전 직원의 $\frac{189}{1,200}$×100=15.75%로 15% 이상이다.

② 고등학교 졸업의 학력을 가진 직원은 1,200×0.12=144명, 월 급여 300만 원 미만인 직원은 1,200×(0.18+0.35)=636명이다. 이 인원이 차지하는 비율은 $\frac{144}{636}$×100≒22.6%이다.

③ 4년제 대학교 졸업 이상의 학력을 가진 직원은 1,200×0.35=420명, 월 급여 300만 원 이상인 직원은 1,200×(0.24+0.12+0.11)=564명이다. 이 인원이 차지하는 비율은 $\frac{420}{564}$×100≒74.46%로 78% 이하이다.

⑤ 전체 직원이 1,000명이라면 외국 대학교 졸업의 학력을 가진 직원은 1,000×0.35×0.2=70명이다.

37

정답 ④

국내 소재 대학 및 대학원 졸업자는 1,200×(0.17+0.36)+1,200×0.35×(0.25+0.45+0.1)=972명으로, 이들의 25%는 972×0.25=243명이다.

월 급여 300만 원 이상인 직원은 1,200×(0.24+0.12+0.11)=564명이므로, 이들이 차지하는 비율은 $\frac{243}{564}$×100≒43%이다.

38

정답 ②

• 김 사원 : 전체 경쟁력 점수는 E국이 D국보다 1점 높다. 이때 E국과 D국의 총합을 각각 계산하는 것보다 D국을 기준으로 E국의 편차를 부문별로 계산하여 판단하는 것이 좋다. 부문별 편차는 변속감 −1, 내구성 −2, 소음 −4, 경량화 +10, 연비 −2이므로 총합은 E국이 +1이다.

• 최 대리 : C국을 제외하고 국가 간 차이가 가장 큰 부문은 경량화 21점, 가장 작은 부문은 연비 9점이다.

• 오 사원 : 내구성이 가장 높은 국가는 B, 경량화가 가장 낮은 국가는 D이다.

39

정답 ③

견과류 첨가 제품은 단백질 함량이 1.8g, 2.7g, 2.5g이고, 당 함량을 낮춘 제품은 단백질 함량이 1.4g, 1.6g이므로 옳은 설명이다.

오답분석

① 탄수화물 함량이 가장 낮은 시리얼은 옥수수 플레이크 넛츠이며, 당류 함량이 가장 낮은 시리얼은 옥수수 플레이크이다.

② 일반 제품의 열량은 체중조절용 제품의 열량보다 더 낮은 수치를 보이고 있다.

④ 당류가 가장 많은 시리얼은 동글동글 시리얼(12.9g)로, 이것은 초코맛 제품에 속한다.

⑤ 옥수수 플레이크의 단백질 함량은 3g으로 약 2배 이상 많다.

40

정답 ④

전체 여성과 남성의 찬성인원 차이는 300명−252명=48명이며, 본부별 차이는 336명−216명=120명으로 성별이 아닌 본부별 차이가 더 크다.

오답분석

① 두 본부 남성이 휴게실 확충에 찬성하는 비율은 $\frac{156+96}{400}$×100=63이므로, 60% 이상이다.

② A본부 여성의 찬성 비율은 $\frac{180}{200}$×100=90%이고, B본부는 $\frac{120}{200}$×100=60%이다. 따라서 A본부 여성의 찬성 비율이 1.5배 높음을 알 수 있다.

③ B본부 전체 인원 중 여성의 찬성률은 $\frac{120}{400}$×100=30%로, 남성의 찬성률 $\frac{96}{400}$×100=24%의 1.25배이다.

⑤ A본부가 B본부보다 찬성이 많지만, 어디에 휴게실이 확충될지는 제시된 자료만으로는 알 수 없다.

41

정답 ④

현재 아르바이트생의 월 급여는 (평일)+(주말)=(3×9×4×9,000)+(2×9×4×12,000)=1,836,000원이므로, 월 급여는 정직원>아르바이트생>계약직원 순서이다. 전체인원을 줄일 수 없으므로 현 상황에서 인건비를 가장 많이 줄일 수 있는 방법은 아르바이트생을 계약직원으로 전환하는 것이다.

26

정답 ④

앞의 항에서 −5인 수열이다.

Z	(U)	P	K	F	A
26	21	16	11	6	1

27

정답 ④

+3, ÷2가 반복되는 수열이다.

캐	해	새	채	매	애	(래)
11	14	7	10	5	8	4

28

정답 ②

작년에 구입한 식물의 16%인 20그루가 시들었다고 했으므로, 작년에 구입한 식물은 $\frac{20}{0.16}=125$그루이다.

따라서 올해 구입할 식물은 작년의 $\frac{1}{2.5}$배이므로, $\frac{125}{2.5}=50$그루이다.

29

정답 ③

1시간 동안 큰 호스로 낼 수 있는 물의 양 : $100 \div 0.5 = 200$L

물이 가득 차는 데 걸리는 시간을 x라고 하면 다음과 같은 식이 성립한다.

$(200+50)\times x=100$

$\therefore\ x=\frac{2}{5}=\frac{24}{60}$

따라서 24분이 걸린다.

30

정답 ④

• 잘 익은 귤을 꺼낼 확률 : $1-\left(\frac{10}{100}+\frac{15}{100}\right)=\frac{75}{100}$

• 썩거나 안 익은 귤을 꺼낼 확률 : $\frac{10}{100}+\frac{15}{100}=\frac{25}{100}$

따라서 한 사람은 잘 익은 귤, 다른 한 사람은 그렇지 않은 귤을 꺼낼 확률은 $2\times\frac{75}{100}\times\frac{25}{100}=37.5\%$이다.

31

정답 ④

창고를 모두 가득 채웠을 때 보관 가능한 컨테이너의 수는 $10\times10=100$개이다.

• 9개 창고에 10개씩, 1개 창고에 8개를 보관하는 경우의 수(=10개의 창고 중 8개씩 보관할 1개의 창고를 고르는 경우의 수)
: ${}_{10}C_1=10$가지

• 8개 창고에 10개씩, 2개 창고에 9개씩 보관하는 경우의 수(=10개의 창고 중 9개씩 보관할 2개의 창고를 고르는 경우의 수)
: ${}_{10}C_2=\frac{10\times9}{2!}=45$가지

따라서 전체 경우의 수는 $10+45=55$가지이다.

32

정답 ⑤

가격이 500원인 음료수의 개수를 x개, 700원인 음료수의 개수를 y개, 900원인 음료수의 개수를 z개라고 하자(단, $x\geq2$, $y\geq2$, $z\geq2$).

$x+y+z=40 \cdots$ ㉠

$500x+700y+900z=28,000 \rightarrow 5x+7y+9z=280 \cdots$ ㉡

$7\times$㉠$-$㉡을 하면 $2x-2z=0 \rightarrow x=z \cdots$ ㉢

㉢을 ㉠에 대입하면 $y+2x=40$이고,

이때 가능한 x의 최댓값은 19이다.

따라서 500원인 음료수의 최대 개수는 19개이다.

33

정답 ②

국가유공자의 손자는 수수료 할인 대상에 해당되지 않는다. 따라서 5,400(공인인증서)+80×5(전화승인 서비스 5건)=5,800원으로 수수료가 가장 많다.

오답분석

① 타행 간 창구송금 시 10만 원 이하는 건당 600원으로 두 번 타 은행으로 송금했으므로 600+600=1,200원이다.

③ 월 정액형 SMS통지 서비스 800원과 N은행 ATM에서 5만 원 이하 현금인출 시 250원에 18세 미만 50% 할인을 적용하여 125원으로 총 800+125=925원의 수수료를 지불한다.

④ 100만 원 이하 금액 창구송금 시 3,000원이며, 여기서 50% 할인을 적용하여 1,500원이다.

⑤ 사전 등록한 독립유공자의 자녀이기에 수수료는 무료이다.

34

정답 ⑤

2021년과 2024년의 '건설업' 취업자 수는 전년 대비 감소했다.

오답분석

① 5,966천 명은 21,156×0.3=6,346.8천 명 미만이므로, 30% 미만이다.

② 표를 통해 쉽게 확인할 수 있다.

③ 2016년 4,979천 명에서 2024년에는 7,633천 명으로 2,654천 명 증가하여 가장 많이 증가했다.

④ '전기·운수·통신·금융업' 분야의 취업자 수는 2016년 2,074천 명에서 2023년 7,600천 명으로 증가율이 약 266%이고, '사업·개인·공공서비스 및 기타' 분야의 취업자 수는 2016년 4,979천 명에서 2023년 2,393천 명으로 감소율이 약 52%이다.

16
정답 ②

업무상 아무리 애를 써도 약속이 깨질 수 있고, 약속이 깨졌을 때는 먼저 사과를 통해 잘못된 것을 인정하고 고객이 원하는 것을 찾으려고 노력하라는 내용이다. 따라서 이 글은 업무상 약속 불이행 시 대처하는 방법을 조언하려고 쓴 글임을 알 수 있다.

- strive to : ~하려고 애쓰다
- faith : 믿음, 신뢰
- inevitable : 피할 수 없는
- point out : 지적하다
- apologize : 사과하다
- blame : 비난하다

> 때로는 굳건한 믿음 속에 한 약속도 지켜질 수 없을 때가 있다. 비록 실수가 없도록 노력한다고 할지라도, 문제가 발생하는 것은 피할 수 없다. 당신과 함께하는 고객의 경험에 영향을 미치는 모든 것을 당신이 통제할 수 있는 것은 아니다. 그 서비스 약속이 깨질 때 당신은 어떻게 해야 하는가? 약속이 깨졌음을 알게 되거나 약속이 깨졌음을 지적받았을 때, 가장 먼저 해야 할 일은 사과하는 것이다. 자신과 회사와 또는 고객을 비난하면서 시간을 낭비하지 말라. 무언가가 잘못되었다는 사실을 인정하고 즉시 고객이 필요로 하는 것이 무엇인지를 찾아라.

17
정답 ⑤

제시문은 빅뱅 이전의 우주에 대해 설명하는 글이다. 따라서 (라) '빅뱅 이전에는 아무것도 없었다.'는 '영겁의 시간 동안 우주는 단지 진공이었을 것이다.'를 의미 – (다) 우주가 진공이었다면 왜 우주가 탄생하게 되었는지 설명할 수 없음 – (나) – 우주 탄생 원인은 근본적으로 설명할 수 없음 – (가) '빅뱅 이전에는 아무것도 없었다.'는 말을 다르게 해석 순으로 나열하는 것이 적절하다.

18
정답 ⑤

노화로 인한 신체 장애는 어쩔 수 없는 현상으로, 이를 해결하기 위해서는 헛된 자존심으로 부추기는 것이 아닌 노인들에 대한 사회적 배려와 같은 인식이 필요하다는 문맥으로 이어져야 한다.

19
정답 ④

시대착오란 '시대의 趨勢(추세)를 따르지 아니하는 착오'를 의미한다. ④는 상황에 따른 적절한 대응으로 볼 수 있으며, 시대착오와는 거리가 멀다.

오답분석

① 출신 고교를 확인하는 학연에 얽매이는 모습을 보여줌으로써 시대착오의 모습을 보여주고 있다.
② 승진을 통해 지위가 높아지면 고급 차를 타야 한다는 시대착오의 모습을 보여주고 있다.
③ 두발 규제를 학생들의 효율적인 생활지도의 방법으로 보는 시대착오의 모습을 보여주고 있다.
⑤ 창의적 업무 수행을 위해 직원들의 복장을 획일적으로 통일해야한다는 점에서 시대착오의 모습을 보여주고 있다.

20
정답 ④

'흙의 날'은 2015년 법정공휴일이 아닌 법정기념일로 제정되었다.

오답분석

① 매년 3월 11일은 '흙의 날'이다.
② '흙의 날'은 흙의 소중함과 보전의 필요성을 알리기 위해 제정되었다.
③ '흙의 날'은 2015년 법정기념일로 제정되어 2025년에 열 번째 기념일을 맞았다.
⑤ '흙의 날' 행사에서는 기념식, 학술 심포지엄, 토양 형성과정 전시와 화분 분갈이 체험행사 등이 열린다.

21
정답 ⑤

먼저 '흙의 날' 기념식이 열린다는 사실을 전달하는 (라) 문단이 오는 것이 적절하며, 다음으로는 기념식의 식순을 설명하는 (다) 문단이 오는 것이 자연스럽다. 그 뒤에는 오후에 진행되는 심포지엄에 대해 설명하는 (나) 문단과 심포지엄이 진행되는 동안 열리는 전시회와 체험행사 등에 대해 설명하는 (가) 문단이 차례대로 오는 것이 적절하다.

22
정답 ③

$(5,822-3,490)-3\times101$
$=2,322-303$
$=2,029$

23
정답 ④

$121+100+81+64=366$

24
정답 ①

앞의 항에 $\times(-2)$, $\times3$, $\times(-4)$, $\times5$, $\times(-6)$, …인 수열이다.
따라서 (　　)$=2\times3=6$이다.

25
정답 ②

(분자)×(분모)$=1,000$인 수열이다.
$8\times125=1,000$
따라서 (　　)$=\frac{8}{125}$이다.

10

정답 ⑤

'마음에 들 만하지 아니하다.'는 뜻의 어휘는 '마뜩잖다'이다.(마뜩찮게 → 마뜩잖게)

오답분석

① 불그스름하다 : 조금 붉다.
② 괘념하다 : 마음에 두고 걱정하거나 잊지 아니하다.
③ 가무잡잡하다 : 약간 짙게 가무스름하다.
④ 흐리멍덩하다 : 정신이 맑지 못하고 흐리다.

11

정답 ⑤

'알맞다'는 '일정한 기준이나 조건, 정도 따위에 넘치거나 모자라지 않다.'라는 의미의 형용사이므로, 어간 '알맞-'에 '-는'이 아닌 '-은'이 붙어야 한다. 따라서 '알맞은'이 옳다.

오답분석

① 가는 허리와 팔다리, 허리, 몸통 등 가늘고 긴 물체의 둘레나 너비, 부피 등과 관련하여서는 '가늘다'라고 한다.
② 어원이 분명하지 않은 것은 원형을 밝히어 적지 않으므로(한글 맞춤법 제27항 붙임 2), '몇일'이 아닌 '며칠'이 되어야 한다.
③ ㉢의 기본형은 '서슴다'로, 본래 '하'가 없는 말이다. 따라서 어간 '서슴-'에 어미 '-지'가 붙어 '서슴지'가 옳다.
④ '본래보다 많거나 크게 하다.'라는 의미의 동사는 '늘리다'이다. 따라서 '늘려'가 옳다.

'몇일'이 아닌 '며칠'인 이유

만약에 몇+일(日)이라면 실질형태소+실질형태소의 결합이기 때문에, ㄴ첨가+비음화 규칙에 따라 '몇일 → 면일 → 면닐 → 면닐'이 되어 [면닐]로 소리가 나야 한다(예 잡일[잠닐]). 그러나 [며칠]로 발음하고 있기 때문에 실질형태소 일(日)로 보기 어려우며, 실제로 며칠의 옛말 '며츨'은 과거에 존재하다가 지금은 사라진 접미사 '-을'이 붙어서 만들어진 파생어였다는 설도 있다. 따라서 어원이 분명하다고 볼 수 없으므로 소리나는 대로 '며칠'로 적는다.

12

정답 ③

- 곤충이란 것은 모두 그렇게 변태를 거쳐서 자란다.
- 그 기관이 예산을 변칙으로 운영한 것이 알려졌다.
- 밀봉은 용기 외부로부터 공기와 미생물의 침입을 차단하여 용기 내 식품의 변질을 방지한다.
- 충신으로 알려진 그의 변절은 뜻밖이었다.

'변고(變故)'는 갑작스러운 재앙이나 사고를 의미한다. 따라서 제시된 문장에 사용되기에 적절하지 않다.

오답분석

① 변칙(變則) : 원칙에서 벗어나 달라짐. 또는 그런 법칙이나 규정
② 변절(變節) : 절개나 지조를 지키지 않고 바꿈
④ 변태(變態) : 성체와는 형태, 생리, 생태가 전혀 다른 유생의 시기를 거치는 동물이 유생에서 성체로 변함. 또는 그런 과정
⑤ 변질(變質) : 성질이 달라지거나 물질의 질이 변함. 또는 그런 성질이나 물질

13

정답 ⑤

제시문과 ⑤의 '따다'는 '점수나 자격 따위를 얻다.'라는 의미로 쓰였다.

오답분석

① 이름이나 뜻을 취하여 그와 같게 하다.
② 꽉 봉한 것을 뜯다.
③ 노름, 내기, 경기 따위에서 이겨 돈이나 상품 따위를 얻다.
④ 글이나 말 따위에서 필요한 부분을 뽑아 취하다.

14

정답 ③

- 성취 : 목적한 바를 이룸
- 달성 : 목적한 것을 이룸

오답분석

① 성장 : 사물의 규모나 세력 따위가 점점 커짐
② 번성 : 한창 성하게 일어나 퍼짐
④ 취득 : 자기 것으로 만들어 가짐
⑤ 고취 : 의견이나 사상 따위를 열렬히 주장하여 불어 넣음

15

정답 ④

'호랑이 없는 골에 토끼가 왕 노릇 한다.'는 뛰어난 사람이 없는 곳에서 보잘것없는 사람이 득세함을 비유적으로 이르는 말로, 제시된 내용에 적절하다.

오답분석

① 싸움을 통해 오해를 풀어 버리면 오히려 더 가까워지게 된다.
② 일을 그르친 후에야 이랬더라면 좋았을 것을 하고 궁리한다.
③ 굶주렸던 사람이 배가 부르도록 먹으면 만족하게 된다.
⑤ 기껏 한 일이 결국 남 좋은 일이 되었다.

지역농협 6급 필기시험

제1회 모의고사 정답 및 해설

01	02	03	04	05	06	07	08	09	10
②	④	⑤	②	④	①	①	⑤	⑤	⑤
11	12	13	14	15	16	17	18	19	20
⑤	③	⑤	③	④	②	⑤	⑤	④	④
21	22	23	24	25	26	27	28	29	30
⑤	③	④	①	②	④	④	②	③	④
31	32	33	34	35	36	37	38	39	40
④	⑤	②	⑤	③	④	④	②	③	④
41	42	43	44	45	46	47	48	49	50
④	④	②	②	⑤	①	③	⑤	⑤	①
51	52	53	54	55	56	57	58	59	60
④	②	④	②	①	③	③	②	③	②
61	62	63	64	65	66	67	68	69	70
④	④	②	②	②	③	④	②	①	⑤

01
정답 ②

제시된 단어의 관계는 기능의 유사성이다.
'계산기'와 가장 유사한 기능을 가진 단어는 '주판'이다.

02
정답 ④

제시된 단어는 국가와 수도의 관계이다.
'영국'의 수도는 '런던'이고, '이탈리아'의 수도는 '로마'이다.

03
정답 ⑤

제시된 단어는 반의 관계이다.
'수평'의 반의어는 '수직'이며, '기립'의 반의어는 '착석'이다.

04
정답 ②

②는 석유를 원료로 하여 얻은 연료 제품들이다.

오답분석

①·③·④·⑤는 원료와 가공품 관계의 단어들이다.

05
정답 ④

④는 운동 경기에 필요한 사람을 나타낸다.

오답분석

①·②·③·⑤의 앞 두 단어는 마지막 단어인 운동 경기에 필요한 포지션을 나타낸다.

06
정답 ①

'소프라노'는 성악에서 가장 높은 음역을, '하이힐'은 굽이 높은 여자용 구두를, '고혈압'은 혈압이 정상보다 높은 수치의 증상을 의미하므로 '높다'를 연상할 수 있다.

07
정답 ①

'해적'은 바다에서 약탈하는 강도이므로, 제시된 단어들을 통해 해적을 연상할 수 있다.

08
정답 ⑤

'변명'은 어떤 실수에 대해 구실과 핑계를 대며 그 까닭을 말하는 것이므로, 제시된 단어들을 통해 변명을 연상할 수 있다.

09
정답 ⑤

'원한'과 관계된 의미를 가진 ①·②·③·④와 달리 '절차탁마(切磋琢磨)'는 옥이나 돌을 갈고 닦아서 빛을 낸다는 뜻으로, 학문이나 인격을 갈고 닦음을 의미한다.

오답분석

① 각골통한(刻骨痛恨) : 뼈에 새겨 놓을 만큼 잊을 수 없고 고통스러운 원한
② 비분강개(悲憤慷慨) : 의롭지 못한 일이나 잘못되어 가는 세태가 슬프고 분하여 마음이 북받침
③ 원철골수(怨徹骨髓) : 원한이 깊어 골수에 사무침
④ 교아절치(咬牙切齒) : 어금니를 악물고 이를 갈면서 몹시 분해 함

7권

지역농협 6급 필기시험

정답 및 해설

60 다음은 지역농협에서 수행하는 사업의 일부이다. 사업의 목적에 따라 세 가지로 바르게 구분한 것은?

> ㉠ 읍·면 단위 지역문화복지센터 운영
> ㉡ 생산자조직 구축과 연합사업 활성화를 통해 산지유통 혁신
> ㉢ 근로자생계자금·햇살론 등 다양한 상품 출시를 통해 서민금융 확대·지원
> ㉣ 상호금융특별회계 사업 활성화, 행복이음패키지 상품 개발, 농업인 무료법률구조 기금 출연, 휴면예금 찾아주기 운동 등 다양한 사업 추진
> ㉤ 비료·농약·농기계·유류 등 영농에 필요한 농자재를 저렴하고 안정적으로 공급
> ㉥ 농업현장의 어려움과 개선사항을 정책에 적극 반영하기 위한 농정활동

① ㉠, ㉥ / ㉡, ㉤ / ㉢, ㉣
② ㉠, ㉣ / ㉡, ㉢ / ㉤, ㉥
③ ㉠, ㉥ / ㉡, ㉣ / ㉢, ㉤
④ ㉠, ㉡ / ㉢, ㉣ / ㉤, ㉥

58 다음 중 조직이 가지고 있는 조직문화의 기능으로 적절하지 않은 것은?

① 조직구성원들에게 일체감, 정체감 등을 부여한다.
② 조직몰입의 향상을 방해한다.
③ 조직구성원들의 행동지침이 된다.
④ 조직의 안정성을 유지한다.

59 다음 중 조직문화에 대한 설명으로 적절하지 않은 것은?

① 조직체의 구성원들이 공유하는 가치관과 신념, 이데올로기와 관습, 규범과 전통 및 지식과 기술 등을 모두 포함한 종합적인 개념이다.
② 조직문화는 구성원들에게 일체감과 정체성을 부여하며 외부 환경이 변했을 때 조직구성원의 결속력을 강화시켜 주는 역할을 한다.
③ 조직문화는 구성원들의 행동지침으로써 구성원의 사고방식과 행동양식을 규정하여, 구성원들은 조직에서 해오던 방식대로 업무를 처리하지 않게 된다.
④ 강한 조직문화는 다양한 조직구성원들의 의견을 받아들일 수 없거나, 조직이 변화해야 할 시기에 장애요인으로 작용하기도 한다.

※ 다음 글을 읽고 이어지는 질문에 답하시오. [56~57]

한류 열풍을 통해 높은 매출을 올리고 있는 엔터테인먼트 A사는 소속 연예인을 내세워 화장품 시장에 뛰어들었다. 화장품 시장 진출이 논의되는 동안 A사의 이사회에서는 여러 근거자료를 들어 대표이사의 의사결정을 막으려 했다. 하지만 그간 모델매니지먼트, 패션브랜드 등 여러 신사업을 통해 사업다각화에 성공한 대표이사를 막을 수는 없었다. 결국 대표이사는 화장품업 진출에 대해 독단적인 의사결정을 내렸고, 3년이 지난 시점에서 100억 이상의 누적적자를 떠안게 되었다. 적자가 계속되는 3년 사이에 화장품 사업을 위해 동남아에 진출한 해외법인까지 철수하는 상황에 이르렀다. 그 사이 대표이사의 화장품 사업에 대해 직언을 하던 이사회의 몇몇 이사들은 회사로부터 정리해고되었다. 상황이 악화되었음에도 불구하고 자신의 의지를 굽히지 않는 대표이사는 이 법인을 살리기 위해 막대한 금액의 투자를 결정하게 되었다.

56 위 내용은 '잘못된 의사결정에 빠지는 함정'을 기술한 것이다. A사 대표이사의 의사결정과 관련이 가장 높은 것은?

① 눈으로 보는 것만이 현실이다.

② 과거 자료나 추세만을 중시한다.

③ 늘 하던 대로 자신에게 편한 방식을 고수한다.

④ 결정한 것을 끝까지 성공시켜야 한다.

57 A사의 대표이사가 조직을 위한 올바른 의사결정을 하기 위해 필요한 요소가 아닌 것은?

① 자신의 잘못된 결정을 가치 있는 실수로 포장한다.

② 다양한 생각과 관점을 가진 자신과 다른 유형의 사람을 옆에 두어야 한다.

③ 현실을 냉철하게 직시해야 한다.

④ 현장에서 정보를 얻어야 한다.

54 김부장과 박대리는 A농협의 고객지원실에서 근무하고 있다. 다음 상황에서 김부장이 박대리에게 지시할 사항으로 가장 적절한 것은?

> • 부서별 업무분장
> – 인사혁신실 : 신규 채용, 부서/직무별 교육계획 수립/시행, 인사고과 등
> – 기획조정실 : 조직문화 개선, 예산사용계획 수립/시행, 대외협력, 법률지원 등
> – 총무지원실 : 사무실, 사무기기, 차량 등 업무지원 등

> 〈상황〉
>
> 박대리 : 고객지원실에서 사용하는 A4 용지와 볼펜이 부족해서 비품을 신청해야 할 것 같습니다. 그리고 지난번에 말씀하셨던 고객 상담 관련 사내 교육 일정이 이번에 확정되었다고 합니다. 고객지원실 직원들에게 관련 사항을 전달하려면 교육 일정 확인이 필요할 것 같습니다.

① 박대리, 인사혁신실에 전화해서 비품 신청하고, 전화한 김에 교육 일정도 확인해서 나한테 알려 줘요.
② 박대리, 총무지원실에 가서 교육 일정 확인하고, 간 김에 비품 신청도 하고 오세요.
③ 박대리, 기획조정실에 가서 교육 일정 확인하고, 인사혁신실에 가서 비품 신청하고 오도록 해요.
④ 박대리, 총무지원실에 전화해서 비품 신청하고, 인사혁신실에서 교육 일정 확인해서 나한테 알려 줘요.

55 직장인 G씨는 오늘 같은 부서 사람들과 함께 출장을 갈 예정이다. D대리의 대화 내용을 참고하여 자동차에 승차할 때, E부장의 자리로 가장 적절한 것은?

> D대리 : G씨, 오늘 출장 가는 거 알고 있죠? E부장님과 C대리 그리고 저랑 G씨가 출장을 갈 겁니다. 출장 전에 자동차 탑승 예절에 대해 몇 가지 알려줄게요. 우선 자동차 양쪽 문을 모두 열 수 있을 때는 차량의 두 문을 이용하되, 상위자가 먼저 탑승하고, 하차 시에는 하위자가 먼저 내려야 합니다. 자동차 자리 배치도 중요한데, 운전자가 따로 있는 경우는 최상위자가 뒷자리 가장 우측에 승차하며, 승용차 주인이 직접 운전할 경우에는 최상위자가 앞자리 우측에 승차해야 합니다. 오늘 우리는 출장에 법인차량을 이용할 예정이고 운전기사님이 따로 계시다고 하네요.

(앞)

(가)	(나)
운전기사	(다)
	(라)

(뒤)

① (가)　② (나)
③ (다)　④ (라)

53 다음을 읽고 A사원이 처리할 첫 업무와 마지막 업무를 바르게 짝지은 것은?

> A씨, 우리 팀이 준비하는 상반기 프로젝트가 마무리 단계인 건 알고 있죠? 이제 곧 그동안 진행해 온 팀 프로젝트를 발표해야 하는데 A씨가 발표자로 선정되어서 몇 가지 말씀드릴 게 있어요. 6월 둘째 주 월요일 오후 4시에 발표를 할 예정이니 그 시간에 비어 있는 회의실을 찾아보고 예약해 주세요. 오늘이 벌써 첫째 주 수요일이네요. 보통 일주일 전에는 예약해야 하니 최대한 빨리 확인하고 예약해 주셔야 합니다. 또 발표 내용을 PPT 파일로 만들어서 저한테 메일로 보내주세요. 검토 후 수정사항을 회신할 테니 반영해서 최종본 내용을 브로슈어에 넣어주세요. 최종본 내용을 모두 입력하면 디자인팀 D대리님께 파일을 넘겨줘야 해요. 디자인팀에서 작업 후 인쇄소로 보낼 겁니다. 최종 브로슈어는 1층 인쇄소에서 받아오시면 되는데 원래는 한나절이면 찾을 수 있지만 이번에 인쇄 주문 건이 많아서 다음 주 월요일에 찾을 수 있을 거예요. 아, 그리고 브로슈어 내용 정리 전에 작년 하반기에 프로젝트 발표자였던 B주임에게 물어보면 어떤 식으로 작성해야 할지 이야기해 줄 거예요.

① PPT 작성 – D대리에게 파일 전달

② 회의실 예약 – B주임에게 조언 구하기

③ 회의실 예약 – 인쇄소 방문

④ B주임에게 조언 구하기 – 인쇄소 방문

51 다음은 N은행에서 판매하는 펀드 상품과 펀드 가입을 원하는 고객의 요구사항이다. 고객의 성향 및 요구사항에 가장 적합한 상품은 무엇인가?(단, 고객의 투자 성향 분석 결과는 보통 수준이다)

〈N은행 판매 펀드 상품〉

구분	종류	수익률(%)	환매기간	환매 수수료	보수(%)			위험등급
A상품	주식형	13	4영업일	없음	1	0.4	0.045	높음
B상품	채권형	2.3	5영업일	없음	0.3	0.075	0.020	낮음
C상품	혼합형	7	4영업일	없음	0.55	0.2	0.033	다소 높음
D상품	혼합형	7	5영업일	있음	0.8	0.4	0.033	보통

※ 투자 성향은 '매우 높음, 높음, 다소 높음, 보통, 낮음, 매우 낮음'의 6단계로 구분함

〈고객 요구사항〉

- 어느 정도 위험을 감수하더라도 가능한 한 많은 수익을 올릴 수 있으면 좋겠는데, 주식형 펀드는 너무 위험하지 않나요?
- 수익이 비슷하다면 총 보수가 낮은 상품으로 추천해 주세요.
- 해외 펀드도 상관없어요.
- 환매 후 빠른 시일 내로 지급되는 게 좋겠어요.

① A상품
② B상품
③ C상품
④ D상품

52 다음 글을 읽고 근로자가 선택한 행동으로 적절한 것을 〈보기〉에서 모두 고르면?

담합은 경제에 미치는 악영향도 크고 워낙 은밀하게 이뤄지는 탓에 경쟁 당국 입장에서는 적발하기 어렵다는 현실적인 문제가 있다. 독과점 사업자는 시장에서 어느 정도 드러나기 때문에 부당행위에 대한 감시・감독을 할 수 있지만, 담합은 그 속성상 증거가 없으면 존재 여부를 가늠하기 힘들기 때문이다.

〈보기〉

㉠ 신고를 통해 개인의 이익을 얻고 사회적으로 문제 해결을 한다.
㉡ 내부에서 먼저 합리적인 절차에 따라 문제 해결을 하고자 노력한다.
㉢ 근로자 개인이 받는 피해가 클지라도 기업 활동의 해악이 심각하면 이를 신고한다.

① ㉠
② ㉡
③ ㉠, ㉢
④ ㉡, ㉢

49 N기업에서 직원들에게 자기계발 교육비용을 일부 지원하기로 하였다. 총무인사팀에 A ~ E 5명의 직원이 아래 자료와 같이 교육프로그램을 신청하였을 때, N기업에서 직원들에게 지원하는 총 교육비는?

〈자기계발 수강료 및 지원 금액〉

구분	영어회화	컴퓨터 활용	세무회계
수강료	7만 원	5만 원	6만 원
지원 금액 비율	50%	40%	80%

〈신청한 교육프로그램〉

구분	영어회화	컴퓨터 활용	세무회계
A	○		○
B	○	○	○
C		○	○
D	○		
E		○	

① 307,000원
② 308,000원
③ 309,000원
④ 310,000원

50 N은행은 사내 축구대회를 진행하고 있다. 조별 리그전으로 진행하며 각 조에서 가장 승점이 높은 한 팀만 결승에 진출한다고 한다. 팀별 승패 현황이 다음과 같을 때 결승에 진출하는 팀은?

〈팀별 승패 현황〉

1조		2조	
팀	결과	팀	결과
A팀	1승 4무	G팀	3승 2패
B팀	( )	H팀	2승 2무 1패
C팀	1무 4패	I팀	2승 1무 2패
D팀	2무 3패	J팀	3승 1무 1패
E팀	3승 1무 1패	K팀	( )
F팀	2승 1무 2패	L팀	1승 3무 1패

※ 승리 시 2점, 무승부 시 1점, 패배 시 0점의 승점을 부여함

① A팀, K팀
② B팀, K팀
③ B팀, J팀
④ E팀, G팀

47 오전 5시 40분에 당고개에서 출발하는 4호선 오이도행 열차가 있다. 다음은 오이도역에서 출발하는 4호선 당고개행 열차의 출발 시각이다. 오이도에서 당고개까지 총 47개의 역일 때, 당고개에서 출발하는 열차가 오이도에서 출발하는 열차와 몇 번째 역에서 마주치게 되겠는가?(단, 다음 정차역까지 걸리는 시간은 모두 2분 간격이며, 오이도역을 1번으로 하여 순번을 매긴다)

〈당고개행 열차 오이도 출발 시각〉

열차	출발 시각
㉠	06:00
㉡	06:24
㉢	06:48

	㉠	㉡	㉢
①	21번째 역	15번째 역	9번째 역
②	19번째 역	13번째 역	7번째 역
③	17번째 역	11번째 역	5번째 역
④	14번째 역	10번째 역	4번째 역

48 지우네 가족은 명절을 맞아 주말에 할머니 댁을 가기로 하였다. 다음 교통편별 비용 및 세부사항을 참고하여 〈조건〉에 맞는 이동수단을 고를 때, 선택한 교통편과 그에 따라 지불해야 할 총 교통비는 얼마인가?

〈교통편별 비용 및 세부사항〉

구분	왕복 금액	걸리는 시간	집과의 거리	비고
비행기	119,000원	45분	1.2km	3인 이상 총 금액 3% 할인
E열차	134,000원	2시간 11분	0.6km	4인 가족 총 금액 5% 할인
P버스	116,000원	2시간 25분	1.0km	–
K버스	120,000원	3시간 02분	1.3km	1,000원씩 할인 프로모션

※ 걸리는 시간은 편도기준이며, 집과의 거리는 집에서 교통편까지의 거리임

〈조건〉

- 지우네 가족은 성인 4명이다.
- 집에서 교통편 타는 곳까지 1.2km 이내여야 한다.
- 계획한 총 교통비는 50만 원 이하이다.
- 왕복 시간은 5시간 이하이다.
- 가장 저렴한 교통편을 이용한다.

	교통편	총 교통비
①	비행기	461,720원
②	비행기	461,620원
③	E열차	461,720원
④	P버스	464,000원

46 다음은 N은행의 상품판매지침 중 일부이다. 상품판매지침에 따른 상담 내용으로 가장 적절한 것은?

〈상품판매지침〉

… 중략 …

• 제3조(중요내용 설명의무)
직원은 금융상품 등에 관한 중요한 사항을 금융소비자가 이해할 수 있도록 설명하여야 한다.

… 중략 …

• 제5조(권한남용 금지의 원칙)
직원은 우월적 지위를 남용하거나 금융소비자의 권익을 침해하는 행위를 하지 않아야 하며, 특히 다음 각 호의 사항은 권한의 남용에 해당되는 행위로 발생하지 않도록 주의하여야 한다.

1. 여신지원 등 은행의 서비스 제공과 관련하여 금융소비자의 의사에 반하는 다른 금융상품의 구매를 강요하는 행위
2. 대출상품 등과 관련하여 부당하거나 과도한 담보 및 보증을 요구하는 행위
3. 부당한 금품 제공 및 편의 제공을 금융소비자에게 요구하는 행위
4. 직원의 실적을 위해 금융소비자에게 가장 유리한 계약조건의 금융상품을 추천하지 않고 다른 금융상품을 추천하는 행위

• 제6조(적합성의 원칙)
1. 직원은 금융소비자에 대한 금융상품 구매 권유 시 금융소비자의 성향, 재무 상태, 금융상품에 대한 이해수준, 연령, 금융상품 구매목적, 구매경험 등에 대한 충분한 정보를 파악하여 금융소비자가 적합한 상품을 구매하도록 최선의 노력을 다한다.
2. 직원은 취약한 금융소비자(65세 이상 고령층, 은퇴자, 주부 등)에 대한 금융상품 구매 권유 시 금융상품에 대한 이해수준, 금융상품 구매목적, 구매경험 등을 파악하여 취약한 금융소비자에게 적합하다고 판단되는 상품을 권유하여야 한다.

① Q : 제가 아파트를 구입하려는데 ○○차량을 담보로 약 2천만 원 정도를 대출하고 싶어요.
A : 지금 소유하신 ○○차량으로도 담보대출 진행이 가능하긴 한데, 시일이 좀 걸릴 수 있습니다. 대신에 우선 계약을 진행하시고 아파트를 담보로 하시면 훨씬 수월하게 대출 진행이 가능합니다.
Q : 2천만 원을 대출하는데 아파트를 담보로 진행하기에는 무리가 있지 않나요?
A : 하지만 담보물의 가격이 높을수록 대출 진행이 원활하기 때문에 훨씬 편하실 겁니다.

② Q : 저는 전업주부인데 급하게 돈이 필요해서 대출상품을 좀 알아보려고 해요.
A : 그러시면 저희 상품 중 '○○ 대출' 상품이 고객님께 가장 알맞습니다. 이걸로 진행해 드릴까요?
Q : 제가 금융상품을 잘 몰라서 여러 상품에 대한 설명을 좀 듣고 싶어요.
A : '○○ 대출' 상품이 그 어떤 상품보다 고객님께 유리하기 때문에 권해드리는 거예요.

③ Q : 제가 여러 상품을 종합적으로 판단했을 때, '□□ 적금'으로 목돈을 모아보려고 하는데 바로 신청이 되나요?
A : 고객님, 그 상품은 이율이 조금 떨어지는데 왜 그 상품을 가입하려고 하세요? '△△ 적금'으로 신청하는 게 유리하니까 그쪽으로 진행해 드릴게요.

④ Q : 직장에서 은퇴해서 가게를 차리려고 하는데, 대출상품에 대해 아는 게 없어서 추천을 좀 해주실 수 있나요?
A : 그럼 고객님께서는 가게를 차리기 위해서 임대료에 대한 대출이 필요하시고, 이전에 대출상품을 이용해 본 적이 없어서 잘 모르신다는 말씀이시죠? 그렇다면 고객님의 우편주소나 전자 메일 주소를 알려주시면 대출상품과 관련된 안내서와 추천 상품을 발송해 드릴게요.

44 **다음 제시된 내용이 참일 때, 외부 인사의 이름으로 옳은 것은?**

> 영업부 신입사원들은 지난 회의에서 만났던 외부 인사 세 사람(김씨, 이씨, 최씨)에 대해 이야기하고 있다. 신입사원들은 외부 인사들의 이름은 모두 정확하게 기억하고 있지만 그들의 성(姓)에 대해서는 그렇지 않다.
> • 혜민 : 김지후, 최준수와는 많은 대화를 나눴는데, 이진서와는 거의 함께 할 시간이 없었어.
> • 민준 : 나도 이진서, 최준수와는 시간을 함께 보낼 수 없었어. 그런데 지후가 최씨였어.
> • 서현 : 진서가 최씨였고, 다른 두 사람은 김준수와 이지후였지.
> 세 명의 신입사원들은 외부 인사에 대하여 각각 단 한 명씩의 이름만을 바르게 기억하고 있으며, 외부 인사들의 가능한 성씨는 김씨, 이씨, 최씨 외에는 없다.

① 최진서, 김준수, 이지후
② 이진서, 김준수, 최지후
③ 최진서, 이준수, 김지후
④ 김진서, 최준수, 이지후

45 **A ~ E는 아파트 101 ~ 105동 중 서로 각각 다른 동에 살고 있다. 다음 〈조건〉이 모두 참일 때, 반드시 참인 것은?**

〈조건〉

> • 101 ~ 105동은 일렬로 나란히 배치되어 있다.
> • A와 B는 서로 인접한 동에 산다.
> • C는 103동에 산다.
> • D는 C 바로 옆 동에 산다.

① A는 101동에 산다.
② B는 102동에 산다.
③ D는 104동에 산다.
④ A가 102동에 산다면 E는 105동에 산다.

42

- 조선 시대의 대포 중 천자포의 사거리는 1,500보이다.
- 현자포의 사거리는 천자포의 사거리보다 700보 짧다.
- 지자포의 사거리는 현자포의 사거리보다 100보 길다.

① 천자포의 사거리가 가장 길다.
② 현자포의 사거리가 가장 길다.
③ 지자포의 사거리가 가장 짧다.
④ 현자포의 사거리는 지자포의 사거리보다 길다.

43 **김대리는 건강관리를 위해 식단에 야채 및 과일을 포함시키고자 한다. 제시된 〈조건〉에 따라 식단을 구성할 때, 다음 중 반드시 참인 것은?**

〈조건〉

- 바나나를 넣지 않으면 사과를 넣는다.
- 무순을 넣지 않으면 청경채를 넣지 않는다.
- 무순과 당근 중 하나만 넣는다.
- 청경채는 반드시 넣는다.
- 당근을 넣지 않으면 바나나를 넣지 않는다.
- 무순을 넣으면 배를 넣지 않는다.

① 배와 당근 모두 식단에 포함된다.
② 사과와 청경채는 식단에 포함되지 않는다.
③ 무순과 바나나 중 하나만 식단에 포함된다.
④ 무순은 식단에 포함되나, 사과는 포함되지 않는다.

※ 다음 제시된 내용이 모두 참일 때, 반드시 참인 것을 고르시오. [40~42]

40

- 민현이는 1995년에 태어났다.
- 재현이는 민현이보다 2년 늦게 태어났다.
- 정현이는 재현이보다 먼저 태어났다.

① 민현이의 나이가 가장 많다.
② 정현이의 나이가 가장 많다.
③ 정현이는 민현이보다 어리다.
④ 정현이는 1997년 이전에 태어났다.

41

- N은행에 재직 중인 A, B, C, D는 각각 서로 다른 지역인 인천, 세종, 대전, 강릉에서 근무하고 있다.
- A～D 모두 연수에 참여하기 위해 서울에 있는 본사를 방문한다.
- A～D 모두 같은 종류의 교통수단을 이용하고, 이동 시간은 거리가 멀수록 많이 소요되며, 그 외 소요되는 시간은 서로 동일하다.
- 서울과의 거리가 먼 순서대로 나열하면 강릉 – 대전 – 세종 – 인천 순서이다.
- D가 서울에 올 때, B보다 더 많은 시간이 소요된다.
- C는 A보다는 많이 B보다는 적게 시간이 소요된다.

① B는 세종에 근무한다.
② C는 대전에 근무한다.
③ D는 강릉에 근무한다.
④ C는 B보다 먼저 출발해야 한다.

38 다음은 국내 화장품 제조 회사에 대한 SWOT 분석 자료이다. 〈보기〉 중 분석에 따른 대응 전략으로 적절한 것을 모두 고르면?

〈SWOT 분석 결과〉

강점(Strength)	약점(Weakness)
• 신속한 제품 개발 시스템 • 차별화된 제조 기술 보유	• 신규 생산 설비 투자 미흡 • 낮은 브랜드 인지도
기회(Opportunity)	**위협(Threat)**
• 해외시장에서의 한국 제품 선호 증가 • 새로운 해외시장의 출현	• 해외 저가 제품의 공격적 마케팅 • 저임금의 개발도상국과 경쟁 심화

〈보기〉

㉠ 새로운 해외시장의 소비자 기호를 반영한 제품을 개발하여 출시한다.
㉡ 국내에 화장품 생산 공장을 추가로 건설하여 제품 생산량을 획기적으로 증가시킨다.
㉢ 차별화된 제조 기술을 통해 품질 향상과 고급화 전략을 추구한다.
㉣ 브랜드 인지도가 낮으므로 해외 현지 기업과의 인수・합병을 통해 해당 회사의 브랜드로 제품을 출시한다.

① ㉠, ㉡
② ㉠, ㉢
③ ㉡, ㉢
④ ㉡, ㉣

39 현정이는 동생 상애와 소희를 데리고 공원에 갔다. 입장료가 다음과 같고 2,000원을 지불했을 때, 항상 옳은 것은?

〈공원 입장료〉

15세 미만	15세 이상
무료	1,000원

① 상애는 3남매 중 막내이다.
② 현정이는 15세 이상이다.
③ 소희는 입장료가 무료이다.
④ 소희는 상애보다 나이가 많다.

35 제시된 명제가 모두 참일 때, 빈칸에 들어갈 명제로 가장 적절한 것은?

- 비가 오지 않으면 개구리가 울지 않는다.
- 비가 오지 않으면 제비가 낮게 날지 않는다.
- ____________________

① 비가 오면 제비가 낮게 난다.
② 제비가 낮게 나는 어떤 날은 비가 온다.
③ 개구리가 울지 않으면 제비가 낮게 날지 않는다.
④ 제비가 낮게 나는 날에는 개구리가 울지 않는다.

36 다음 대화를 참고할 때, 거짓말을 하고 있는 사람은?

- 재혁 : 나는 어제 저녁에 형준이와 영화를 봤어.
- 영아 : 나는 어제 명오와 커피를 마셨지만 형준이는 못 봤어.
- 형준 : 나는 어제 재혁이 형과 영화를 보고, 명오 형이랑 커피를 마셨어.
- 명오 : 나는 어제 형준이랑 커피를 마셨지만, 재혁이는 보지 못했어.

① 재혁 ② 명오
③ 형준 ④ 영아

37 한국화학회는 다음 조건에 따라 학술상을 수여한다. 어느 해 같은 계절에 유기화학과 무기화학 분야에서 다음 〈조건〉과 같이 상을 수여할 때, 항상 거짓인 것은?

〈조건〉

- 매년 물리화학, 유기화학, 분석화학, 무기화학의 네 분야에 대해서만 수여한다.
- 봄, 여름, 가을, 겨울에 수여하며 매 계절 적어도 한 분야에 수여한다.
- 각각의 분야에 매년 적어도 한 번 상을 수여한다.
- 매년 최대 6개까지 상을 수여한다.
- 한 계절에 같은 분야에 2개 이상의 상을 수여하지 않는다.
- 두 계절 연속으로 같은 분야에 상을 수여하지 않는다.
- 물리화학 분야에는 매년 2개의 상을 수여한다.
- 여름에 유기화학 분야에 상을 수여한다.

① 봄에 분석화학 분야에 수여한다.
② 여름에 물리화학 분야에 수여한다.
③ 가을에 무기화학 분야에 수여한다.
④ 겨울에 유기화학 분야에 수여한다.

③ 신재생에너지원별 고용인원 비율

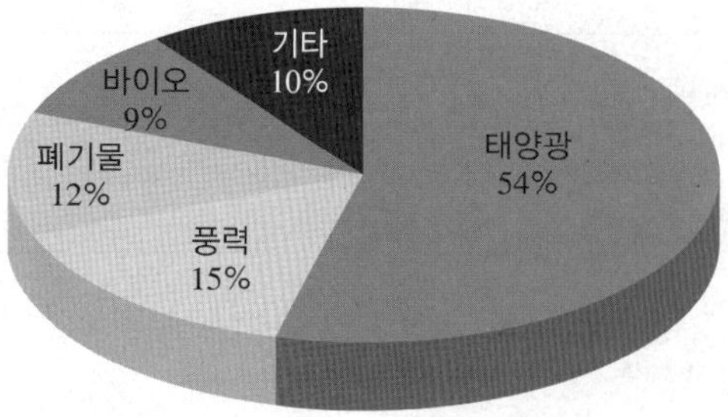

④ 신재생에너지원별 내수 현황(단위 : 억 원)

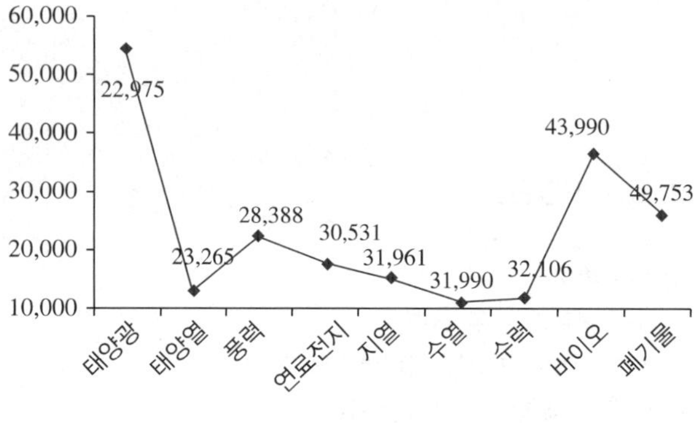

34 다음은 2024년 신재생에너지 산업통계 자료이다. 이를 나타낸 그래프 중 옳지 않은 것은?

〈신재생에너지원별 산업 현황〉

(단위 : 억 원)

구분	기업체 수(개)	고용인원(명)	매출액	내수	수출액	해외공장매출	투자액
태양광	127	8,698	75,637	22,975	33,892	18,770	5,324
태양열	21	228	290	290	0	0	1
풍력	37	2,369	14,571	5,123	5,639	3,809	583
연료전지	15	802	2,837	2,143	693	0	47
지열	26	541	1,430	1,430	0	0	251
수열	3	46	29	29	0	0	0
수력	4	83	129	116	13	0	0
바이오	128	1,511	12,390	11,884	506	0	221
폐기물	132	1,899	5,763	5,763	0	0	1,539
합계	493	16,177	113,076	49,753	40,743	22,579	7,966

① 신재생에너지원별 기업체 수(단위 : 개)

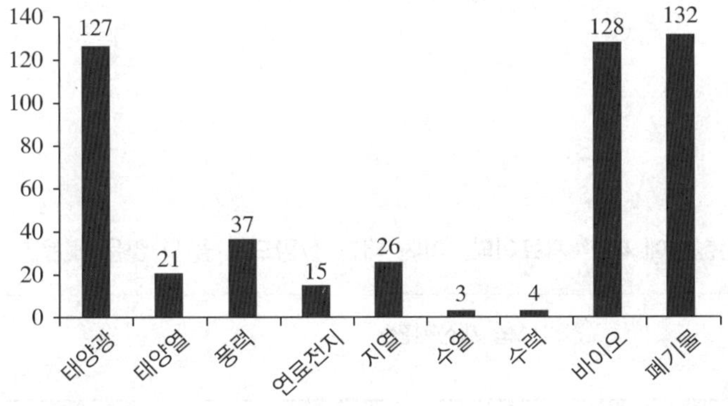

② 신재생에너지원별 고용인원(단위 : 명)

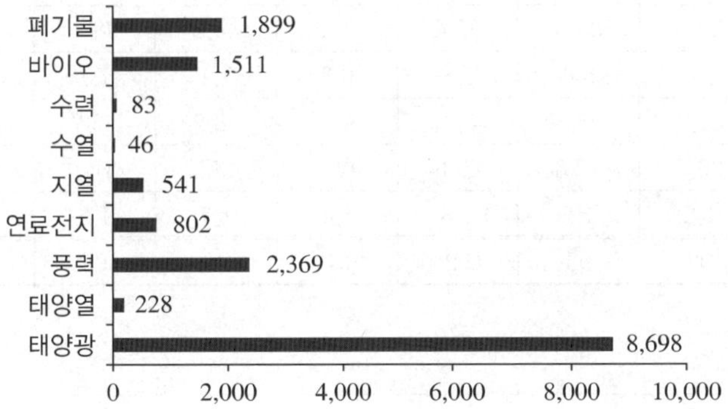

32 다음은 특정 기업 47개를 대상으로 제품전략, 기술개발 종류 및 기업형태별 기업 수를 조사한 자료이다. 이에 대한 설명으로 옳은 것은?

〈제품전략, 기술개발 종류 및 기업형태별 기업 수〉

(단위 : 개)

제품전략	기술개발 종류	기업형태	
		벤처기업	대기업
시장견인	존속성 기술	3	9
	와해성 기술	7	8
기술추동	존속성 기술	5	7
	와해성 기술	5	3

※ 각 기업은 한 가지 제품전략을 취하고 한 가지 종류의 기술을 개발함

① 와해성 기술을 개발하는 기업 중에는 벤처기업의 비율이 대기업의 비율보다 낮다.

② 대기업 중에서 시장견인전략을 취하는 비율은 기술추동전략을 취하는 비율보다 낮다.

③ 존속성 기술을 개발하는 기업의 비율이 와해성 기술을 개발하는 기업의 비율보다 높다.

④ 벤처기업 중에서 기술추동전략을 취하는 비율은 시장견인전략을 취하는 비율보다 높다.

33 다음은 우리나라 건강보험 재정현황에 대한 자료이다. 이에 대한 설명으로 옳지 않은 것은?

〈건강보험 재정현황〉

(단위 : 조 원)

구분	2017년	2018년	2019년	2020년	2021년	2022년	2023년	2024년
수입	33.6	37.9	41.9	45.2	48.5	52.4	55.7	58.0
보험료 등	28.7	32.9	36.5	39.4	42.2	45.3	48.6	51.2
정부지원	4.9	5.0	5.4	5.8	6.3	7.1	7.1	6.8
지출	34.9	37.4	38.8	41.6	43.9	48.2	52.7	57.3
보험급여비	33.7	36.2	37.6	40.3	42.5	46.5	51.1	55.5
관리운영비 등	1.2	1.2	1.2	1.3	1.4	1.7	1.6	1.8
수지율(%)	104	98	93	92	91	92	95	99

※ $[\text{수지율(\%)}]=\frac{(\text{지출})}{(\text{수입})}\times 100$

① 2017년 대비 2024년 건강보험 수입의 증가율과 건강보험 지출의 증가율의 차이는 15%p 이상이다.

② 2018년부터 건강보험 수지율이 전년 대비 감소하는 해에는 정부지원 수입이 전년 대비 증가했다.

③ 2022년 보험료 등이 건강보험 수입에서 차지하는 비율은 75% 이상이다.

④ 건강보험 수입과 지출의 전년 대비 증감 추이는 2018년부터 2023년까지 동일하다.

30 다음은 N도서관에서 특정 시점에 구입한 도서 10,000권의 5년간 대출 현황에 대한 자료이다. 이에 대한 설명으로 옳지 않은 것은?

〈도서 10,000권의 5년간 대출 현황〉

(단위 : 권)

구분	구입 후 1년	구입 후 3년	구입 후 5년
0회	5,302	4,021	3,041
1회	2,912	3,450	3,921
2회	970	1,279	1,401
3회	419	672	888
4회	288	401	519
5회	109	177	230
합계	10,000	10,000	10,000

① 구입 후 1년 동안 도서의 절반 이상이 대출됐다.
② 구입 후 1년 동안 도서의 평균 대출 횟수는 약 0.78회이다.
③ 구입 후 1년 동안 1회 이상 대출된 도서의 60% 이상이 단 1회 대출됐다.
④ 구입 후 5년 동안 적어도 2회 이상 대출된 도서의 비율은 전체 도서의 약 30%이다.

31 다음은 N지역 전체 가구를 대상으로 원자력발전소 사고 전·후 식수 조달원 변경에 대해 사고 후 설문조사한 결과이다. 이에 대한 설명으로 옳은 것은?

〈원자력발전소 사고 전·후 N지역 조달원별 가구 수〉

(단위 : 가구)

사고 전 조달원 \ 사고 후 조달원	수돗물	정수	약수	생수
수돗물	40	30	20	30
정수	10	50	10	30
약수	20	10	10	40
생수	10	10	10	40

※ N지역 가구의 식수 조달원은 수돗물, 정수, 약수, 생수로 구성되며, 각 가구는 한 종류의 식수 조달원만 이용함

① 사고 전에 식수 조달원으로 정수를 이용하는 가구 수가 가장 많다.
② 사고 전·후 식수 조달원을 변경한 가구 수는 전체 가구 수의 60% 이하이다.
③ 사고 전에 비해 사고 후에 이용 가구 수가 감소한 식수 조달원의 수는 3개이다.
④ 각 식수 조달원 중에서 사고 전·후에 이용 가구 수의 차이가 가장 큰 것은 생수이다.

28 사회초년생인 K씨는 업무에 사용할 노트북을 신용카드로 3개월 할부를 적용하여 90만 원에 결제하였다. 다음의 할부수수료 부과 방식을 참고할 때 K씨가 지불할 할부수수료의 총액은?(단, 할부수수료는 회차별 할부금을 상환할 때 함께 부과되어 결제된다)

〈할부수수료 부과 방식〉

■ 신용카드 할부수수료율

할부기간	3개월 미만	3 ~ 5개월	6 ~ 9개월	10 ~ 12개월
수수료율(연)	8%	10%	15%	20%

■ 할부수수료 관련 계산 공식

- (할부수수료)=(할부잔액)×(할부수수료율)÷12
- (할부잔액)=(이용원금)−(기결제원금)
- 회차별 이용원금 상환금액은 균등

① 12,000원 ② 15,000원
③ 22,500원 ④ 30,000원

29 다음 고객 정보를 참고할 때 대출 담당 직원인 귀하가 안내해야 할 중도상환 수수료는?(단, 100원 미만은 절사한다)

〈고객 정보〉

- 2023년 6월, 담보대출 실행
  - 대출원금 : 12,000,000원
  - 대출이자 : 4%(원금 균등상환)
  - 대출기간 : 60개월
- 2024년 6월, 중도상환
  - (중도상환 수수료)=(중도상환 원금)×(중도상환 수수료율)× $\frac{\text{36개월}-(\text{대출경과월수})}{\text{36개월}}$
  - (중도상환 원금)=(대출원금)−[원금상환액(월)]×(대출경과월수)
  - 중도상환 수수료율(%)

대출상환기간	3 ~ 14개월	15 ~ 24개월	25 ~ 36개월
수수료율	3.8	2.8	2.0

※ 3년 초과 중도상환 시 면제

① 128,000원 ② 179,200원
③ 243,200원 ④ 274,400원

26 철수는 최근에 농구 동아리에 가입하여 농구화를 사려고 한다. 현재 한국에서 농구화 가격을 알아보니 250,000원이었고, 너무 비싸다고 생각한 철수는 농구화를 해외에서 직접 구매하기로 했다. 철수가 미국, 중국, 일본, 프랑스 네 국가에서 판매하는 농구화의 가격과 환율을 조사해 보니 다음과 같았을 때, 가장 저렴하게 농구화를 사기 위해서는 어느 국가의 농구화를 구입해야 하는가?(단, 제시된 조건 외의 것은 고려하지 않는다)

〈국가별 농구화 가격 및 환율〉

구분	미국	중국	일본	프랑스
농구화 가격	210달러	1,300위안	21,000엔	200유로
환율	1달러=1,100원	1위안=160원	100엔=960원	1유로=1,200원

① 미국
② 중국
③ 일본
④ 프랑스

27 이탈리아에서 쇼핑을 한 갑돌이는 한국에 돌아와서 사용한 내역서를 확인해 보았더니 다음과 같았다. 카드 결제 수수료율과 ATM 인출 수수료는 얼마인가?(단, 원화환산금액은 수수료가 포함된 금액이다)

조건 1 : 갑돌이는 총 3번의 인출, 신용카드 1번을 사용하였으며 그 내역은 아래와 같다.

구분	날짜	금액(유로)	원화환산(원)
인출 1	2025-08-09	650	850,200
인출 2		450	590,200
인출 3		550	720,200
카드 결제 1		400	521,040

조건 2 : 동일 날짜에 결제된 인출 및 카드 금액은 모두 동일 환율로 적용된다.

조건 3 : ATM 인출 수수료(유로)는 매번 돈을 뽑을 때마다 일정 금액이 부과되며, 신용카드는 결제 시 수수료가 부과된다. 이 밖의 다른 기타 환전 수수료는 고려하지 않는다.

① 0.2%, 2유로
② 0.3%, 3유로
③ 0.3%, 4유로
④ 0.2%, 4유로

23 N사의 체육대회에서 홍보부서와 기획부서가 결승에 진출하였고, 결승에서는 7번의 경기 중에서 4번을 먼저 이기는 팀이 우승팀이 된다. 홍보부서와 기획부서의 승률이 각각 $\frac{1}{2}$이고 무승부는 없다고 할 때, 홍보부서가 네 번째 또는 다섯 번째 시합에서 결승에 우승할 확률은?

① $\frac{1}{32}$　② $\frac{1}{16}$
③ $\frac{1}{8}$　④ $\frac{3}{16}$

24 N금융회사에서는 직원들의 금융상품 운용능력을 평가하기 위해 직원 60명을 대상으로 설문조사를 실시하였다. 주택청약, 펀드, 부동산 투자 여부 등을 조사하였으며, 중복 선택이 가능하였다. 조사 결과 주택청약을 한 직원은 27명, 펀드는 23명, 부동산 투자는 30명이었으며, 주택청약, 펀드, 부동산 투자를 모두 하는 직원이 5명이었을 때, 투자 항목 중 2개만 하는 직원은 몇 명인가?(단, N금융회사 직원들은 모두 적어도 1개 이상을 선택하였다)

① 5명　② 10명
③ 20명　④ 25명

25 A고등학교의 음악 동아리는 남학생과 여학생으로 구성되어 있다. 1명의 신입회원이 들어왔을 때, 그 회원이 남자라면 여학생 수의 2배가 되고, 여자라면 남녀의 수가 같아진다. 신입회원이 들어오기 전 동아리 회원 수는?

① 5명　② 6명
③ 7명　④ 8명

20

$$\frac{7}{11} \quad \frac{2}{22} \quad -\frac{4}{44} \quad -\frac{11}{77} \quad -\frac{19}{121} \quad (\quad)$$

① $-\frac{20}{150}$　② $-\frac{26}{176}$
③ $-\frac{22}{154}$　④ $-\frac{28}{176}$

21

0.8　0.9　2.7　0.7　6.6　0.3　14.5　(　)

① −0.5　② −0.6
③ −0.7　④ −0.8

22

1.81　−8.78　27.75　−64.72　(　)　−216.66　343.63　−512.6

① 125.69　② 125.38
③ −124.31　④ −125.69

※ 다음 식을 계산한 값을 구하시오. **[17~18]**

17

$$0.42\times20-24\times0.31$$

① 0.94
② 0.95
③ 0.96
④ 0.97

18

$$131-4^3+122-8^2$$

① 115
② 125
③ 135
④ 145

※ 일정한 규칙으로 수를 나열할 때, 빈칸에 들어갈 알맞은 수를 고르시오. **[19~22]**

19

$$\frac{6}{15} \quad \frac{18}{15} \quad \frac{18}{45} \quad (\quad) \quad \frac{54}{135}$$

① $\frac{36}{135}$
② $\frac{54}{135}$
③ $\frac{54}{68}$
④ $\frac{54}{45}$

※ 다음 글을 읽고 이어지는 질문에 답하시오. [15~16]

농협은 '농촌사랑 모바일상품권'을 출시하고, 고객서비스를 새롭게 강화해 나가겠다고 밝혔다. 농촌사랑 상품권은 지난 1993년 우루과이 라운드 타결로 피해가 우려되는 농촌을 지키기 위해 우리 농산물 애용운동의 일환으로 출시되었다. 기존에는 지류 형태로만 발행되었으며, 모바일 형태의 상품권으로 출시한 것은 이번이 처음이다. 농협은 사용 편의성을 높인 모바일상품권 출시로 고객들이 손쉽게 농·축산물 쇼핑을 즐길 수 있을 것으로 기대하고 있다. 농촌사랑 모바일상품권은 휴대전화 MMS로 간편하게 주고받을 수 있어 기업들의 마케팅 수단으로 활용할 수 있으며, 농촌 지역의 고객 마케팅이나 기업 복지용으로도 효과적일 것으로 기대된다. 또한 농촌사랑 모바일상품권은 농협과 KT엠하우스가 협력·운용한다. 특히, KT엠하우스는 10여 년 동안 타 모바일상품권을 운용했던 노하우를 기반으로 하여 농촌사랑 모바일상품권의 발행과 유통을 담당한다. 농촌사랑 모바일상품권은 총 4종(5천 원권, 1·5·10만 원권)으로 발행되며, 개인고객은 농협몰(www.nonghyupmall.com)에서, 기업고객은 KT엠하우스의 기프티쇼비즈(biz.giftishow.com)에서 구매할 수 있다. 구매한 모바일상품권은 전국 농·축협 및 NH농협은행에서 종이 상품권으로 교환 가능하며, 전국 농협하나로마트와 농협주유소에서 사용할 수 있고, 농협몰에서 포인트로 전환하여 사용할 수도 있다.
농협 농업경제대표이사는 "농촌사랑 모바일상품권 출시가 농·축산물 판매 확대로 이어져 농가소득 증대에 도움이 되었으면 한다."고 말했다. 한편, 농협몰은 오는 3월 말까지 농촌사랑 모바일상품권 5만 원 이상 구매 고객을 대상으로 농촌사랑 모바일상품권(3만 원)을 200명에게 증정하는 이벤트를 진행한다.

15 윗글의 내용으로 적절하지 않은 것은?

① 농촌사랑 모바일상품권은 1만 원권, 5만 원권, 10만 원권으로만 발행된다.
② 농촌사랑 상품권이 모바일 형태로 출시된 것은 이번이 처음이다.
③ 농촌사랑 모바일상품권은 KT엠하우스가 그 발행과 유통을 담당한다.
④ 농촌사랑 상품권은 우리 농산물 애용운동의 일환으로 출시되었다.

16 윗글을 읽고 보인 반응으로 적절한 것을 〈보기〉에서 모두 고르면?

〈보기〉

㉠ 농촌사랑 모바일상품권을 지류 형태로 교환할 수는 없어서 아쉬워.
㉡ 농촌사랑 상품권은 우루과이 라운드 타결로 피해가 우려되는 농촌을 지키기 위해 출시되었어.
㉢ 농촌사랑 상품권을 5만 원 이상 구매하면 상품권을 증정하는 이벤트에 당첨될지도 몰라.
㉣ 농촌사랑 모바일상품권을 구매하려는 개인고객은 농협몰이나 기프티쇼비즈를 이용하면 되겠다.

① ㉠　　② ㉡
③ ㉠, ㉡　　④ ㉢, ㉣

※ 다음 글을 읽고 이어지는 질문에 답하시오. [13~14]

(가) 정부가 농약허용물질목록관리제도(PLS)를 도입한 것은 국민에게 안전한 농산물을 제공한다는 목적에서다. 안전성이 입증되지 않은 농약의 살포를 사전에 차단하려면 검증된 농약만을 허용하는 PLS가 필요하다는 것이다. 이미 일본 · 유럽연합 · 대만 등의 주요 국가에서 PLS를 도입한 것 또한 이 같은 명분을 뒷받침한다.
(나) 정부는 올해의 경우 계도 위주로 PLS를 운용한다는 방침이다. 농가의 위반사례를 적발해 법적 책임을 묻기보다는 PLS가 안정적으로 정착할 수 있도록 하는 데 주력하겠다는 것이다. 이와 함께 연작(連作) · 혼작(混作) · 간작(間作) 등으로 인한 농약의 토양 잔류에 대비해 공통으로 사용할 수 있는 농약 그룹을 설정하고, 비의도적인 농약 비산을 방지할 수 있는 대책도 마련하겠다는 입장이다.
(다) 농촌현장에서 위반사례가 실제 적발될 경우 PLS에 대한 논란은 더욱 커질 것으로 보인다. 일부 위반사례가 언론을 통해 알려지기 시작하면 국산 농산물에 대한 소비자 신뢰가 크게 떨어질 수 있기 때문이다. 아울러 항공방제에 따른 비의도적 오염 등으로 선의의 피해자가 발생할 가능성도 있다.
(라) 농약허용물질목록관리제도(PLS)는 작물별로 등록된 농약만 일정 기준 안에서 사용하도록 하는 제도이다. 잔류허용기준이 등록되지 않은 농약의 경우 일률적으로 0.01kg까지만 허용하기 때문에 사실상 사용할 수 없다. 정부는 PLS를 도입하여 올해 1월 1일부터 시행하고 있다.
(마) 그러나 문제는 국내 농가의 준비 상황이다. 농업계는 PLS 도입의 필요성은 인정하면서도 생산 농가의 준비가 충분치 않다고 보고 있다. 그런데도 정부가 PLS를 강행하여 혼란을 불러일으키고 있다고 지적하고 있다.

13 다음 중 (가) ~ (마) 문단을 논리적 순서대로 바르게 나열한 것은?

① (가) – (나) – (다) – (라) – (마)
② (가) – (라) – (다) – (나) – (마)
③ (나) – (다) – (마) – (라) – (가)
④ (라) – (가) – (마) – (다) – (나)

14 다음 중 윗글을 읽고 보인 반응으로 적절하지 않은 것은?

① 소비자의 입장에서는 PLS가 도입되어 안전한 농산물을 구매할 수 있겠어.
② PLS는 우리나라보다 앞서 일본, 유럽연합, 대만 등에서 이미 도입되었어.
③ PLS가 1월 1일부터 시행되고 있으니 위반사항이 적발되면 법적인 책임을 물을 거야.
④ 농업계는 PLS 도입을 위한 국내 농가의 준비가 아직 미흡하다고 생각하고 있네.

11 다음 글에 대한 반론으로 가장 적절한 것은?

> 어떤 경제 주체의 행위가 자신과 거래하지 않는 제3자에게 의도하지 않게 이익이나 손해를 주는 것을 '외부성'이라 한다. 과수원의 과일 생산이 인접한 양봉업자에게 벌꿀 생산과 관련한 이익을 준다든지, 공장의 제품 생산이 강물을 오염시켜 주민들에게 피해를 주는 것 등이 대표적인 사례이다.
> 외부성은 사회 전체로 보면 이익이 극대화되지 않는 비효율성을 초래할 수 있다. 개별 경제 주체가 제3자의 이익이나 손해까지 고려하여 행동하지는 않을 것이기 때문이다. 예를 들어, 과수원의 이윤을 극대화하는 생산량이 Qa라고 할 때, 생산량을 Qa보다 늘리면 과수원의 이윤은 줄어든다. 하지만 이로 인한 과수원의 이윤 감소보다 양봉업자의 이윤 증가가 더 크다면, 생산량을 Qa보다 늘리는 것이 사회적으로 바람직하다. 하지만 과수원이 자발적으로 양봉업자의 이익까지 고려하여 생산량을 Qa보다 늘릴 이유는 없다.
> 전통적인 경제학은 이러한 비효율성의 해결책이 보조금이나 벌금과 같은 정부의 개입이라고 생각한다. 보조금을 받거나 벌금을 내게 되면 제3자에게 주는 이익이나 손해가 더 이상 자신의 이익과 무관하지 않게 되므로, 자신의 이익에 충실한 선택이 사회적으로 바람직한 결과로 이어진다는 것이다.

① 정부의 개입을 통해 외부성으로 인한 비효율성을 줄일 수 있다.
② 과수원자에게 보조금을 지급한다면 생산량을 Qa보다 늘리려 할 것이다.
③ 과수원 생산자는 자신의 의도와 달리 다른 사람들에게 손해를 끼칠 수 있다.
④ 정부의 개입 과정에서 시간과 노력이 많이 들게 되면 비효율성이 늘어날 수 있다.

12 다음 글의 빈칸에 들어갈 내용으로 가장 적절한 것은?

> 오늘날 유전 과학자들은 유전자의 발현에 관해 관심을 두고 있다. 캐나다 맥길 대학의 연구팀은 이 물음에 답하려고 연구를 수행하였다. 어미 쥐가 새끼를 핥아주는 성향에는 편차가 있다. 어떤 어미는 다른 어미보다 더 많이 핥아주었다.
> 연구팀은 어미가 누구든 많이 핥인 새끼는 그렇지 않은 새끼보다 뇌의 특정 부분, 특히 해마에서 당질 코르티코이드 수용체들, 곧 GR이 더 많이 생겨났다는 것을 발견했다. 이렇게 생긴 GR의 수는 성체가 되어도 크게 바뀌지 않았다. GR의 수는 GR 유전자의 발현에 달려있다. 이 쥐들의 GR 유전자는 차이는 없지만 그 발현 정도에는 차이가 있을 수 있다. 이 발현을 촉진하는 인자 중 하나가 NGF 단백질인데, 많이 핥인 새끼는 그렇지 못한 새끼에 비해 NGF 수치가 더 높다.
> 스트레스 반응 정도는 코르티솔 민감성에 따라 결정되는데 GR이 많으면 코르티솔 민감성이 낮아지게 하는 되먹임회로가 강화된다. 이 때문에 ____________________

① GR 유전자가 스트레스 반응에 중요한 작용을 하는 것이다.
② 어미의 보살핌 정도에 따라 GR 유전자의 차이가 발생하는 것이다.
③ GR과 관계없이 코르티솔 민감성에 따라 스트레스 반응 정도가 달리 나타난다.
④ 똑같은 스트레스를 받아도 많이 핥인 새끼는 그렇지 않은 새끼보다 더 무디게 반응한다.

10 다음 글의 중심 내용으로 가장 적절한 것은?

지구 내부는 끊임없이 운동하며 막대한 에너지를 지표면으로 방출하고, 이로 인해 지구 표면에서는 지진이나 화산 등의 자연 현상이 일어난다. 그런데 이러한 자연 현상을 예측하기란 매우 어렵다. 그 이유는 무엇인지 알아보자.

지구 내부는 지각, 상부 맨틀, 하부 맨틀, 외핵, 내핵이 층상 구조를 이루고 있다. 지구 내부로 들어갈수록 온도가 증가하는데, 이 때문에 외핵은 액체 상태로 존재한다. 고온의 외핵이 하부 맨틀의 특정 지점을 가열하면 이 부분의 중심부 물질은 상승류를 형성하여 움직이기 시작한다. 아주 느린 속도로 맨틀을 통과한 상승류는 지표면 가까이에 있는 판에 부딪치게 된다. 판은 매우 단단한 암석으로 이루어져 있어 거대한 상승류도 쉽게 뚫지 못한다. 그러나 간혹 상승류가 판의 가운데 부분을 뚫고 곧바로 지표면으로 나오기도 하는데, 이곳을 열점이라 한다. 열점에서는 지진과 화산 활동이 활발히 일어난다.

한편 딱딱한 판을 만난 상승류는 꾸준히 판에 힘을 가하여 거대한 길이의 균열을 만들기도 한다. 결국 판이 완전히 갈라지면 이 틈으로 아래의 물질이 주입되어 올라오고, 올라온 물질은 지표면에서 옆으로 확장되면서 새로운 판을 형성한다. 상승류로 인해 판이 갈라지는 이 부분에서도 지진과 화산 활동이 일어난다.

새롭게 생성된 판은 오랜 세월 천천히 이동하는 동안 식으면서 밀도가 높아지는데, 이미 존재하고 있던 다른 판 중 밀도가 낮은 판과 충돌하면 그 아래로 가라앉게 된다. 가라앉는 판이 상부 맨틀의 어느 정도 깊이까지 들어가면 용융 온도가 낮은 일부 물질은 녹는데, 이 물질이 이미 존재하던 판의 지표면으로 상승하면서 지진을 동반한 화산 활동이 일어나기도 한다. 그러나 녹지 않은 대부분의 물질은 위에서 내리누르는 판에 의해 큰 흐름을 만들면서 맨틀을 통과한다. 이 하강류는 핵과 하부 맨틀 경계면까지 내려와 외핵의 한 부분을 누르게 된다. 외핵은 액체로 되어 있으므로 한 부분을 누르면 다른 부분에서 위로 솟아오르는데, 솟아오른 이 지점에서 또 다른 상승류가 시작된다. 그런데 하강류가 규칙적으로 발생하지 않으므로 상승류가 언제 어디서 발생하는지 알기 어렵다.

지금까지 살펴본 바처럼 화산과 지진 등의 자연 현상은 맨틀의 상승류와 하강류로 인해 일어난다. 맨틀의 상승류와 하강류는 흘러가는 동안 여러 장애물을 만나게 되고 이로 인해 그 흐름이 불규칙하게 진행된다. 그런데 현대과학 기술로 지구 내부에 있는 이 장애물의 성질과 상태를 모두 밝혀내기는 어렵다. 바로 이것이 지진이나 화산과 같은 자연 현상을 쉽게 예측할 수 없는 이유이다.

① 판의 분포
② 지각의 종류
③ 지구 내부의 구조
④ 내핵의 구성 성분

※ 다음 중 제시된 단어와 반대되는 의미를 가진 단어를 고르시오. **[7~8]**

07

출근

① 출세 ② 퇴근

③ 지출 ④ 개근

08

간섭

① 참견 ② 방임

③ 섭정 ④ 개간

09 다음 대화에서 A, B 두 사람이 이번 주말에 하려는 것은?

A : Do you have any plans for this weekend?
B : Why don't we go fishing?
A : That sounds great.
B : I will bring my camera to take pictures.

① 청소를 한다. ② 그림을 그린다.

③ 카메라를 수리한다. ④ 낚시하러 간다.

04 **다음 제시된 사자성어와 유사한 뜻을 가진 속담은?**

부화뇌동(附和雷同)

① 서른세 해 만에 꿈 이야기한다.
② 누운 소 똥 누듯 한다.
③ 서낭에 가 절만 한다.
④ 차돌에 바람 들면 석돌보다 못하다.

※ 다음 중 밑줄 친 단어와 같은 의미로 쓰인 것을 고르시오. [5~6]

05

연어잡이에 <u>나서다</u>.

① 어른들 앞에 <u>나서다</u>.
② 남에 일에 주제넘게 <u>나서다</u>.
③ 아침 일찍 여행길에 <u>나서다</u>.
④ 어린 나이에도 불구하고 장사를 하러 <u>나서다</u>.

06

그녀의 빡빡한 여행 일정에는 커피 한 잔 마실 <u>사이</u>가 없었다.

① 이번에는 아차산과 망우산 <u>사이에</u> 있는 용마산에 오르기로 하였다.
② 어렵게 잡은 벌레가 잠깐 방심한 <u>사이에</u> 도망가 버렸다.
③ 가까운 친구 <u>사이일수록</u> 돈 계산을 철저히 해야 한다.
④ 야근을 피하려면 그렇게 놀고 있을 <u>사이가</u> 없을 텐데?

지역농협 6급 필기시험

제6회 모의고사

문항 수 : 60문항
시험시간 : 60분

01 다음 제시된 단어의 대응 관계로 볼 때 빈칸에 들어갈 단어로 알맞은 것은?

(　　) : 검색하다 = 물감 : 칠하다

① 신문
② 도서관
③ 사전
④ 책

02 다음 제시된 단어에서 공통으로 연상할 수 있는 단어로 가장 적절한 것은?

엄지, 인어, 낙랑

① 조선
② 검지
③ 가락
④ 공주

03 다음 중 짝지어진 단어 사이의 관계가 나머지와 다른 것은?

① 오아시스 – 낙타 – 사막
② 관객 – 가수 – 공연장
③ 곰 – 빙하 – 북극
④ 영화 – 관람 – 극장

6권

제6회 지역농협 6급 필기시험

직무능력평가 (60문항/60분 유형)

〈문항 수 및 시험시간〉

영역	문항 수	시험시간	비고	모바일 OMR 답안채점 / 성적분석
의사소통능력 수리능력 문제해결능력 자원관리능력 조직이해능력	60문항	60분	4지선다	

59 다음 내용이 설명하는 서비스는?

> 은행의 송금과 결제망을 표준화시키고 이를 개방하여 하나의 어플리케이션으로 모든 은행의 계좌 조회, 결제, 송금 등의 금융 활동을 제공하는 서비스를 말한다. 2019년 12월 18일에 정식으로 서비스를 시작했으며, 은행권의 오픈 API에 따라 데이터를 전송한다. 개인이 이용하던 은행의 모바일 앱에 타행 계좌를 등록하고 이용 동의를 하면 서비스를 이용할 수 있다. 편리성이 증대되었다는 장점이 있지만, 일일 이체한도가 기존 은행 어플리케이션에 비해 낮다는 단점이 있다.

① 섭테크
② 레그테크
③ 뱅크런
④ 오픈뱅킹

60 다음 〈보기〉 중 도시농업에 대한 설명으로 적절한 것을 모두 고르면?

〈보기〉

㉠ 도시농업 사업은 현재 먹거리 재배뿐만 아니라 미래 먹거리 개발도 추진하고 있다.
㉡ 도시농업은 청년층을 대상으로 도시농업 전문인력을 양성하기 위해 전문교육을 실시하고 있다.
㉢ 도시농업의 추진 목적은 귀농·귀촌하는 도시민들의 농촌지역에서의 성공적인 정착을 위한 경제적 지원에 있다.
㉣ 코로나19 이후 도시농업은 도시에서 직접 작물을 재배하여 판매함으로써 수익을 극대화하는 경제 사업으로 인식이 변화되었다.

① ㉠
② ㉢
③ ㉠, ㉣
④ ㉡, ㉢

58 다음은 N은행의 DC/IRP 가입자를 위한 포트폴리오이다. 이를 토대로 〈보기〉와 같은 성향을 보인 고객에게 추천할 상품을 바르게 짝지은 것은?

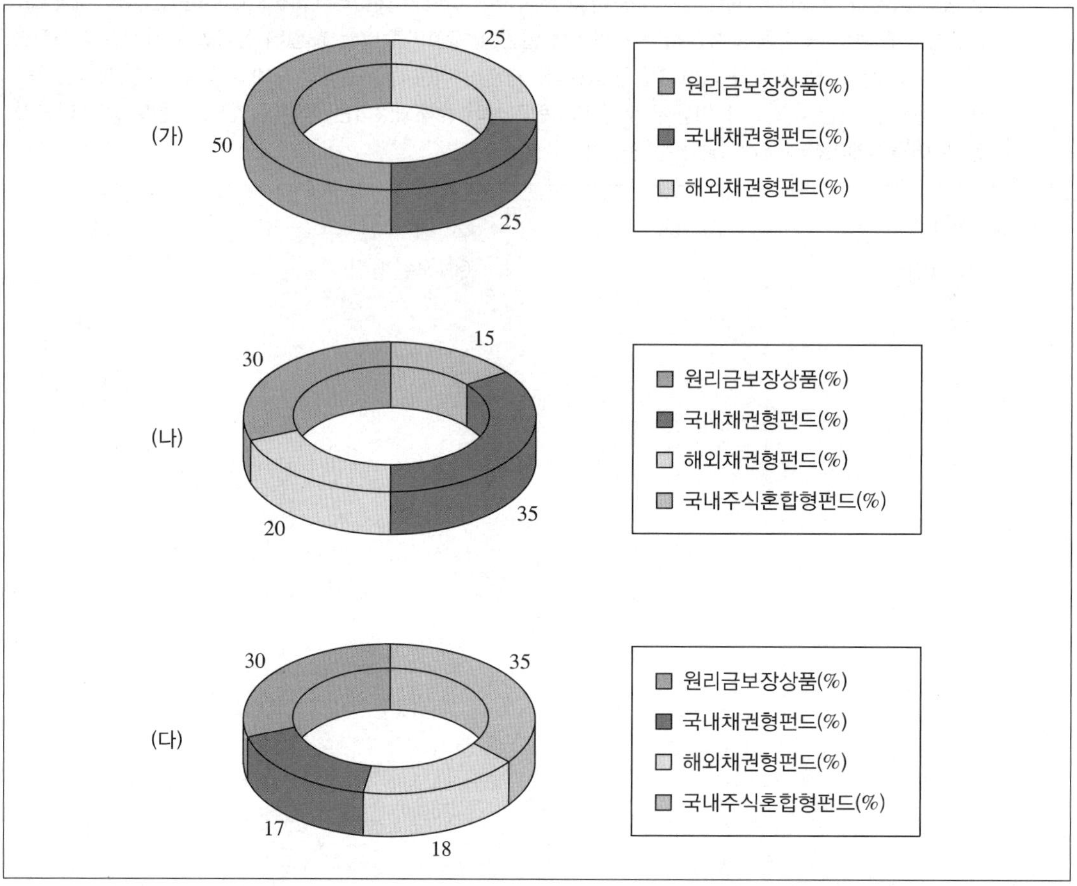

〈보기〉

- 고객 A : 보수적인 투자성향으로 투자원금의 손실을 최소화하고, 이자소득이나 배당소득 수준의 안정적인 투자를 목표로 합니다. 다만, 예·적금보다 높은 수익을 위해 수익증권을 편입하되 상대적으로 안전자산인 국내외 채권형 상품만으로 구성된 수익증권을 편입합니다.
- 고객 B : 수익성과 안정성 모두를 고려하여 어느 한쪽에 치우치지 않도록 일정 수준의 위험자산을 편입하여 운용합니다. 투자에 따르는 위험을 다소 감수하더라도 예·적금보다 높은 수익을 목표로 합니다.
- 고객 C : 투자자금의 상당 부분을 주식형 펀드 등의 위험자산에 투자하여, 투자원금의 보전보다는 위험을 감내하더라도 높은 수준의 투자수익 실현을 추구합니다.

	(가)	(나)	(다)
①	고객 A	고객 B	고객 C
②	고객 A	고객 C	고객 B
③	고객 B	고객 A	고객 C
④	고객 B	고객 C	고객 A

57 다음은 문화적 커뮤니케이션에 대한 설명이다. 빈칸에 들어갈 단어를 바르게 연결한 것은?

> 직업인이 외국인과 함께 일하는 국제 비즈니스에서는 커뮤니케이션이 매우 중요하다. 직업인은 자신이 속한 조직의 목적을 달성하기 위해 외국인을 설득하거나 이해시켜야 한다. 이와 같이 서로 상이한 문화 간 커뮤니케이션을 ___㉠___이라고 한다. 반면에 ___㉡___은 국가 간의 커뮤니케이션으로 직업인이 자신의 일을 수행하는 가운데 문화배경을 달리하는 사람과 커뮤니케이션을 하는 것은 ___㉠___에 해당된다.
> ___㉠___은 언어적과 비언어적으로 구분된다. 언어적 커뮤니케이션은 의사를 전달할 때 직접적으로 이용되는 것으로 이는 외국어 사용능력과 직결된다. 그러나 국제관계에서는 이러한 언어적 커뮤니케이션 외에 비언어적 커뮤니케이션 때문에 여러 가지 문제를 겪는 경우가 많다. 즉, 아무리 외국어를 유창하게 하는 사람이라고 하더라도 문화적 배경을 잘 모르면 언어에 내포된 의미를 잘못 해석하거나 수용하지 않을 수도 있다. 또한, 대접을 잘 하겠다고 한 행동이 오히려 모욕감이나 당혹감을 주는 행동으로 비춰질 수도 있다. 따라서 국제사회에서 성공적인 업무 성과를 내기 위해서는 외국어활용능력을 키우는 것뿐만 아니라 상대국의 문화적 배경에 입각한 생활양식, 행동규범, 가치관 등을 사전에 이해하기 위한 노력을 지속적으로 기울여야 한다.

	㉠	㉡
①	비공식적 커뮤니케이션	공식적 커뮤니케이션
②	다문화 커뮤니케이션	국제 커뮤니케이션
③	다문화 커뮤니케이션	공식적 커뮤니케이션
④	이문화 커뮤니케이션	국제 커뮤니케이션

55 다음 글의 밑줄 친 '마케팅 기법'에 대한 설명으로 적절한 것을 〈보기〉에서 모두 고르면?

> 기업들이 신제품을 출시하면서 한정된 수량만 제작 판매하는 한정판 제품을 잇따라 내놓고 있다. 이번 기회가 아니면 더 이상 구입할 수 없다는 메시지를 끊임없이 던지며 소비자의 호기심을 자극하는 마케팅 기법이다. ○○자동차 회사는 가죽 시트와 일부 외형이 기존 제품과 다른 모델을 8,000대 한정 판매하였는데, 단기간에 매진을 기록하였다.

〈보기〉

㉠ 소비자의 충동 구매를 유발하기 쉽다.
㉡ 이윤 증대를 위한 경영 혁신의 한 사례이다.
㉢ 의도적으로 공급의 가격탄력성을 크게 하는 방법이다.
㉣ 소장 가치가 높은 상품을 대상으로 하면 더 효과적이다.

① ㉠, ㉡
② ㉠, ㉢
③ ㉡, ㉣
④ ㉠, ㉡, ㉣

56 다음은 N사에서 근무하는 L사원의 업무일지이다. L사원이 출근 후 두 번째로 해야 할 일로 가장 적절한 것은?

날짜	2025년 8월 5일 화요일
내용	[오늘 할 일] • 팀 회의 준비 – 회의실 예약 후 마이크 및 프로젝터 체크 • 외주업체로부터 판촉 행사 브로슈어 샘플 디자인 받기 • 지난 주 외근 지출결의서 총무부 제출(늦어도 퇴근 전까지) • 회사 홈페이지, 관리자 페이지 및 업무용 메일 확인(출근하자마자 확인) • 14시 브로슈어 샘플 디자인 피드백 팀 회의 [주요 행사 확인] • 8월 12일 화요일 – 8월 데이행사(오이데이) • 8월 15일 금요일 – 또 하나의 마을(충북 제천 흑선동 본동마을)

① 회의실 예약 후 마이크 및 프로젝터 체크
② 외주업체로부터 브로슈어 샘플 디자인 받기
③ 외근 관련 지출결의서 총무부 제출
④ 회사 홈페이지, 관리자 페이지 및 업무용 메일 확인

53 A지역농협에서는 적합한 인재를 채용하기 위하여 NCS 기반 능력중심 공개채용을 시행하였다. 1차 서류전형, 2차 직업기초능력평가, 3차 직무수행능력평가, 4차 면접전형을 모두 마친 면접자들의 평가점수를 '최종 합격자 선발기준'에 따라 판단하여 A ~ E 중 상위자 2명을 최종 합격자로 선정하고자 한다. 다음 중 최종 합격자들로 바르게 짝지어진 것은?

〈최종 합격자 선발기준〉

평가요소	의사소통	문제해결	조직이해	대인관계	합계
평가비중	40%	30%	20%	10%	100%

〈면접평가 결과〉

구분	A	B	C	D	E
의사소통능력	A^+	A^+	A^+	B^+	C
문제해결능력	B^+	B+5	A^+	B+5	A+5
조직이해능력	A+5	A	C^+	A^+	A
대인관계능력	C	A^+	B^+	C^+	B^++5

※ 등급별 변환 점수 : A^+=100, A=90, B^+=80, B=70, C^+=60, C=50
※ 면접관의 권한으로 등급별 점수에 +5점을 가점할 수 있음

① A, B
② B, C
③ C, D
④ D, E

54 A사원은 현재 보증금 3천만 원, 월세 50만 원을 지불하면서 B원룸에 거주하고 있다. 다음 해부터는 월세를 낮추기 위해 보증금을 증액하려고 한다. 다음 규정을 보고 A사원이 월세를 최대로 낮췄을 때의 월세와 보증금을 순서대로 바르게 나열한 것은?

〈B원룸 월 임대료 임대보증금 전환 규정〉

- 월 임대료의 56%까지 보증금으로 전환 가능
- 연 1회 가능
- 전환이율 6.72%

① 월세 22만 원, 보증금 7천만 원
② 월세 22만 원, 보증금 8천만 원
③ 월세 30만 원, 보증금 8천만 원
④ 월세 22만 원, 보증금 9천만 원

52 ○○공단에서는 사업주의 직업능력개발훈련 시행을 촉진하기 위해 훈련방법과 기업규모에 따라 지원금을 차등 지급하고 있다. 다음 자료를 토대로 원격훈련으로 직업능력개발훈련을 시행하는 X, Y, Z 세 기업과 각 기업의 원격훈련 지원금을 바르게 짝지은 것은?

〈기업규모별 지원 비율〉

구분	훈련	지원 비율
우선지원대상 기업	향상·양성훈련 등	100%
대규모 기업	향상·양성훈련	60%
	비정규직대상훈련 / 전직훈련	70%
상시근로자 1,000인 이상 대규모 기업	향상·양성훈련	50%
	비정규직대상훈련 / 전직훈련	70%

〈원격훈련 종류별 지원금〉

심사등급 \ 훈련종류	인터넷	스마트	우편
A등급	5,600원	11,000원	3,600원
B등급	3,800원	7,400원	2,800원
C등급	2,700원	5,400원	1,980원

※ 인터넷·스마트 원격훈련 : 정보통신매체를 활용하여 훈련이 시행되고 훈련생 관리 등이 웹상으로 이루어지는 훈련
※ 우편 원격훈련 : 인쇄매체로 된 훈련교재를 이용하여 훈련이 시행되고 훈련생 관리 등이 웹상으로 이루어지는 훈련
※ (원격훈련 지원금)=(원격훈련 종류별 지원금)×(훈련시간)×(훈련수료인원)×(기업규모별 지원 비율)

〈세 기업의 원격훈련 시행 내역〉

구분	기업규모	종류	내용	시간	등급	수료인원
X기업	우선지원대상 기업	스마트	향상·양성훈련	6시간	C등급	7명
Y기업	대규모 기업	인터넷	비정규직 대상훈련 / 전직훈련	3시간	B등급	4명
Z기업	상시근로자 1,000인 이상 대규모 기업	스마트	향상·양성훈련	4시간	A등급	6명

① X기업 – 201,220원
② X기업 – 226,800원
③ Y기업 – 34,780원
④ Z기업 – 98,000원

51 A과장은 월요일에 사천연수원에서 진행될 세미나에 참석해야 한다. 세미나는 월요일 낮 12시부터 시작이며, 수요일 오후 6시까지 진행된다. 갈 때는 세미나에 늦지 않게만 도착하면 되지만, 올 때는 목요일 회의 준비를 위해 최대한 일찍 서울로 올라와야 한다. 가능한 한 최소한의 비용으로 세미나 참석을 원할 때, 교통비는 얼마가 들겠는가?

〈KTX〉

구분	월요일		수요일		가격
서울 – 사천	08:00 ~ 11:00	09:00 ~ 12:00	08:00 ~ 11:00	09:00 ~ 12:00	65,200원
사천 – 서울	16:00 ~ 19:00	20:00 ~ 23:00	16:00 ~ 19:00	20:00 ~ 23:00	66,200원 (10% 할인 가능)

※ 사천역에서 사천연수원까지 택시비는 22,200원이며, 30분이 걸림(사천연수원에서 사천역까지의 비용과 시간도 동일하다)

〈비행기〉

구분	월요일		수요일		가격
서울 – 사천	08:00 ~ 09:00	09:00 ~ 10:00	08:00 ~ 09:00	09:00 ~ 10:00	105,200원
사천 – 서울	19:00 ~ 20:00	20:00 ~ 21:00	19:00 ~ 20:00	20:00 ~ 21:00	93,200원 (10% 할인 가능)

※ 사천공항에서 사천연수원까지 택시비는 21,500원이며, 30분이 걸림(사천연수원에서 사천공항까지의 비용과 시간도 동일하다)

① 168,280원　　② 178,580원

③ 192,780원　　④ 215,380원

50 직원들의 사기 증진과 친화력 도모를 위해 전 직원이 참여하는 사내 가족 체육대회를 열기로 하였다. 7월 달력과 〈조건〉을 참고할 때, 다음 중 체육대회를 열기에 가장 적절한 날은?

〈7월 달력〉

월	화	수	목	금	토	일
	1	2	3	4	5	6
7	8	9	10	11	12	13
14	15	16	17	18	19	20
21	22	23	24	25	26	27
28	29	30	31			

〈조건〉

- 7월 3일부터 7일까지는 장마 기간으로 비가 온다.
- 가족 모두가 참여해야 하므로 주말(토, 일요일) 중 하루로 정한다.
- 마케팅팀은 토요일에 격주로 출근을 한다.
- 서비스팀은 토요일에 격주로 출근을 한다.
- 사장님은 7월 11일부터 15일까지 중국으로 출장을 간다.
- 마케팅팀 M사원은 12일에 출근을 했다.
- 서비스팀 L과장은 5일에 출근을 했다.
- ○○운동장은 둘째, 넷째 주말에는 개방하지 않는다.

① 7월 6일　　② 7월 12일

③ 7월 13일　　④ 7월 20일

49 N씨는 생일을 맞아 주말에 가족과 외식을 하려고 한다. 레스토랑별 통신사 할인 혜택과 예상금액이 다음과 같을 때, N씨의 가족이 가장 저렴하게 먹을 수 있는 방법이 바르게 짝지어진 것은?(단, 원 단위 절사)

〈통신사별 멤버십 혜택〉

구분	A통신사	B통신사	C통신사
A레스토랑	10만 원 이상 결제 시 5,000원 할인	15% 할인	1,000원당 100원 할인
B레스토랑	재방문 시 8,000원 상당의 음료쿠폰 제공(당일 사용 불가)	20% 할인	10만 원 이상 결제 시 10만 원 초과금의 30% 할인
C레스토랑	1,000원당 150원 할인	5만 원 이상 결제 시 5만 원 초과금의 10% 할인	30% 할인

〈레스토랑별 예상금액〉

구분	A레스토랑	B레스토랑	C레스토랑
예상금액(원)	143,300	165,000	174,500

	레스토랑	통신사	가격
①	A레스토랑	A통신사	120,380원
②	A레스토랑	B통신사	121,800원
③	B레스토랑	C통신사	132,000원
④	C레스토랑	C통신사	122,150원

47 **신청번호가 다음과 같을 때 이에 대한 설명으로 옳지 않은 것은?**

AUA2C0B1V019WM

① 시간제약 없이 신청 가능했을 것이다.
② 총 관람인원은 세 명이었을 것이다.
③ 유아가 동행하므로 유모차는 대여했을 것이다.
④ 신청자는 평일 중 마지막 날 관람하였을 것이다.

48 **다음 신청내용을 보고 입력해야 할 신청번호로 옳은 것은?**

〈신청내용〉

9월 1일 15:30 통화내용
고객 : 10월 둘째 주 토요일 오전시간대에 신청을 원해요. 저와 제 아이 둘이서만 갈 겁니다. 아이가 6살인데 가능하겠죠? 유모차는 필요 없어요.

① SEA1C0B1V013HB
② SEA1C1B0V013HB
③ SEA1C0B0V014HB
④ SEA1C0B1V014HB

※ J베이비 페어는 사전신청을 한 고객들만 입장이 가능한데, 이를 위해 다음과 같은 신청번호를 부여한다. 이어지는 질문에 답하시오. **[47~48]**

- 사전신청기간 : 8월 1일 09:00 ~ 9월 30일 18:00(24시간 가능, 시작・마감일은 제외)
- J베이비 페어 관람기간 : 10월 1일 월요일 ~ 10월 21일 일요일
- J베이비 페어 관람시간 : 1차 10:00 ~ 13:00, 2차 14:00 ~ 17:00, 3차 17:00 ~ 20:00
  (평일은 3차 시간대에 운영하지 않음)

※ 신청자의 신청번호는 14자리로 이루어져 있음

사전신청일	관람인원	유모차	날짜	요일	시간
AA	BBBBBB	CC	DD	E	F

사전신청일	관람인원	유모차 대여 유무 및 대여 시 개수(최대 3개)
8월 전기(1 ~ 15일) : AG 8월 후기(16 ~ 31일) : AU 9월 전기(1 ~ 15일) : SE 9월 후기(16 ~ 30일) : SP	A__ C__ B__ : __에 다음에 해당하는 인원수 기입 A__ : 만 19세 이상 C__ : 만 4 ~ 18세 B__ : 만 3세 이하 예 성인 2명, 유아 1명 입장 시 → A2C0B1 * 반드시 성인 1명 이상 동행해야 신청 가능	V0 : 미대여 V1 : 1대 대여 V2 : 2대 대여 V3 : 3대 대여

관람일		
날짜	요일	시간
10월 1일 : 01 10월 2일 : 02 10월 3일 : 03 … 10월 20일 : 20 10월 21일 : 21	평일 : W 주말 : H	1차 : B 2차 : M 3차 : L

46 N사에 근무하는 A대리는 국내 자율주행자동차 산업에 대한 SWOT 분석 결과에 따라 국내 자율주행자동차 산업 발달을 위한 방안을 고안하는 중이다. A대리가 SWOT 분석에 의한 경영전략에 따라 판단하였다고 할 때, 다음 〈보기〉의 설명 중 SWOT 분석에 의한 경영전략에 맞춘 판단으로 적절하지 않은 것을 모두 고르면?

〈국내 자율주행자동차 산업에 대한 SWOT 분석 결과〉

구분	분석 결과
강점(Strength)	• 민간 자율주행기술 R&D지원을 위한 대규모 예산 확보 • 국내외에서 우수한 평가를 받는 국내 자동차기업 존재
약점(Weakness)	• 국내 민간기업의 자율주행기술 투자 미비 • 기술적 안전성 확보 미비
기회(Opportunity)	• 국가의 지속적 자율주행자동차 R&D 지원법안 본회의 통과 • 완성도 있는 자율주행기술을 갖춘 외국 기업들의 등장
위협(Threat)	• 자율주행차에 대한 국민들의 심리적 거부감 • 자율주행차에 대한 국가의 과도한 규제

〈SWOT 분석에 의한 경영전략〉

- SO전략 : 기회를 이용해 강점을 활용하는 전략
- ST전략 : 강점을 활용하여 위협을 최소화하거나 극복하는 전략
- WO전략 : 기회를 활용하여 약점을 보완하는 전략
- WT전략 : 약점을 최소화하고 위협을 회피하는 전략

〈보기〉

㉠ 자율주행기술 수준이 우수한 외국 기업과의 기술이전협약을 통해 국내 우수 자동차기업들의 자율주행기술 연구 및 상용화 수준을 향상시키려는 전략은 SO전략에 해당한다.
㉡ 민간의 자율주행기술 R&D를 적극 지원하여 자율주행기술의 안전성을 높이려는 전략은 ST전략에 해당한다.
㉢ 자율주행자동차 R&D를 지원하는 법률을 토대로 국내 기업의 기술개발을 적극 지원하여 안전성을 확보하려는 전략은 WO전략에 해당한다.
㉣ 자율주행기술개발에 대한 국내 기업의 투자가 부족하므로 국가기관이 주도하여 기술개발을 추진하는 전략은 WT전략에 해당한다.

① ㉠, ㉡　　② ㉠, ㉢
③ ㉡, ㉢　　④ ㉡, ㉣

44 **N사는 직원이 출근할 때 카드를 사용하거나 비밀번호를 입력해야 한다. 비밀번호는 네 자리 숫자이며 다음 〈조건〉이 항상 참일 때 이를 이해한 내용으로 옳지 않은 것은?**

〈조건〉

- 비밀번호를 구성하고 있는 각 숫자는 소수가 아니다.
- 6과 8 중에서 단 하나만이 비밀번호에 들어간다.
- 비밀번호는 짝수로 시작한다.
- 비밀번호의 각 숫자는 큰 수부터 차례로 나열되어 있다.
- 같은 숫자는 두 번 이상 들어가지 않는다.

① 비밀번호는 짝수이다.

② 비밀번호의 앞에서 두 번째 숫자는 4이다.

③ 단서를 모두 만족하는 비밀번호는 모두 세 개이다.

④ 비밀번호는 1을 포함하지만 9는 포함하지 않는다.

45 **N사에 근무 중인 A～D사원 4명 중 1명이 주임으로 승진하였다. 다음 대화에서 A～D 중 1명만 진실을 말하고 있을 때, 주임으로 승진한 사람은?**

- A : B가 주임으로 승진하였어.
- B : A가 주임으로 승진하였어.
- C : D의 말은 참이야.
- D : C와 B 중 1명 이상이 주임으로 승진하였어.

① A사원 ② B사원

③ C사원 ④ D사원

42 제시된 명제가 모두 참일 때, 다음 중 반드시 참인 것은?

> • 영희, 상욱, 수현이는 영어, 수학, 국어 시험을 보았다.
> • 영희는 영어 2등, 수학 2등, 국어 2등을 하였다.
> • 상욱이는 영어 1등, 수학 3등, 국어 1등을 하였다.
> • 수현이는 수학만 1등을 하였다.
> • 전체 평균 점수 1등을 한 사람은 영희이다.

① 총점이 가장 높은 것은 영희이다.
② 수현이의 수학 점수는 상욱이의 영어 점수보다 높다.
③ 상욱이의 영어 점수는 영희의 수학 점수보다 높다.
④ 영어와 수학 점수만을 봤을 때, 상욱이가 1등일 것이다.

43 제시된 명제가 모두 참일 때, 빈칸에 들어갈 내용으로 가장 적절한 것은?

> • 아침에 운동을 했다면 건강한 하루를 시작한 것이다.
> • ________________________________
> • 건강한 하루를 시작하지 않으면 일찍 일어나지 않은 것이다.

① 일찍 일어나면 아침에 운동을 한다.
② 아침에 운동을 하면 일찍 일어난 것이다.
③ 건강한 하루를 시작하면 일찍 일어난 것이다.
④ 일찍 일어나면 건강한 하루를 시작한 것이다.

41 다음은 농산물 도매시장의 품목별 조사단위당 가격에 대한 자료이다. 이를 나타낸 그래프로 옳지 않은 것은?

〈품목별 조사단위당 가격〉

(단위 : kg, 원)

구분	품목	조사단위	조사단위당 가격		
			금일	전일	전년 평균
곡물	쌀	20	52,500	52,500	47,500
	찹쌀	60	180,000	180,000	250,000
	검정쌀	30	120,000	120,000	106,500
	콩	60	624,000	624,000	660,000
	참깨	30	129,000	129,000	127,500
채소	오이	10	23,600	24,400	20,800
	부추	10	68,100	65,500	41,900
	토마토	10	34,100	33,100	20,800
	배추	10	9,500	9,200	6,200
	무	15	8,500	8,500	6,500
	고추	10	43,300	44,800	31,300

① 쌀, 찹쌀, 검정쌀의 조사단위당 가격

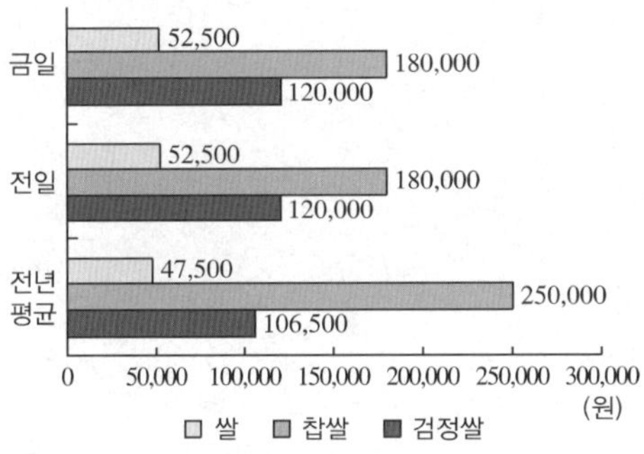

② 채소의 조사단위당 전일가격 대비 금일가격 등락액

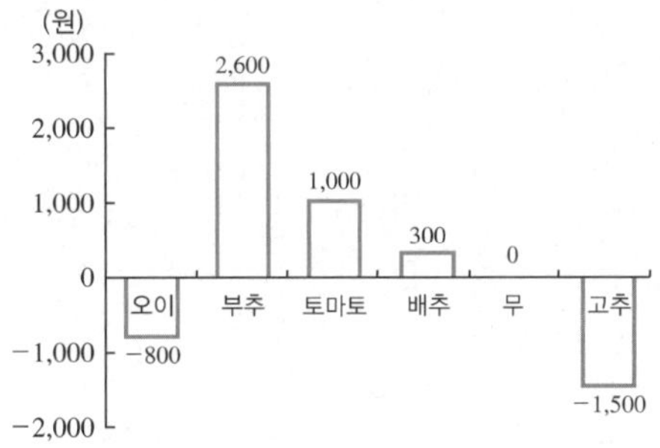

③ 채소 1kg당 금일가격

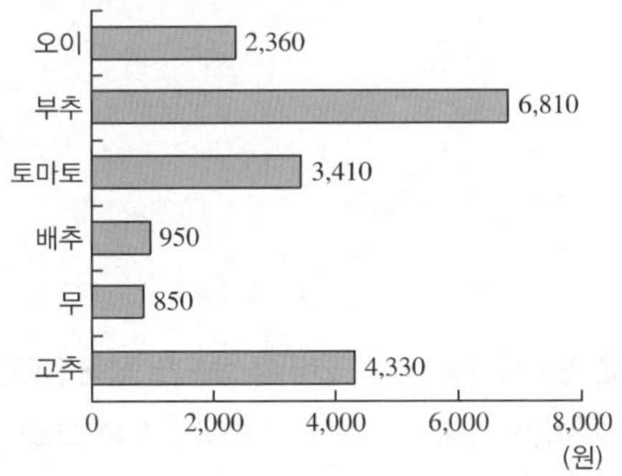

④ 곡물 1kg당 금일가격

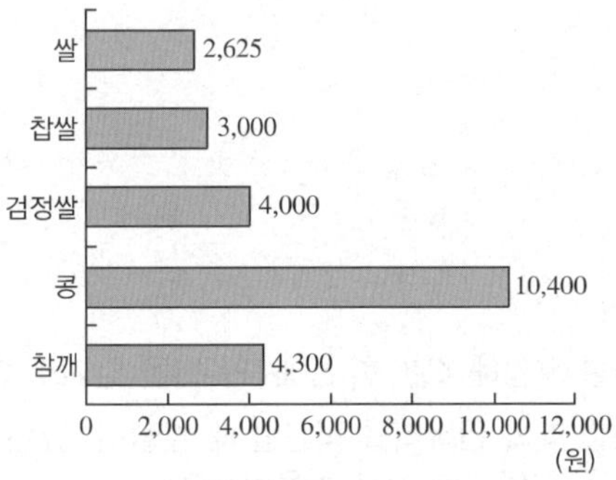

39 다음은 N은행의 고객 신용등급 변화 확률에 관한 자료이다. 〈보기〉 중 이에 대한 설명으로 옳은 것을 모두 고르면?

〈고객 신용등급 변화 확률〉

구분		(t+1)년			
		A	B	C	D
t년	A	0.7	0.2	0.08	0.02
	B	0.14	0.65	0.16	0.05
	C	0.05	0.15	0.55	0.25

- 고객 신용등급은 매년 1월 1일 0시에 연 1회 산정되며, A등급이 가장 높고 B, C, D등급 순임
- 한 번 D등급이 되면 고객 신용등급은 5년 동안 D등급을 유지함
- 고객 신용등급 변화 확률은 매년 동일함

〈보기〉

㉠ 2023년에 B등급이었던 고객이 2025년까지 D등급이 될 확률은 0.08 이상이다.
㉡ 2023년에 C등급이었던 고객의 신용등급이 2026년에 변화할 수 있는 경우의 수는 모두 31가지이다.
㉢ B등급 고객의 신용등급이 1년 뒤에 하락할 확률은 C등급 고객의 신용등급이 1년 뒤에 상승할 확률보다 낮다.

① ㉠ ② ㉡
③ ㉠, ㉡ ④ ㉡, ㉢

40 이자를 포함해 4년 후 2,000만 원을 갚기로 하고 돈을 빌리고자 한다. 연이율 8%가 적용된다면 단리를 적용할 때와 연복리를 적용할 때 빌릴 수 있는 금액의 차이는 얼마인가?(단, $1.08^4=1.36$으로 계산하고, 금액은 천의 자리에서 반올림한다)

① 43만 원 ② 44만 원
③ 45만 원 ④ 46만 원

38 다음은 N공제회의 회원기금원금, 회원 수 및 1인당 평균 계좌 수, 자산 현황에 대한 자료이다. 이에 대해 옳지 않은 판단을 한 사람을 〈보기〉에서 모두 고르면?(단, 모든 자료는 연말 기준으로 한다)

〈공제회 회원기금원금〉

(단위 : 억 원)

원금구분 \ 연도	2019년	2020년	2021년	2022년	2023년	2024년
회원급여저축원금	19,361	21,622	21,932	22,030	23,933	26,081
목돈수탁원금	7,761	7,844	6,270	6,157	10,068	12,639
합계	27,122	29,466	28,202	28,187	34,001	38,720

〈공제회 회원 수 및 1인당 평균 계좌 수(연말 기준)〉

(단위 : 명, 개)

구분 \ 연도	2019년	2020년	2021년	2022년	2023년	2024년
회원 수	166,346	169,745	162,425	159,398	162,727	164,751
1인당 평균 계좌 수	65.19	64.27	58.02	61.15	67.12	70.93

〈2024년 공제회 자산 현황(연말 기준)〉

(단위 : 억 원, %)

구분	금액(비중)
회원급여 저축 총액	37,952(46.8)
차입금	17,976(22.1)
보조금 등	7,295(9.0)
안정기금	5,281(6.5)
목돈수탁원금	12,639(15.6)
합계	81,143(100.0)

• (회원급여 저축 총액)=(회원급여 저축 원금)+(누적 이자 총액)

〈보기〉

선미 : 공제회의 회원 수가 가장 적은 해에 목돈수탁원금도 가장 적다.
예승 : 회원기금원금은 매년 증가하였다.
송해 : 1인당 평균 계좌 수가 가장 많은 해에 회원기금원금도 가장 많다.
세현 : 2024년 공제회 자산의 비중 중 목돈수탁원금은 2위를 차지하고 있다.

① 선미, 예승
② 선미, 송해
③ 예승, 송해
④ 예승, 세현

37 e-스포츠 게임 리그에 참가 중인 S팀과 P팀이 다음 〈조건〉에 따라 경기를 한다. 이에 대한 〈보기〉의 설명 중 옳은 것을 모두 고르면?

〈조건〉

- 게임은 일대일 대결로 총 3라운드로 진행되며, 한 명의 선수는 하나의 라운드에만 출전할 수 있다.
- 신생팀인 P팀은 선수층이 얇은 관계로 1라운드에 임선수를, 2라운드에 홍선수를, 3라운드에 박선수를 출전시킨다.
- S팀은 라운드별로 이길 수 있는 확률이 0.6 이상이 되도록 7명의 선수(A ~ G) 중 3명을 선발한다.
- A ~ G의 7명의 선수가 임선수, 홍선수, 박선수에 대하여 이길 수 있는 확률은 다음과 같다.

〈확률표〉

S팀 \ P팀	임선수	홍선수	박선수
A선수	0.42	0.67	0.31
B선수	0.35	0.82	0.49
C선수	0.81	0.72	0.15
D선수	0.13	0.19	0.76
E선수	0.66	0.51	0.59
F선수	0.54	0.28	0.99
G선수	0.59	0.11	0.64

〈보기〉

㉠ 1라운드 때 임선수와 경기할 S팀의 선수를 C선수로 정한다면, S팀이 선발할 수 있는 출전 선수의 조합은 6가지이다.

㉡ 2라운드 때 홍선수와 경기할 S팀의 선수를 A선수로 정한다면, S팀이 선발할 수 있는 출전 선수의 조합은 3가지이다.

㉢ S팀이 선발할 수 있는 출전 선수 조합은 총 15가지이다.

① ㉠, ㉡
② ㉠, ㉢
③ ㉡, ㉢
④ ㉠, ㉡, ㉢

36 다음은 N국 6개 수종의 기건비중 및 강도에 대한 자료이다. 〈조건〉에 따라 A와 C에 해당하는 수종을 바르게 연결한 것은?

〈6개 수종의 기건비중 및 강도〉

구분	기건비중 (ton/m^3)	강도(N/mm^2)			
		압축강도	인장강도	휨강도	전단강도
A	0.53	48	52	88	10
B	0.89	64	125	118	12
C	0.61	63	69	82	9
삼나무	0.37	41	45	72	7
D	0.31	24	21	39	6
E	0.43	51	59	80	7

〈조건〉

- 전단강도 대비 압축강도 비가 큰 상위 2개 수종은 낙엽송과 전나무이다.
- 휨강도와 압축강도 차가 큰 상위 2개 수종은 소나무와 참나무이다.
- 참나무의 기건비중은 오동나무 기건비중의 2.5배 이상이다.
- 인장강도와 압축강도의 차가 두 번째로 큰 수종은 전나무이다.

	A	C
①	소나무	낙엽송
②	소나무	전나무
③	오동나무	낙엽송
④	참나무	소나무

35 다음은 세라믹산업 부문별 투자재원 조달 비중에 관한 자료이다. 이에 대한 설명으로 옳은 것은?

〈세라믹산업 부문별 투자재원 조달 비중〉

(단위 : %)

부문	세부부문	기업내부 조달	민간외부자금 조달	공공외부자금 조달
분말원료	수산화물	55.9	23.6	20.5
	산화물	55.9	32.8	11.3
	복합 산화물	89.4	–	10.6
	비산화물	100.0	–	–
	탄산염 및 기타 염	35.6	–	64.4
	기타	100.0	–	–
세라믹 1차 제품	세라믹섬유	71.1	21.7	7.2
	유리	89.4	10.1	0.5
	도자기	100.0	–	–
	생체소재 및 제품	86.7	4.0	9.3
	내화재료	88.5	–	11.5
	세라믹 코팅제	66.7	2.2	31.1
전기 전자부품	반도체, 통신 및 디스플레이 부품	97.0	1.6	1.4
	회로기판 및 세라믹 패키지	94.0	4.1	1.9
	콘덴서(캐패시터)	58.1	–	41.9
	저항기	79.9	9.1	11.0
	세라믹센서 및 액추에이터	76.3	18.8	4.9
	전지용 부품	62.5	33.6	3.9
	자성부품	95.0	3.7	1.3
	광학	100.0	–	–
	기타	100.0	–	–
전체		94.2	3.7	2.1

① 세부부문 중 모든 투자재원이 기업내부에서 조달되는 항목은 총 4개이다.

② 저항기 부문의 공공외부자금 조달비중 대비 민간외부자금 조달 비중은 70% 이상이다.

③ 민간외부자금 조달 비중이 세라믹산업 전체보다 높은 세부부문 항목은 총 8개이다.

④ 세라믹 1차 제품 부문 중 기업내부 조달 비중이 가장 작은 세부부문은 공공외부자금 조달 비중도 가장 작다.

34 다음은 인터넷 이용 동향에 대한 자료이다. 이를 올바르게 이해한 사람을 〈보기〉에서 모두 고르면?

〈성별 인터넷 이용 동향〉

(단위 : 명)

구분	자주 이용	가끔 이용	이용하지 않음	합계
남성	113	145	92	350
여성	99	175	76	350
합계	212	320	168	700

〈연령에 따른 인터넷 이용 동향〉

(단위 : 명)

구분	자주 이용	가끔 이용	이용하지 않음	합계
30세 미만	135	159	56	350
30세 이상	77	161	112	350
합계	212	320	168	700

〈보기〉

- 정수 : 인터넷을 자주 이용하는 사람은 30세 이상의 남성층이 30세 미만의 남성층보다 약간 많다.
- 영희 : 인터넷을 이용하는 사람은 남성보다 여성이 더 많다.
- 현호 : 인터넷을 이용하지 않는 사람은 30세 이상이 30세 미만보다 더 많다.

① 정수, 영희
② 정수, 현호
③ 영희, 현호
④ 정수, 영희, 현호

33 다음은 국가별 4차 산업혁명 기반산업 R&D 투자 현황에 대한 자료이다. 이에 대한 설명으로 옳지 않은 것을 〈보기〉에서 모두 고르면?

〈국가별 4차 산업혁명 기반산업 R&D 투자 현황〉

(단위 : 억 달러)

구분	서비스				제조					
	IT서비스		통신 서비스		전자		기계장비		바이오 · 의료	
	투자액	상대수준	투자액	상대수준	투자액	상대수준	투자액	상대수준	투자액	상대수준
한국	3.4	1.7	4.9	13.1	301.6	43.1	32.4	25.9	16.4	2.3
미국	200.5	100.0	37.6	100.0	669.8	100.0	121.3	96.6	708.4	100.0
일본	30.0	14.9	37.1	98.8	237.1	33.9	125.2	100.0	166.9	23.6
독일	36.8	18.4	5.0	13.2	82.2	11.7	73.7	58.9	70.7	10.0
프랑스	22.3	11.1	10.4	27.6	43.2	6.2	12.8	10.2	14.2	2.0

※ 투자액은 기반산업별 R&D 투자액의 합계임

※ 상대수준은 최대 투자국의 R&D 투자액을 100으로 두었을 때의 상대적 비율임

〈보기〉

㉠ 한국의 IT서비스 부문 투자액은 미국 대비 1.7%이다.

㉡ 미국은 모든 산업의 상대수준이다.

㉢ 한국의 전자 부문 투자액은 전자 외 부문 투자액을 모두 합한 금액의 6배 이상이다.

㉣ 일본과 프랑스의 부문별 투자액 순서는 동일하지 않다.

① ㉠, ㉡　　② ㉡, ㉢

③ ㉠, ㉢　　④ ㉡, ㉣

32 다음은 N공장에서 근무하는 근로자들의 임금수준 분포에 대한 자료이다. 근로자 전체에게 지급된 임금(월 급여)의 총액이 2억 원일 때, 〈보기〉 중 옳은 것을 모두 고르면?

〈공장 근로자의 임금수준 분포〉

임금수준(만 원)	근로자 수(명)
월 300 이상	4
월 270 이상 300 미만	8
월 240 이상 270 미만	12
월 210 이상 240 미만	26
월 180 이상 210 미만	30
월 150 이상 180 미만	6
월 150 미만	4
합계	90

〈보기〉

㉠ 근로자당 평균 월 급여액은 230만 원 이하이다.
㉡ 절반 이상의 근로자들이 월 210만 원 이상의 급여를 받고 있다.
㉢ 월 180만 원 미만의 급여를 받는 근로자의 비율은 약 14%이다.
㉣ 적어도 15명 이상의 근로자가 월 250만 원 이상의 급여를 받고 있다.

① ㉠
② ㉠, ㉡
③ ㉠, ㉡, ㉣
④ ㉡, ㉢, ㉣

31 다음은 대형마트 이용자를 대상으로 조사한 소비자 만족도에 대한 자료이다. 이를 이해한 내용으로 옳은 것은?

〈대형마트 업체별 소비자 만족도〉

(단위 : 점 / 5점 만점)

구분	종합 만족도	서비스 품질					서비스 쇼핑 체험
		쇼핑 체험 편리성	상품 경쟁력	매장환경 / 시설	고객접점 직원	고객관리	
A마트	3.72	3.97	3.83	3.94	3.70	3.64	3.48
B마트	3.53	3.84	3.54	3.72	3.57	3.58	3.37
C마트	3.64	3.96	3.73	3.87	3.63	3.66	3.45
D마트	3.56	3.77	3.75	3.44	3.61	3.42	3.33

〈대형마트 인터넷 / 모바일쇼핑 소비자 만족도〉

(단위 : 점 / 5점 만점)

구분	이용률	A마트	B마트	C마트	D마트
인터넷쇼핑	65.4%	3.88	3.80	3.88	3.64
모바일쇼핑	34.6%	3.95	3.83	3.91	3.69

① 종합만족도는 5점 만점에 평균 3.61점이며, 업체별로는 A마트가 가장 높고, C마트, B마트 순으로 나타났다.

② 인터넷쇼핑과 모바일쇼핑의 소비자 만족도가 가장 큰 차이를 보이는 곳은 D마트이다.

③ 서비스 품질 부문에 있어 대형마트는 평균적으로 쇼핑 체험 편리성에 대한 만족도가 상대적으로 가장 높게 평가되었으며, 반대로 고객접점직원 서비스가 가장 낮게 평가되었다.

④ 대형마트를 이용하면서 느낀 감정이나 기분을 반영한 서비스 쇼핑 체험 부문의 만족도는 평균 3.41점 정도로 서비스 품질 부문들보다 낮았다.

30 무역회사에 재직하는 A씨는 계약을 위해 홍콩에 방문하고자 한다. A씨는 소지하고 있는 여러 나라의 화폐를 모아 홍콩달러로 환전하고자 한다. 다음은 A씨가 은행에서 상담받은 내용과 당시 환율 상황에 대한 자료이다. A씨가 받을 수 있는 금액은?(단, 환전에 따른 기타 수수료는 발생하지 않는 것으로 한다)

〈은행 상담 내용〉

A씨 : 제가 가지고 있는 외화들을 환전해서 홍콩달러로 받고 싶은데요. 절차가 어떻게 되나요?

행원 : 외화를 다른 외화로 환전하실 경우에는 먼저 외화를 원화로 환전한 뒤, 다시 원하시는 나라의 외화로 환전해야 합니다. 그렇게 진행할까요?

A씨 : 네. 그렇게 해주세요. 제가 가지고 있는 외화는 미화 $1,000, 유로화 €500, 위안화 ¥10,000, 엔화 ¥5,000입니다. 홍콩달러로 얼마나 될까요?

〈환율전광판〉

(단위 : 원)

통화명	매매기준율	현찰		송금	
		살 때	팔 때	보낼 때	받을 때
미국 USD	1,211.60	1,232.80	1,190.40	1,223.40	1,199.80
유럽연합 EUR	1,326.52	1,356.91	1,300.13	1,339.78	1,313.26
중국 CNY	185.15	198.11	175.90	187.00	183.30
홍콩 HKD	155.97	159.07	152.87	157.52	154.42
일본 JPY 100	1,065.28	1,083.92	1,046.64	1,075.71	1,054.85

※ 환전 시 소수점 단위 금액은 절사함

① HK$ 20,184
② HK$ 21,157
③ HK$ 22,957
④ HK$ 23,888

28 다음 〈보기〉 중 N적금에 대한 설명으로 옳은 것을 모두 고르면?

〈보기〉

㉠ 해당 적금은 비대면 채널을 통하여 판매되고 있다.
㉡ 은행에 신고하는 경우 해당 상품에 대해 질권설정이 가능하다.
㉢ 타행의 연금에 가입한 경우에도 만기 전전월 말 이전의 가입 기간 중 2개월 이상 연금이 당행 계좌로 입금된다면 우대금리를 적용받을 수 있다.
㉣ 중도에 해지하더라도 요건을 충족하는 항목에 대하여는 우대금리를 적용받을 수 있다.

① ㉠, ㉡
② ㉠, ㉢
③ ㉡, ㉢
④ ㉢, ㉣

29 최과장은 N적금에 가입하였다. 최과장에 대한 정보가 다음과 같을 때, 최과장이 만기에 수령할 원리금을 구하면?(단, 이자 소득에 대한 세금은 고려하지 않는다)

〈정보〉

- 최과장은 만 41세로, 2024년 7월부터 자신의 명의로 N은행의 적금 상품 중 하나에 가입하고자 하였다.
- 최과장은 2024년 8월 1일에 스마트뱅킹을 통하여 N은행의 N적금에 가입하였다.
- 최과장은 가입기간 동안 매월 1일마다 20만 원을 적립한다.
- 최과장은 2024년 1월부터 급여를 N은행 입출금계좌를 통하여 지급받고 있었으며, 만기해지일까지 지속된다.
- 해당 적금 계좌에 대하여 질권설정을 하지 않았으며, 지급제한 사항도 해당되지 않는다.

① 2,075,000원
② 2,210,000원
③ 2,350,000원
④ 2,413,000원

※ 다음은 N은행 적금 상품 중 하나인 N적금에 대한 자료이다. 이어지는 질문에 답하시오. **[28~29]**

〈N적금〉

- 가입대상
  만 40세 이상 개인 및 개인사업자(1인 1계좌)
- 가입기간
  12개월
- 가입금액
  매월 1 ~ 30만 원(단, 초입금은 10만 원 이상)
- 기본금리
  연 0.7%, 단리식
- 우대금리
  최대 연 0.3%p

우대조건	우대금리
가입 월부터 만기 전전월 말까지 급여 또는 연금이 2개월 이상 당행 계좌로 입금 시	0.2%p
비대면 채널(인터넷 / 스마트뱅킹)에서 가입	0.1%p

  - 우대금리는 만기해지 시 적용(중도해지 시 미적용)
  - 연금 : 4대 연금(국민연금 / 공무원연금 / 사학연금 / 군인연금), N은행 연금 및 기타연금(타행에서 입금되는 기타연금은 '연금' 문구가 포함된 경우 연금으로 인정)
- 세제혜택안내
  비과세종합저축으로 가입 가능(전 금융기관 통합한도 범위 내)
- 이자지급방법
  만기일시지급식
- 가입 / 해지 안내
  - 가입 : 영업점, 인터넷 / 스마트뱅킹에서 가능
  - 해지 : 영업점, 인터넷 / 스마트뱅킹에서 가능
- 추가적립
  자유적립식 상품으로 가입금액 한도 내 추가입금 가능
- 양도 및 담보 제공
  은행의 승인을 받은 경우 양도 및 질권설정 가능
- 원금 또는 이자 지급 제한
  계좌에 질권설정 및 법적 지급 제한이 등록될 경우 원금 및 이자 지급 제한

27 다음은 N은행의 주거래우대적금에 대한 자료이다. 주거래우대적금 신규 가입 고객에 대한 정보가 〈보기〉와 같을 때, 해당 고객이 만기해지 시 받을 수 있는 이자는?

〈주거래우대적금〉

- 상품특징
  - 은행 거래실적에 따라 우대금리를 제공하는 단리식 적립 상품
- 가입기간 : 12개월 이상 36개월 이내(월 단위)
- 가입금액 : 초입금 및 매회 입금 1만 원 이상, 1인당 분기별 3백만 원 이내 자유적립
- 기본금리

가입기간	금리
12개월 이상 24개월 미만	1.25%
24개월 이상 36개월 미만	1.30%
36개월 이상	1.35%

※ 단, 만기일 이후 30일 이내에 예금을 인출하지 않으면 만기 후 금리를 적용함

- 우대금리 : 다음 우대조건을 만족하는 경우 가입일 현재 기본금리에 가산하여 만기해지 시 적용

우대조건	우대금리
가입월부터 만기 전월까지 기간 중 3개월 이상 N은행에 급여 이체 시	0.2%p
가입월부터 만기 전월까지 기간 중 N은행 더나은카드(개인 신용 · 체크) 월평균 20만 원 이상 사용	0.2%p
만기일 전월 말 기준으로 N은행의 주택청약종합저축(청약저축 포함) 또는 적립식(임의식) 펀드 1개 이상 가입 시	0.1%p
인터넷 또는 스마트뱅킹으로 본 적금에 가입 시	0.1%p

〈보기〉

- 가입자명 : 김△△
- 가입기간 : 24개월
- 희망 가입금액 : 월 20만 원
- 3개월 전부터 별도의 급여통장 당행 계좌 이용 중
- 스마트뱅킹으로 적금 가입

① 74,000원　　② 80,000원
③ 86,000원　　④ 92,000원

23 어느 문구점에서 연필 2자루의 가격과 지우개 1개의 가격을 더하면 공책 1권의 가격과 같고, 지우개 1개의 가격과 공책 1권의 가격을 더하면 연필 5자루의 가격과 같다. 이 문구점에서 연필 10자루의 가격과 공책 4권의 가격을 더하면 지우개 몇 개의 가격과 같은가?(단, 이 문구점에서 동일한 종류의 문구 가격은 같은 것으로 한다)

① 15개 ② 16개
③ 17개 ④ 18개

24 B대리의 집에서 회사까지의 거리는 8km이다. B대리는 집을 출발하여 처음에는 3km/h로 걷다가 어느 지점에서부터 6km/h로 달려서 1시간 30분 이내에 회사에 도착하였다. B대리는 집에서 최대 몇 km 지점까지 3km/h로 걸어갔는가?

① 0.5km ② 1.5km
③ 2km ④ 1km

25 피자 가게에서 부가세를 정가의 15%로 잘못 알아 피자 가격을 부가세 포함 18,400원으로 책정하였다. 부가세를 정가의 10%로 계산하여 부가세를 포함한 피자 가격을 다시 책정한다면 얼마인가?

① 16,800원 ② 17,600원
③ 18,000원 ④ 18,400원

26 같은 회사에 다니는 A사원과 B사원이 건물 맨 꼭대기 층인 10층에서 엘리베이터를 함께 타고 내려갔다. 두 사원이 서로 다른 층에 내릴 확률은?(단, 두 사원 모두 지하에서는 내리지 않는다)

① $\frac{5}{27}$ ② $\frac{8}{27}$
③ $\frac{2}{3}$ ④ $\frac{8}{9}$

20

23　46　44　88　(　)　172　170

① 84　② 86
③ 88　④ 90

21

A　ㄴ　3　(　)　E　ㅂ　7　八

① 4　② D
③ ㄹ　④ 四

22

a　2　c　5　h　13　(　)　34

① k　② n
③ q　④ u

※ 다음 식을 계산한 값을 구하시오. [16~17]

16

$$48\div 4+2^3-3^2+16$$

① 26 ② 27
③ 28 ④ 29

17

$$(4,261-3,954)\times 231$$

① 70,617 ② 70,717
③ 70,817 ④ 70,917

※ 일정한 규칙에 따라 수나 문자를 나열할 때, 빈칸에 들어갈 알맞은 것을 고르시오. [18~22]

18

$$1\frac{4}{8}\quad (\quad)\quad 3\frac{6}{20}\quad 4\frac{7}{29}\quad 5\frac{8}{40}\quad 6\frac{9}{53}\quad 7\frac{10}{68}$$

① $2\frac{1}{13}$ ② $2\frac{3}{13}$
③ $2\frac{5}{13}$ ④ $3\frac{3}{13}$

19

2　3.99　5.97　7.94　(　)　11.85　13.79　15.72　17.64　19.55

① 9.92 ② 9.91
③ 9.9 ④ 9.89

※ 다음 글을 읽고 이어지는 질문에 답하시오. [14~15]

인지 부조화는 한 개인이 가지는 둘 이상의 사고, 태도, 신념, 의견 등이 서로 일치하지 않거나 상반될 때 생겨나는 심리적인 긴장 상태를 의미한다. 인지 부조화는 불편함을 유발하기 때문에 사람들은 이것을 감소시키려고 한다. 인지 부조화를 감소시키는 방법은 서로 모순 관계에 있어서 양립할 수 없는 인지들 가운데 하나 이상의 인지가 갖는 내용을 바꾸어 양립할 수 있게 만들거나, 서로 모순되는 인지들 간의 차이를 좁힐 수 있는 새로운 인지를 추가하여 부조화된 인지 상태를 조화된 상태로 전환하는 것이다.
그런데 실제로 부조화를 감소시키는 행동은 비합리적인 면이 있다. 그러한 행동들이 사람들로 하여금 중요한 사실을 배우지 못하게 하고 자신들의 문제에 대해서 실제적인 해결책을 찾지 못하게 만들 수 있기 때문이다. 부조화를 감소시키려는 행동은 자기방어적인 행동이고, 부조화를 감소시킴으로써 우리는 자신의 긍정적인 이미지, 즉 자신이 선하고 현명하며 상당히 가치 있는 인물이라는 긍정적인 측면의 이미지를 유지하게 된다. 비록 자기방어적인 행동이 유용한 것으로 생각될 수 있지만, 이러한 행동은 부정적인 결과를 초래할 수 있다.
한 실험에서 연구자는 인종차별 문제에 대해서 확고한 입장을 보이는 사람들을 선정하였다. 일부는 차별에 찬성하였고, 다른 일부는 차별에 반대하였다. 선정된 사람들에게 인종차별에 대한 찬성과 반대 의견이 실린 글을 모두 읽게 하였는데, 어떤 글은 지극히 논리적이고 그럴듯하였고, 다른 글은 터무니없고 억지스러운 것이었다. 실험에서는 참여자들이 과연 어느 글을 기억할 것인지에 관심이 있었다. 인지 부조화 이론에 따르면, 사람들은 현명한 사람을 자기편, 우매한 사람을 다른 편이라 생각할 때 마음이 편안해질 것이다. 그렇다면 이 실험에서 인지 부조화 이론은 다음과 같은 ㉠ <u>결과</u>를 예측할 것이다.

14 윗글의 내용으로 가장 적절한 것은?

① 사람들은 인지 부조화가 일어날 경우 이것을 무시하고 방치하려는 경향이 있다.
② 부조화를 감소시키는 행동은 합리적인 면과 비합리적인 면이 함께 나타난다.
③ 부조화를 감소시키는 행동의 비합리적인 면 때문에 문제에 대한 본질적인 해결책을 찾지 못할 수 있다.
④ 부조화의 감소는 사람들로 하여금 자신의 긍정적인 이미지를 유지할 수 있게 하고, 부정적인 이미지를 감소시킨다.

15 윗글의 밑줄 친 ㉠에 해당하는 내용으로 가장 적절한 것은?

① 참여자들은 자신의 의견과 동일한 주장을 하는 모든 글과 자신의 의견과 반대되는 주장을 하는 모든 글을 기억한다.
② 참여자들은 자신의 의견과 동일한 주장을 하는 모든 글과 자신의 의견과 반대되는 주장을 하는 모든 글을 기억하지 못한다.
③ 참여자들은 자신의 의견과 동일한 주장을 하는 형편없는 글과 자신의 의견과 반대되는 주장을 하는 형편없는 글을 기억한다.
④ 참여자들은 자신의 의견과 동일한 주장을 하는 논리적인 글과 자신의 의견과 반대되는 주장을 하는 형편없는 글을 기억한다.

13 다음 글을 읽고 추론한 내용으로 가장 적절한 것은?

> 휴대전화를 새것으로 바꾸기 위해 대리점에 간 소비자가 있다. 대리점에 가면서 휴대전화 가격으로 30만 원을 예상했다. 그런데 마음에 드는 것을 선택하니 가격이 25만 원이라고 하였다. 소비자는 흔쾌히 구입을 결정했다. 뜻밖의 이익이 생겼음에 기뻐할지도 모른다. 처음 예상했던 휴대전화의 가격과 실제 지불한 액의 차이, 즉 5만 원의 이익을 얻었다고 보는 것이다. 경제학에서는 이것을 '소비자 잉여(消費者剩餘)'라고 부른다. 어떤 상품에 대해 소비자가 최대한 지불해도 좋다고 생각하는 가격에서 실제로 지불한 가격을 뺀 차액이 소비자 잉여인 셈이다. 결국 같은 가격으로 상품을 구입하면 할수록 소비자 잉여는 커질 수밖에 없다.
> 휴대전화를 구입하고 나니, 대리점 직원은 휴대전화의 요금제를 바꾸라고 권유했다. 현재 이용하고 있는 휴대전화 서비스보다 기본 요금이 조금 더 비싼 대신 분당 이용료가 싼 요금제로 바꾸는 것이 더 이익이라는 설명도 덧붙였다. 소비자는 지금까지 휴대전화의 요금이 기본 요금과 분당 이용료로 나누어져 있는 것을 당연하게 생각해 왔다. 그런데 곰곰이 생각해 보니, 이건 정말 특이한 가격 체계였다. 다른 제품이나 서비스는 보통 한 번만 값을 지불하면 되는데, 왜 휴대전화 요금은 기본 요금과 분당 이용료의 이원 체제로 이루어져 있는 것일까?
> 휴대전화 회사는 기본 요금과 분당 이용료의 이원 체제 전략, 즉 '이부가격제(二部價格制)'를 채택하고 있다. 이부가격제는 소비자가 어떤 상품을 사려고 할 때, 우선적으로 그 권리에 상응하는 가치를 값으로 지불하고, 실제 상품을 구입할 때 그 사용량에 비례하여 또 값을 지불해야 하는 체제를 말한다. 이부가격제를 적용하면 휴대전화 회사는 소비자의 통화량과 관계없이 기본 이윤을 확보할 수 있다.
> 이부가격제를 적용하는 또 다른 예로 놀이 공원을 들 수 있다. 이전에는 놀이 공원에 갈 때 저렴한 입장료를 지불했고, 놀이 기구를 이용할 때마다 표를 구입했다. 그렇기 때문에 놀이 기구를 골라서 이용하여 사용료를 절약할 수 있었고, 구경만 하고 사용료를 지불하지 않는 것도 가능했다. 그러나 요즘의 놀이 공원은 입장료를 이전보다 엄청나게 비싸게 하고 놀이기구의 사용료를 상대적으로 낮게 했다. 게다가 '빅3'니 '빅5'니 하는 묶음표를 만들어 놀이 기구 이용자로 하여금 가격의 부담이 적은 것처럼 느끼게 만들었다. 결국 놀이 공원의 가격 전략은 사용료를 낮추고 입장료를 높게 받는 이부가격제로 굳어지고 있는 것이다.
> 여기서 놀이 공원의 입장료는 상품을 살 수 있는 권리를 얻기 위해 지불해야 하는 금액에 해당한다. 그리고 입장료를 내고 들어간 사람들이 놀이 기구를 이용할 때마다 내는 요금은 상품의 가격에 해당하는 부분이다. 우리가 모르는 가운데 기업의 이윤 극대화를 위한 모색은 계속되고 있다.

① 놀이 공원의 '빅3'나 '빅5' 등의 묶음표는 이용자를 위한 가격제이다.
② 이부가격제는 이윤 극대화를 위해 기업이 채택할 수 있는 가격 제도이다.
③ 소비자 잉여의 크기는 구입한 상품에 대한 소비자의 만족감과 반비례한다.
④ 휴대전화 요금제는 기본 요금과 분당 이용료가 비쌀수록 소비자에게 유리하다.

12 다음 문단을 논리적 순서대로 바르게 나열한 것은?

(가) 이에 따라 오픈뱅킹시스템의 기능을 확대하고, 보안성을 강화하기 위한 정책적 노력이 필요할 것으로 판단된다. 오픈뱅킹시스템이 금융 인프라로서 지속성, 안정성, 확장성 등을 가지기 위해서는 오픈뱅킹시스템에 대한 법적 근거가 필요하다. 법제화와 함께 오픈뱅킹시스템에서 발생할 수 있는 사고에 대한 신속하고 효율적인 해결 방안에 대해 이해관계자 간의 긴밀한 협의도 필요하다. 오픈뱅킹시스템의 리스크를 경감하고, 사고 발생 시 신속하고 효율적으로 해결하는 체계를 갖춰 소비자의 신뢰를 얻는 것이 오픈뱅킹시스템, 나아가 마이데이터업을 포함하는 오픈뱅킹의 성패를 좌우할 열쇠이기 때문이다.

(나) 우리나라 정책 당국도 은행뿐만 아니라 모든 금융회사가 보유한 정보를 개방하는 오픈뱅킹을 선도해서 추진하고 있다. 먼저 은행권과 금융결제원이 공동으로 구축한 오픈뱅킹시스템이 지난해 전면 시행되었다. 은행 및 핀테크 사업자는 오픈뱅킹시스템을 이용해 은행계좌에 대한 정보 조회와 은행계좌로부터의 이체 기능을 편리하게 개발하였다. 현재 저축은행 등의 제2금융권 계좌에 대한 정보 조회와 이체 기능을 추가하는 방안이 논의 중이다.

(다) 핀테크의 발전과 함께 은행이 보유한 정보를 개방하는 오픈뱅킹 정책이 각국에서 추진되고 있다. 오픈뱅킹은 은행이 보유한 고객의 정보에 해당 고객의 동의를 받아 다른 금융회사 및 핀테크 사업자 등 제3자가 접근할 수 있도록 허용하는 정부의 정책 또는 은행의 자발적인 활동을 의미한다.

(라) 한편 올해 1월에 개정된 신용정보법이 7월에 시행됨에 따라 마이데이터 산업이 도입되었다. 마이데이터란 개인이 각종 기관과 기업에 산재하는 신용정보 등 자신의 개인정보를 확인하여 직접 관리하고 활용할 수 있는 서비스를 말한다. 향후 마이데이터 사업자는 고객의 동의를 받아 금융회사가 보유한 고객의 정보에 접근하는 오픈뱅킹업을 수행할 예정이다.

① (다) – (가) – (나) – (라)
② (다) – (나) – (가) – (라)
③ (다) – (나) – (라) – (가)
④ (다) – (라) – (가) – (나)

11 다음 글을 이해한 내용으로 가장 적절한 것은?

개인의 합리성과 사회의 합리성은 병행할 수 있을까? 이 문제와 관련하여 고전 경제학에서는 개인이 합리적으로 행동하면 사회 전체적으로도 합리적인 결과를 얻을 수 있다고 말한다. 물론 여기에서 '합리성'이란 여러 가지 가능한 대안 가운데 효용의 극대화를 추구하는 방향으로 선택을 한다는 의미의 경제적 합리성을 의미한다. 따라서 개인이 최대한 자신의 이익에 충실하면 모든 자원이 효율적으로 분배되어 사회적으로도 이익이 극대화된다는 것이 고전 경제학의 주장이다.

그러나 개인의 합리적 선택이 반드시 사회적인 합리성으로 연결되지 못한다는 주장도 만만치 않다. 이른바 '죄수의 딜레마' 이론에서는 서로 의사소통을 할 수 없도록 격리된 두 용의자가 각각의 수준에서 가장 합리적으로 내린 선택이 오히려 집합적인 결과에서는 두 사람 모두에게 비합리적인 결과를 초래할 수 있다고 설명하고 있다. 즉, 다른 사람을 고려하지 않고 자신의 이익만을 추구하는 개인적 차원의 합리성만을 강조하면, 오히려 사회 전체적으로는 비합리적인 결과를 초래할 수 있다는 것이다. 죄수의 딜레마 이론을 지지하는 쪽에서는 심각한 환경오염 등 우리 사회에 존재하는 문제의 대부분을 이 이론으로 설명한다.

일부 경제학자들은 이러한 주장에 대하여 강하게 반발한다. 그들은 죄수의 딜레마 현상이 보편적인 현상이라면, 우리 주위에서 흔히 발견할 수 있는 협동은 어떻게 설명할 수 있느냐고 반문한다. 사실 우리 주위를 돌아보면, 사람들은 의외로 약간의 손해를 감수하더라도 협동을 하는 모습을 곧잘 보여주곤 한다. 그들은 이런 행동들도 합리성을 들어 설명한다. 안면이 있는 사이에서는 오히려 상대방과 협조를 하는 행동이 장기적으로는 이익이 된다는 것을 알기 때문에 협동을 한다는 것이다. 즉, 협동도 크게 보아 개인적 차원의 합리적 선택이 집합적으로 나타난 결과로 보는 것이다.

그러나 이런 해명에도 불구하고 우리 주변에서는 각종 난개발이 도처에서 자행되고 있으며, 환경오염은 이제 전 지구적으로 만연해 있는 것이 엄연한 현실이다. 자기 집 부근에 도로나 공원이 생기기를 원하면서도 정작 그 비용은 부담하려고 하지 않는다든지, 남에게 해를 끼치는 일인 줄 뻔히 알면서도 쓰레기를 무단 투기하는 등의 행위를 서슴지 않고 한다. '합리적인 개인'이 '비합리적인 사회'를 초래하고 있는 것이다.

그렇다면 죄수의 딜레마와 같은 현상을 극복하고 사회적인 합리성을 확보할 수 있는 방안은 무엇인가? 그것은 개인적으로는 도덕심을 고취하고, 사회적으로는 의사소통 과정을 원활하게 하는 것이라고 할 수 있다. 개인들이 자신의 욕망을 적절하게 통제하고 남을 배려하는 태도를 지니면 죄수의 딜레마 같은 현상에 빠지지 않고도 개인의 합리성을 추구할 수 있을 것이다. 아울러 서로 간의 원활한 의사소통을 통해 공감의 폭을 넓히고 신뢰감을 형성하며, 적절한 의사 수렴과정을 거친다면 개인의 합리성이 보다 쉽게 사회적 합리성으로 이어지는 길이 열릴 것이다.

① 사회의 이익은 개인의 이익을 모두 합한 것이다.

② 사람들은 이기심보다 협동심이 더 강하다.

③ 사회가 기계라면 사회를 이루는 개인은 그 기계의 부속품일 수밖에 없다.

④ 사회적 합리성을 위해서는 개인의 노력만으로는 안 된다.

10 다음 글의 제목으로 가장 적절한 것은?

사전적 정의에 의하면 재즈는 20세기 초반 미국 뉴올리언스의 흑인 문화 속에서 발아한 후 미국을 대표하는 음악 스타일이자 문화가 된 음악 장르이다. 서아프리카의 흑인 민속음악이 18세기 후반과 19세기 초반의 대중적이고 가벼운 유럽의 클래식 음악과 만나서 탄생한 것이 재즈다. 그러나 이 정도의 정의로 재즈의 전모를 밝히기에는 역부족이다. 이미 재즈가 미국을 넘어 전 세계에서 즐겨 연주되고 있으며 그 기법 역시 트레이드 마크였던 스윙(Swing)에서 많이 벗어났기 때문이다.
한편 재즈 역사가들은 재즈를 음악을 넘어선 하나의 이상이라고 이야기한다. 그 이상이란 삶 속에서 우러나온 경험과 감정을 담고자 하는 인간의 열정적인 마음이다. 여기에서 영감을 얻은 재즈 작곡가나 연주자는 즉자적으로 곡을 작곡하고 연주해 왔으며, 그러한 그들의 의지가 바로 다사다난한 인생을 관통하여 재즈에 담겨 있다. 초기의 재즈가 미국 흑인들의 한과 고통을 담아낸 흔적이자 역사 그 자체인 점이 이를 증명한다. 억압된 자유를 되찾으려는 그들의 저항 의식은 아름답게 정제된 기존의 클래식 음악의 틀 안에서는 온전하게 표출될 수 없었다. 불규칙적으로 전개되는 과감한 불협화음, 줄곧 어긋나는 듯한 리듬, 정제되지 않은 멜로디, 이들의 총합으로 유발되는 긴장감과 카타르시스……. 당시 재즈 사운드는 충격 그 자체였다. 그렇지만 현 시점에서 이러한 기법과 형식을 담은 장르는 넘쳐날 정도로 많아졌고, 클래식 역시 아방가르드(Avantgarde)라는 새로운 영역을 개척한 지 오래이다. 그러므로 앞에서 언급한 스타일과 이를 가능하게 했던 이상은 더 이상 재즈만의 전유물이라 할 수 없다.
켄 번스(Ken Burns)의 영화 「재즈(Jazz)」에서 윈튼 마살리스(Wynton Marsalis)는 "재즈의 진정한 힘은 사람들이 모여서 즉흥적인 예술을 만들고 자신들의 예술적 주장을 타협해 나가는 것에서 나온다. 이러한 과정 자체가 곧 재즈라는 예술 행위이다."라고 말한다. 그렇다면 우리의 일상은 곧 재즈 연주와 견줄 수 있다. 출생과 동시에 우리는 다른 사람들과 관계를 맺으며 살아간다. 물론 자신과 타인은 호불호나 삶의 가치관이 제각각일 수밖에 없다. 따라서 자신과 타인의 차이가 옳고 그름의 차원이 아닌 '다름'이라는 것을 알아가는 것 그리고 그러한 차이를 인정하고 그 속에서 서로 이해하고 배려하려는 노력이 필요하다. 이렇듯 자신과 다른 사람과 함께 '공통의 행복'이라는 것을 만들어 간다면 우리 역시 바로 '재즈'라는 위대한 예술을 구현하고 있는 것이다.

① 재즈와 클래식의 차이
② 재즈의 기원과 본질
③ 재즈의 장르적 우월성
④ 재즈와 인생의 유사성과 차이점

07 다음 글의 밑줄 친 단어와 같은 의미로 쓰인 것은?

잡지에서 처음 보는 단어를 발견했다.

① 교차로를 건널 때에는 신호등을 잘 보고 건너야 한다.
② 소년의 사정을 보니 딱하게 되었다.
③ 그는 연극을 보는 재미로 극장에서 일한다.
④ 그녀는 아이를 봐 줄 사람을 구하였다.

08 다음 중 제시된 단어의 유의어는?

아성

① 근거　　② 유예
③ 유린　　④ 요원

09 다음 글의 주제로 가장 적절한 것은?

People often don't consider purchasing boats, renting a beach house, or taking care of pool maintenance during the winter, but that's exactly when you should be looking for good deals on these things. Providers of those items or services are often less busy at those times. So you'll get a warmer reception than you would during the busy season when there's more demand. That doesn't mean you have to plan your vacation at the beach in December. But you are more likely to have a fruitful negotiation if you begin the discussion in the off-season.

① 계절 상품의 판매 전략에 변화가 필요하다.
② 불필요한 상품 구매를 자제하는 것이 좋다.
③ 고객에 대한 서비스는 일관성이 있어야 한다.
④ 상품이나 서비스 구매는 비수기에 하는 것이 유리하다.

04 다음 중 밑줄 친 부분의 띄어쓰기가 옳지 않은 것은?

① 그는 문제를 해결하기는커녕 일을 더욱 크게 만들었다.
② 그 음식은 기다리면서까지 먹을 정도의 맛은 아니었어.
③ 오늘따라 날씨가 정말 맑군 그래.
④ 몸매를 만들기 위해서보다 건강을 지키기 위해 운동을 해야 한다.

05 다음 중 옳지 않은 단어는 몇 개인가?(단, 같은 단어는 중복해서 세지 않는다)

〈결제 규정〉

- 결제를 받으려는 업무에 대해서는 최고 결제권자(대표이사)를 포함한 이하 직책자의 결제를 받아야 한다.
- 전결이라 함은 회사의 경영활동이나 관리활동을 수행함에 있어 의사 결정이나 판단을 요하는 일에 대하여 최고 결제권자로부터 권한을 의임받아, 자신의 책임하에 최종적으로 의사 결정이나 판단을 하는 행위를 말한다.
- 전결사항에 대해서도 의임받은 자를 포함한 이하 직책자의 결제를 받아야 한다.
- 표시내용 : 결제를 올리는 자는 최고 결제권자로부터 전결사항을 의임받은 자가 있는 경우 결제란에 전결이라고 표시하고 최종 결제권자란에 의임받은 자를 표시한다. 다만, 결제가 부필요한 직책자의 결제란은 상향 대각선으로 표시한다.

① 1개 ② 2개
③ 3개 ④ 4개

06 다음 중 빈칸에 들어갈 단어의 표기가 바르게 연결된 것은?

- 성준이는 수업 시간에 ㉠ 딴생각 / 딴 생각을 많이 하는 편이다.
- 그는 내가 ㉡ 사사받은 / 사사한 교수님이다.
- 궂은 날씨로 인해 기대했던 약속이 ㉢ 파토 / 파투났다.

	㉠	㉡	㉢
①	딴생각	사사받은	파토
②	딴생각	사사한	파투
③	딴 생각	사사받은	파토
④	딴 생각	사사받은	파투

지역농협 6급 필기시험

제5회 모의고사

문항 수 : 60문항
시험시간 : 60분

01 다음 제시된 단어의 대응 관계로 볼 때 빈칸에 들어갈 단어로 알맞은 것은?

어둠 : 전구 = (　　) : 부채

① 추위
② 더위
③ 빛
④ 바람

02 다음 글의 밑줄 친 단어와 의미가 통하는 한자성어로 가장 적절한 것은?

이번 폭우로 인한 수해는 30년 된 매뉴얼에 의한 안일한 대처로 피해를 키운 인재(人災)라는 논란이 있다. 하지만 이번에도 정치권에서는 근본 대책을 세우기보다 특별재난지역을 선포하는 선에서 적당히 '미봉(彌縫)'하고 넘어갈 가능성이 크다.

① 이심전심(以心傳心)
② 괄목상대(刮目相對)
③ 임시방편(臨時方便)
④ 주도면밀(周到綿密)

03 다음 중 밑줄 친 단어의 표기가 옳은 것은?

① 가만이 앉아 눈을 감고 상상해 봐.
② 먹을만큼만 접시에 담도록 해.
③ 그는 한숨을 내쉬며 담배에 불을 붙였다.
④ 그녀가 우산을 바쳐 들고 빗속을 걸어갔다.

5권

제5회
지역농협 6급
필기시험

직무능력평가
(60문항/60분 유형)

〈문항 수 및 시험시간〉

영역	문항 수	시험시간	비고	모바일 OMR 답안채점 / 성적분석
의사소통능력 수리능력 문제해결능력 자원관리능력 조직이해능력	60문항	60분	4지선다	

59 일정이 변경되어 네덜란드 현지시각으로 10월 10일 오후 4시에 네덜란드 공항에서 연수담당자를 만나기로 했다. 다음 중 이용할 수 있는 항공편은?(단, 다른 이동시간은 모두 무시한다)

① GE – 023
② NL – 110
③ KR – 730
④ OL – 038

60 다음 중 농업협동조합법에서 정의하는 '조합'에 해당하지 않는 것은?

① 품목별 협동조합
② 업종별 협동조합
③ 지역농업협동조합
④ 농업협동조합중앙회

※ ○○농협 △△지점 직원들은 네덜란드로 해외연수를 가려고 한다. 다음 자료와 〈조건〉을 보고 질문에 답하시오. **[57~59]**

〈이용가능 항공편 세부사항〉

항공편	출발시간(한국시각)	경유시간	소요시간	편도가격	할인행사
SP－340	10월 10일 오후 2시	－	11시간 50분	87만 원	왕복 구매 시 10% 할인
GE－023	10월 10일 오전 9시	5시간	10시간 30분	70만 원	－
NL－110	10월 10일 오후 2시 10분	－	11시간 10분	85만 원	왕복 구매 시 5% 할인
KR－730	10월 10일 오후 12시	－	12시간 55분	88만 원	－
AR－018	10월 10일 오후 1시	－	12시간 50분	90만 원	10인 이상 구매 시 총 금액에서 15% 할인
OL－038	10월 10일 오전 10시 30분	3시간	10시간 30분	80만 원	－

〈조건〉

- 해외연수를 떠나는 직원은 총 10명이다.
- 네덜란드와 한국의 시차는 8시간이며 한국이 더 빠르다.
- 왕복 항공권 가격은 편도가격의 2배와 같다.
- 소요시간에 경유시간은 포함되지 않는다.

57 다음 중 네덜란드와 한국 간 왕복 항공편을 예매할 때, 가장 저렴한 비용으로 이용할 수 있는 항공편은?

① SP－340
② GE－023
③ NL－110
④ AR－018

58 해외연수 첫째 날 네덜란드 현지시각으로 10월 10일 오후 5시에 네덜란드 농민과의 만찬이 예정되어 있다면 다음 중 어떤 항공편을 이용해야 하는가?(단, 가능한 항공편 중 경유시간이 짧은 항공편을 선택하며, 네덜란드 공항에서 만찬 장소까지 5분이 소요된다)

① SP－340
② GE－023
③ NL－110
④ KR－730

※ 다음은 ○○농협 △△지점의 3월 일정이다. 이어지는 질문에 답하시오. **[55~56]**

〈3월 일정표〉

월	화	수	목	금	토	일
			1 삼일절	2 김사원 휴가	3	4
5 △△지점 전체회의	6 최사원 휴가	7	8 정대리 휴가	9	10	11
12 최팀장 휴가	13	14 정과장 휴가	15 정과장 휴가	16 김팀장 휴가	17	18
19 유부장 휴가	20	21	22	23 임사원 휴가	24	25
26 박과장 휴가	27 최대리 휴가	28	29 한과장 휴가	30 유부장 휴가	31	

※ 소속 부서

- 총무팀 : 최사원, 김대리, 한과장, 최팀장
- 신용팀 : 임사원, 정대리, 박과장, 김팀장
- 경제팀 : 김사원, 최대리, 정과장, 유부장

※ 휴가는 공휴일과 주말을 제외하고 사용하며, 전체 일정이 있는 경우 휴가를 사용하지 않는다.

55 ○○농협 △△지점 직원들은 휴가일이 겹치지 않게 하루 이상 휴가를 쓰려고 한다. 다음 중 총무팀 김대리의 휴가일정으로 적절한 것은?

① 3월 1일
② 3월 5일
③ 3월 9～10일
④ 3월 21～22일

56 ○○농협 △△지점 직원들이 동일한 일수로 최대한 휴가를 쓴다고 할 때, 한 사람당 며칠까지 휴가를 쓸 수 있겠는가?

① 1일
② 2일
③ 3일
④ 4일

53 A지역농협 총무팀의 C주임은 새롭게 부서 비품관리를 맡게 되었다. 물적자원관리 과정에 따라 〈보기〉에서 C주임의 행동을 순서대로 바르게 나열한 것은?

〈보기〉

(A) 비품관리실 한쪽에 위치한 서랍 첫 번째 칸에 필기구와 메모지를 넣어두고 A4 용지는 습기가 없는 장소에 보관한다.
(B) 바로 사용할 비품 중 필기구와 메모지를 따로 분류한다.
(C) 기존에 있던 비품 중 사용할 사무용품과 따로 보관해둘 물품을 분리한다.

① (A) – (C) – (B)
② (B) – (C) – (A)
③ (B) – (A) – (C)
④ (C) – (B) – (A)

54 K회사에서 근무하는 김 사원은 수출계약 건으로 한국에 방문하는 바이어를 맞이하기 위해 인천공항에 가야 한다. 미국 뉴욕에서 오는 바이어는 현지시각으로 21일 오전 8시 30분에 한국행 비행기에 탑승할 예정이며, 비행시간은 17시간이다. K회사에서 인천공항까지는 1시간 30분이 걸리고, 바이어의 도착 예정시각보다는 30분 일찍 도착하여 대기하려고 할 때, 김 사원이 적어도 회사에서 출발해야 하는 시각은?(단, 뉴욕은 한국보다 13시간이 느리다)

① 21일 10시 30분
② 21일 12시 30분
③ 22일 12시
④ 22일 12시 30분

51 N사원은 신입사원 채용시험을 위한 시설을 대관하려고 한다. 채용시험 시설 선정기준과 시설별 조건을 고려하였을 때, N사원이 대관할 시설은 무엇인가?

〈채용시험 시설 선정기준〉

- 300명 이상 수용이 가능 시설
- 칠판 또는 화이트보드를 보유한 시설
- 3시간 이상 연속으로 대여 가능한 시설
- 방송시설을 보유한 시설
- 대관료가 저렴한 시설

〈시설별 조건〉

구분	수용 인원	시간당 대관료	보유 기자재	대관 가능 시간
A중학교	300명	80만 원	칠판, 방송시설	오전 10시~오후 12시
B고등학교	350명	90만 원	칠판, 방송시설	오전 9시~오후 3시
C체육관	500명	100만 원	방송시설	오전 9시~오후 6시
D호텔	280명	200만 원	×	오전 10시~오전 11시 오후 3시~오후 5시

① A중학교
② B고등학교
③ C체육관
④ D호텔

52 김대리는 장거리 출장을 가기 전 주유를 하려고 한다. 주유를 할 때, 세차도 함께 할 예정이다. A주유소와 B주유소의 주유 가격 및 세차 가격이 다음과 같을 때, A주유소에서 얼마만큼 주유하는 것이 B주유소보다 저렴한가?

구분	주유 가격	세차 가격
A주유소	1,550원/L	3천 원(5만 원 이상 주유 시 무료)
B주유소	1,500원/L	3천 원(7만 원 이상 주유 시 무료)

① 32L 이상 45L 이하
② 32L 이상 46L 이하
③ 33L 이상 45L 이하
④ 33L 이상 46L 이하

※ 다음은 ○○농협 신입사원 채용시험 결과표이다. 이어지는 질문에 답하시오. **[49~50]**

〈○○농협 신입사원 채용시험 결과표〉

(단위 : 점)

성명	필기시험			면접시험	
	의사소통능력	수리능력	자원관리능력	창의성	업무적합성
이진기	92	74	84	60	90
박지민	89	82	99	80	90
최미정	80	66	87	80	40
김남준	94	53	95	60	50
정진호	73	92	91	50	100
김석진	90	68	100	70	80
황현희	77	80	92	90	60

49 필기시험 점수 중 수리능력과 자원관리능력 점수의 합이 가장 높은 2명을 총무팀에 배치한다고 할 때, 총무팀에 배치되는 사람은 누구인가?

① 박지민, 정진호
② 김석진, 박지민
③ 이진기, 최미정
④ 황현희, 김석진

50 필기시험 총점과 면접시험 총점을 7 : 3 비율로 적용한 환산점수에서 최저점을 받은 신입사원의 채용을 보류한다고 할 때, 채용이 보류되는 사람은 누구인가?

① 이진기
② 최미정
③ 김남준
④ 정진호

※ 다음은 N공단 사업의 일환인 생활안정자금 중 혼례비에 관한 안내문이다. 이어지는 질문에 답하시오. [47~48]

㉠ 신청대상 융자 신청일 현재 소속 사업장에 3개월 이상 근로 중(다만, 일용근로자는 신청일 이전 90일 이내에 고용보험법 시행규칙 별지 7호 서식의 고용보험 근로내용 확인신고서에 따른 근로일수가 45일 이상인 경우)인 월평균 소득 246만 원(세금 공제 전) 이하 일 것. 다만, 비정규직 근로자는 소득요건을 적용하지 않음
㉡ 융자요건 : 근로자 본인 또는 자녀의 혼례에 소요되는 모든 비용
㉢ 융자한도 : 1,250만 원 범위 내
㉣ 융자조건 : 연리 2.5% / 1년 거치 3년 매월 원금균등분할상환
※ 거치기간 및 상환기간변경 불가, 조기상환 가능, 조기상환 수수료 없음
㉤ 보증방법 : 우리 공단 신용보증지원제도 이용(보증료 연 0.9% 선공제) → ' 25. 9. 1.부터 ' 26. 12. 31.까지 근로자가 부담한 신용보증료 50% 지원
※ 단, 지원기간 내 예산 소진 시 지원 중단될 수 있음
㉥ 융자 신청기한 : 결혼일 전후 90일 이내 또는 혼인신고일로부터 90일 이내

47 다음 중 생활안정자금을 받을 수 없는 사람은?

① A건설회사에 3년째 근로 중이며, 월평균소득이 230만 원인 김 씨
② 일용근로자로 6개월 이내 근로일수가 150일이며, 월평균소득이 250만 원인 박 씨
③ B회사에서 1년째 근로 중이며, 월평균소득 150만 원, 혼인신고 후 4달 뒤에 신청한 정 씨
④ D회사에서 5개월째 근로 중이며, 월평균소득 200만 원, 결혼 후 1달 뒤에 신청한 이 씨

48 강 씨는 생활안정자금 지원으로 결혼에 큰 도움을 받았다. 900만 원을 대출받았으며, 신용보증료를 50% 감면받았다고 할 때, 강 씨가 지불한 보증료는?

① 40,500원
② 41,000원
③ 41,500원
④ 42,000원

45 한 회사에서 옥상 정원을 조성하기 위해, 나무를 4줄로 심으려고 한다. 각 줄에 두 종류의 나무를 심을 때, 다음 중 반드시 참인 것은?

> • 은행나무는 가장 앞줄에 있다.
> • 소나무와 감나무는 같은 줄에 있고, 느티나무의 바로 앞줄이다.
> • 밤나무는 가장 뒷줄에 있다.
> • 플라타너스는 감나무와 벚나무의 사이에 있다.
> • 단풍나무는 소나무보다는 앞줄에 있지만, 벚나무보다는 뒤에 있다.

① 은행나무는 느티나무와 같은 줄에 있다.
② 벚나무는 첫 번째 줄에 있다.
③ 단풍나무는 플라타너스 옆에 있으며 세 번째 줄이다.
④ 플라타너스보다 뒤에 심은 나무는 없다.

46 다음은 국내 여행업계에서 선도적 위치에 있다고 평가받는 N사에 대한 SWOT 분석 자료이다. 빈칸 ㉠에 들어갈 요인으로 가장 적절한 것은?

〈SWOT 분석 결과〉

강점(Strength)	• 국내 여행업계의 전통적인 강자라는 위상 • 전국 6,000개 이상의 대리점, 850개 이상의 전문 판매점, 300여 개 이상의 전 세계 협력업체 등 강력한 네트워크
약점(Weakness)	• 아웃바운드 자유 여행(FIT) 부문은 저가 여행사들과의 치열한 마케팅 전쟁 부담
기회(Opportunity)	• 내국인이 무비자로 입국 가능한 국가의 증가 • 코로나19 종식 이후 해외 출국자 수 및 국내·해외 여행 수요 증가 추세 • ㉠
위협(Threat)	• 숙박 예약 온라인 플랫폼(OTA) 시장의 성장 • 중국·일본 및 북한 등 주변국 국가와의 정치적·경제적·군사적 갈등

① 자회사들의 수년간 누적된 적자
② 관광 분야 예산 확대 등 정부의 여행 산업 육성 정책
③ 여행사를 이용하지 않는 자유 여행(FIT) 수요 증가 경향
④ 온라인 플랫폼(OTA) 기업들의 본격적인 여행업 진출

43 다음은 김 사원이 체결한 A ~ G 7개 계약들의 체결 순서에 관한 정보이다. 다음 중 김 사원이 다섯 번째로 체결한 계약은?

> • B와의 계약은 F와의 계약에 선행한다.
> • G와의 계약은 D와의 계약보다 먼저 이루어졌는데 E, F와의 계약보다는 나중에 이루어졌다.
> • B와의 계약은 가장 먼저 맺어진 계약이 아니다.
> • D와의 계약은 A와의 계약보다 먼저 이루어졌다.
> • C와의 계약은 G와의 계약보다 나중에 이루어졌다.
> • A와 D의 계약 시간은 인접하지 않는다.

① A　② B
③ C　④ D

44 어느 호텔 라운지에 둔 화분이 투숙자 중의 1명에 의하여 깨진 사건이 발생했다. 이 호텔에는 갑, 을, 병, 정, 무 5명의 투숙자가 있었으며, 각 투숙자는 아래와 같이 진술하였다. 5명의 투숙자 중 4명은 진실을 말하고 1명이 거짓말을 하고 있다면, 거짓말을 하고 있는 사람은 누구인가?

> • 갑 : '을'은 화분을 깨뜨리지 않았다.
> • 을 : 화분을 깨뜨린 사람은 '정'이다.
> • 병 : 내가 깨뜨렸다.
> • 정 : '을'의 말은 거짓말이다.
> • 무 : 나는 깨뜨리지 않았다.

① 갑　② 을
③ 병　④ 정

41 **제시된 명제가 모두 참일 때, 반드시 참인 명제는?**

• A대학교에 다니기 위해서는 B시에 거주해야 한다. • 빨간 머리인 사람은 B시에 거주하면 안 된다. • 한나는 A대학교에 다닌다.

① 한나는 B시가 아닌 곳에 거주한다.
② A대학교에 다니는 사람 중에 한나는 없다.
③ B시에 거주하지 않으면 빨간 머리가 아니다.
④ 한나는 빨간 머리가 아니다.

42 **제시된 명제가 모두 참일 때, 빈칸에 들어갈 명제로 가장 적절한 것은?**

• 음악을 좋아하는 사람은 미술을 좋아한다. • 사회를 좋아하는 사람은 음악을 좋아한다. • ______________________________

① 음악을 좋아하는 사람은 사회를 좋아한다.
② 미술을 좋아하지 않는 사람은 사회를 좋아하지 않는다.
③ 미술을 좋아하는 사람은 사회를 좋아하지 않는다.
④ 사회를 좋아하지 않는 사람은 미술을 좋아한다.

※ 다음은 2023년 3월부터 2025년 2월까지의 계절별 교통사고 발생현황을 정리한 자료이다. 이어지는 질문에 답하시오. **[39~40]**

〈계절별 교통사고 현황〉

구분		봄 (3 ~ 5월)	여름 (6 ~ 8월)	가을 (9 ~ 11월)	겨울 (12 ~ 2월)	전체
2023년	사고건수(건)	50,694	58,140	23,256	122,910	255,000
	사망자(명)	8,850	12,440	5,922	26,555	53,767
	부상자(명)	78,220	69,920	28,200	160,410	336,750
2024년	사고건수(건)	49,929	73,491	31,416	125,664	280,500
	사망자(명)	6,854	7,120	2,870	27,887	44,731
	부상자(명)	75,558	74,299	42,110	138,883	330,850

※ 부상자 수 안에 사망자 수는 포함되지 않는다.

※ 2023년 겨울은 2023년 12월부터 2024년 2월까지, 2024년 겨울은 2024년 12월부터 2025년 2월까지의 통계를 나타낸다.

39 다음 중 자료를 보고 판단한 내용으로 옳지 않은 것은?

① 제시된 연도에서 사고건수가 많은 계절은 '겨울 – 여름 – 봄 – 가을' 순이다.

② 2023년 여름의 사고건수는 동년 가을의 2.5배이다.

③ 2023년 여름과 겨울의 사고건수 비율의 격차는 2024년 여름의 사고건수 비율보다 크다.

④ 2023년 봄부터 2024년 겨울까지 사고건수는 증가와 감소를 반복한다.

40 다음 중 자료에 대한 설명으로 옳은 것을 〈보기〉에서 모두 고르면?

〈보기〉

㉠ 2023년과 2024년의 겨울 사고건수 차이는 봄의 사고건수 차이의 3.6배이다.
㉡ 2023년 가을의 사망자 수는 부상자 수의 20% 이하이다.
㉢ 2023년과 2024년의 사망자 수는 겨울을 제외하고, 모든 계절에서 2023년이 2024년보다 많다.
㉣ 2024년 봄에서 겨울까지의 사망자 수와 부상자 수의 증감 추이는 동일하다.

① ㉠, ㉡　② ㉠, ㉢
③ ㉠, ㉣　④ ㉡, ㉢

※ 다음은 N사의 2021년부터 2024년까지 분야별 투자 금액을 나타낸 그래프로 제시된 4개 분야 외에 다른 투자는 없었다. 이어지는 질문에 답하시오. **[37~38]**

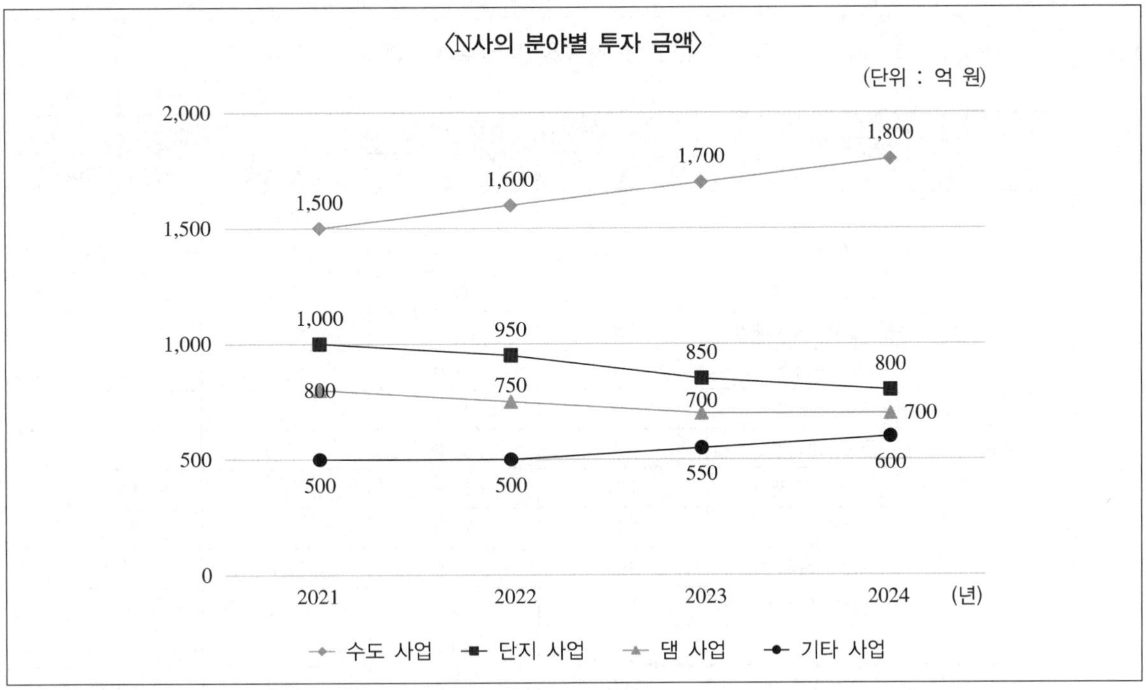

37 다음 중 위 그래프에 대한 설명으로 옳지 않은 것은?

① 수도 사업에 대한 투자 금액은 매년 증가하였다.
② 댐 사업에 대한 투자 금액이 같은 두 해가 있다.
③ 연간 총 투자 금액은 매년 조금씩이라도 상승하였다.
④ 연간 총 투자 금액의 50%를 넘는 사업은 하나도 없었다.

38 다음 지침으로 판단할 때, 2025년 단지 사업에 투자할 금액은?

2025년 연간 총 투자 금액은 2024년보다 210억 원 증액하기로 하였습니다. 다만 수도 사업과 댐 사업의 투자 금액은 동결하고, 증액한 210억 원은 단지 사업과 기타 사업의 2024년 투자 금액에 정비례해 배분하기로 하였습니다.

① 890억 원
② 900억 원
③ 910억 원
④ 920억 원

36 N공사에서는 주민번호 암호화 적용 대상 및 시기를 수립하고자 주민번호 보유율 및 암호화 의향에 대한 자료를 제작하였다. 이에 대한 설명으로 옳지 않은 것은?

〈주민번호 보유율 및 암호화 의향〉

(단위 : 개, %)

구분		주민번호 보유율		암호화 의향	
		업체 수	비율	적용 예정	적용 예정 없음
전체		2,000	69.8	40.8	59.2
업종	제조업	245	64.9	33.3	66.7
	전기 / 가스업	63	77.8	72.7	27.3
	유통 / 물류 / 도소매업	270	57.0	46.4	53.6
	숙박 / 음식업	236	61.9	26.7	73.3
	정보 / 통신업	79	48.1	33.3	66.7
	금융 / 보험업	149	86.6	25.0	75.0
	부동산 / 임대업	164	79.9	38.1	61.9
	사교육	164	71.3	38.5	61.5
	보건 / 복지	200	84.5	71.8	28.2
	협회 / 단체	119	46.2	41.7	58.3
	기타	311	80.1	35.4	64.6
규모	1 ~ 4명	946	68.4	31.3	68.7
	5 ~ 49명	657	70.6	39.6	60.4
	50 ~ 299명	274	71.2	55.4	44.6
	300명 이상	123	73.2	57.9	42.1

※ 암호화 의향 : 주민번호 비암호화 업체에 대해 향후 암호화 적용 의향을 조사한 결과

① 주민번호 보유율이 가장 낮은 업종은 '협회 / 단체'이다.

② 50인 미만의 업체 중 주민번호를 보유하고 있다고 응답한 업체는 1,000곳이 넘는다.

③ 주민번호 암호화에 대하여 가장 취약한 분야로는 '부동산 / 임대업'을 꼽을 수 있다.

④ 주민번호를 보유한 전체 업체 중 비 암호화 업체의 비중이 50%이라면, 암호화 적용을 긍정적으로 응답한 업체 수는 300곳을 넘지 않는다.

35 다음은 국제우편 접수 매출액 현황에 대한 자료이다. 이에 대한 설명으로 옳지 않은 것은?

〈국제우편 접수 매출액 현황〉

(단위 : 백만 원)

구분	2020년	2021년	2022년	2023년	2024년				
					계	1/4분기	2/4분기	3/4분기	4/4분기
국제통상	16,595	17,002	19,717	26,397	34,012	7,677	7,552	8,000	10,783
국제소포	17,397	17,629	19,794	20,239	21,124	5,125	4,551	5,283	6,165
국제특급	163,767	192,377	229,012	243,416	269,674	62,784	60,288	61,668	84,934
합계	197,759	227,008	268,523	290,052	324,810	75,586	72,391	74,951	101,882

① 2024년 4/4분기 매출액은 2024년 다른 분기에 비해 가장 많다.
② 2021년 대비 2024년 국제소포 분야의 매출액 증가율은 10% 미만이다.
③ 2020년 대비 2024년 매출액 증가율이 가장 큰 분야는 국제통상 분야이다.
④ 2023년 총매출액에서 국제통상 분야의 매출액이 차지하고 있는 비율은 10% 미만이다.

33 서울에 위치한 A회사는 거래처인 B, C회사에 소포를 보내려고 한다. 서울에 위치한 B회사에는 800g의 소포를, 인천에 위치한 C회사에는 2.4kg의 소포를 보내려고 한다. 두 회사로 보낸 소포의 총 중량이 16kg 이하이고, 택배요금의 합계가 6만 원이다. T택배회사의 요금표가 다음과 같을 때, A회사는 800g 소포와 2.4kg 소포를 각각 몇 개씩 보냈는가?(단, 소포는 각 회사로 1개 이상 보낸다)

〈택배 요금표〉

구분	~2kg	~4kg	~6kg	~8kg	~10kg
동일지역	4,000원	5,000원	6,500원	8,000원	9,500원
타지역	5,000원	6,000원	7,500원	9,000원	10,500원

	800g	2.4kg
①	12개	2개
②	12개	4개
③	9개	2개
④	9개	4개

34 N사에서는 업무효율을 높이기 위해 근무여건 개선방안에 대하여 논의하고자 한다. 귀하는 논의 자료를 위하여 전 직원의 야간근무 현황을 조사하였다. 다음 중 올바르지 않은 것은?

〈야간근무 현황(주 단위)〉

(단위 : 일, 시간)

구분	임원	부장	과장	대리	사원
평균 야간근무 빈도	1.2	2.2	2.4	1.8	1.4
평균 야간근무 시간	1.8	3.3	4.8	6.3	4.2

※ 60분의 3분의 2 이상을 채울 시 1시간으로 야간근무수당을 계산한다.

① 과장은 한 주에 평균적으로 2.4일 정도 야간근무를 한다.
② 전 직원의 주 평균 야간근무 빈도는 1.8일이다.
③ 사원은 한 주 동안 평균 4시간 12분 정도 야간근무를 하고 있다.
④ 1회 야간근무 시 평균적으로 가장 긴 시간 동안 일하는 직원은 대리이다.

31 L씨는 N금융회사의 투자자문을 받고 아래와 같은 투자자산 포트폴리오에 1백만 원을 투자하려고 한다. 우선 채권에 투자금의 40%를 투자하고, 주식은 위험이 낮은 순서대로 투자금의 30%, 20%, 10%씩 각각 투자하려고 한다. 1년 후 L씨가 얻을 수 있는 기대수익은?

〈투자자산 포트폴리오〉

구분	기대수익률(연)	베타
A주식	12%	1.4
B주식	6%	0.8
C주식	10%	1.2
채권	4%	–

※ 베타계수 : 증권시장 전체의 수익률의 변동이 발생했을 때, 이에 대해 개별기업 주식수익률이 얼마나 민감하게 반응하는가를 측정하는 계수

① 66,000원
② 68,000원
③ 70,000원
④ 74,000원

32 A통신사 대리점에서 근무하는 귀하는 판매율을 높이기 위해 핸드폰을 구매한 고객에게 사은품을 나누어 주는 이벤트를 실시하고자 한다. 본사로부터 할당받은 예산은 총 5백만 원이며, 예산 내에서 고객 1명당 2가지 사은품을 증정하고자 한다. 고객 만족도 대비 비용이 낮은 순으로 상품을 확보하였을 때, 최대 몇 명의 고객에게 사은품을 증정할 수 있는가?

〈확보 가능 사은품 목록〉

구분	개당 구매비용(원)	확보 가능한 최대물량(개)	상품 고객 만족도(점)
차량용 방향제	7,000	300	5
식용유 세트	10,000	80	4
유리용기 세트	6,000	200	6
32GB USB	5,000	180	4
머그컵 세트	10,000	80	5
육아 관련 도서	8,800	120	4
핸드폰 충전기	7,500	150	3

① 360명
② 370명
③ 380명
④ 390명

30 K씨는 A은행의 신차구매대출을 이용하여 자동차를 구매하였다. 해당 대출은 6개월 단위 연동형 변동금리(COFIX)가 적용된 상품이다. K씨는 6개월이 지난 후에 A은행으로부터 다음과 같은 문자를 받았다. 가입시점의 금리가 4%(기준금리 2%, 가산금리 2%)였다면, 다음 중 6개월 후의 기준금리와 가산금리로 가장 적절한 것은?

〈핸드폰 문자〉

[Web발신]
〈A은행 여신금리 변경안내〉
계좌 : 300-123-145XXX
일자 : 2025년 4월 20일
금리 : 3.75%(기준 : ☐, 가산 : ☐)

〈2025년 4월 15일자 경제신문 일부〉

A은행에서는 한국은행의 금리인하 결정으로 COFIX와 연동된 대출상품들은 일제히 금리가 하락할 것으로 예상한다고 답변하였다. 또한 A은행에서 자체적으로 결정하는 금리는 변동이 없을 것이며, 대출이 필요한 많은 고객은 A은행의 대출상품을 이용해주시길 권한다며 전하였다.

… 후략 …

※ COFIX(코픽스) : 국내 9개 은행이 제공한 자금조달 관련 정보를 기초로 하여 산출되는 자금조달 비용 지수
※ 가산금리 : 금리를 정할 때 기준금리에 덧붙이는 위험가중 금리로 은행에서 자체적으로 설정

	〈기준금리〉	〈가산금리〉
①	2.00%	1.75%
②	1.75%	2.00%
③	1.85%	1.90%
④	1.90%	1.85%

26 둘레가 1km인 공원이 있다. 철수와 영희는 같은 곳에서 출발하여 서로 반대 방향으로 걸어서 중간에서 만나기로 했다. 철수는 1분에 70m를 걷고, 영희는 1분에 30m를 걸을 때, 두 사람이 처음 만날 때까지 걸린 시간은?

① 5분 ② 10분
③ 20분 ④ 30분

27 그릇 A에는 농도 9%의 소금물 200g, 그릇 B에는 농도 4%의 소금물 150g이 있다. 그릇 A에서 100g의 소금물을 그릇 B로 옮겼을 때, 그릇 B에 들어있는 소금물의 농도는 몇 %인가?

① 4.5% ② 5%
③ 5.5% ④ 6%

28 A씨는 지인의 추천으로 C기업 주식에 100만 원을 투자하였다. 주식가격이 첫째 날에는 10% 상승하고, 둘째 날에는 20% 상승하였다. 그러나 셋째 날에는 10% 하락하고 넷째 날에는 20% 하락하였다. A씨는 큰 손실을 염려하여 넷째 날에 주식을 모두 매도하였다. 다음 중 A씨의 주식투자 결과에 대한 설명으로 옳은 것은?(단, 주식거래수수료 등 기타비용은 고려하지 않는다)

① A씨가 둘째 날에 주식을 매도하였으면 원금대비 30%의 수익률을 달성하였을 것이다.
② 셋째 날까지 주식은 원금대비 16%의 수익률을 유지하고 있었다.
③ 수익도 손실도 없이 원금 1백만 원을 회수하였다.
④ A씨는 최종적으로 49,600원만큼 손실을 보았다.

29 A ~ I 9명이 2명, 3명, 4명씩 나누어 앉을 수 있는 경우의 수는?

① 1,240가지 ② 1,260가지
③ 1,280가지 ④ 1,300가지

※ 일정한 규칙으로 수나 문자를 나열할 때, 빈칸에 들어갈 알맞은 것을 고르시오. [22~25]

22

$4\frac{3}{5}$ $6\frac{1}{9}$ $8\frac{5}{15}$ $10\frac{3}{23}$ ( ) $14\frac{5}{45}$ $16\frac{9}{59}$

① $12\frac{6}{33}$
② $12\frac{7}{33}$
③ $12\frac{8}{33}$
④ $12\frac{9}{33}$

23

0.2 ( ) 2.8 20.6 146.2 1026.4

① 0.4
② 1.4
③ 1.5
④ 1.6

24

A D G J M P ( ) V

① Q
② S
③ P
④ T

25

a ㄱ 2 c ㅁ 8 m ( ) 34 c

① ㅊ
② ㅎ
③ ㅂ
④ ㅅ

※ 다음 식을 계산한 값으로 옳은 것을 고르시오. **[19~21]**

19

$$\frac{27}{8} \times \frac{42}{9} + \frac{21}{8} \times \frac{36}{49}$$

① $\frac{495}{28}$

② $\frac{460}{28}$

③ $\frac{475}{27}$

④ $\frac{435}{27}$

20

48.231−19.292+59.124

① 85.023

② 98.063

③ 76.033

④ 88.063

21

40.5×0.23+1.185

① 10.45

② 10.5

③ 9.5

④ 9.45

※ 다음 글을 읽고, 이어지는 질문에 답하시오. [17~18]

(가) 농협은 16 ~ 17일 양일간 제주도 관내 한경농협과 애월농협에서 고령 농업인을 대상으로 '농업인 행복버스' 사업을 실시했다. 농업인 행복버스는 농촌 지역 농업인을 대상으로 농림축산식품부와 농협, 농촌사랑범국민운동본부가 공동으로 의료 진료, 장수 사진 촬영, 돋보기 지원, 문화 공연 등을 지원하는 농촌종합복지 사업이다. 이번 의료 지원은 고려대학교 병원이 참여하였으며, 정형외과, 재활의학과, 내과, 이비인후과, 치과 등 대학병원의 전문의가 직접 진료하여 농업인의 건강증진에 크게 도움을 주었다. 고려대학교 병원장은 "농촌현장을 찾아와 진료하면서 우리 농촌 현실에 대해 많은 것을 배웠고, 대학병원으로서 사회적 책임을 성실히 수행해야겠다는 생각이 든다."고 말했다. 한편, 이번 '농업인 행복버스'는 의료 지원과 동시에 장수 사진 촬영, 검안·돋보기 지원 등 다양한 농업인 실익증진사업이 종합적으로 제공되어 농촌 어르신의 만족도를 한껏 높인 것으로 평가되었다.

(나) 농협은 농·축산업 외국인 근로자 및 고용 농업인을 위해 농협은행 본관에 전용 '고충상담센터'를 열고 본격적인 운영에 들어갔다. 고충상담센터는 평일 9시 ~ 18시까지 운영되며, 오랜 기간 농·축산업 취업교육기관의 노하우(Know-how)를 바탕으로 특화된 상담서비스를 제공한다. 특히 기후와 생활문화, 언어의 차이로 발생하는 노사 간의 고충을 청취하여 누적된 노사갈등을 해소하며, 필요시 시군지부, 지역농협 등 지사무소와 협력하여 현장 방문을 실시하여 자칫 사각지대에 놓일 수 있는 인권문제 해결에도 노력할 예정이다. 또한 농업인 고용주 교육을 강화하고 '찾아가는 상담센터'를 수시로 운영하여 현장과 호흡하며, 우수 근로자 및 모범 농가를 발굴·시상하여 외국인 근로자에 대한 부정적 이미지를 해소하는 등 안정된 노사문화 정착에 기여할 것이다.

17 다음 중 윗글을 읽고 보일 반응으로 적절하지 않은 것은?

① 농협은 제주 지역의 고령 농업인을 위해 의료 진료를 제공했어. 우리 지역에도 이런 사업이 있었으면 좋겠다.
② '농업인 행복버스'는 의료 진료 과목도 다양하고, 의료 지원 외에도 다양한 사업을 제공하고 있네. 그래서 농촌 어르신의 만족도도 높대.
③ 농협은 농·축산업 외국인 근로자만을 대상으로 하는 '고충상담센터'를 열었어. 고용 농업인들은 이용할 수 없어서 조금 아쉬워.
④ 외국인 근로자에 대한 편견이 많이 있잖아. '찾아가는 상담센터'는 외국인 근로자에 대한 인식을 바꾸는데 도움이 될 것 같아.

18 (가)와 (나) 문단에 이어지는 (다) 문단을 추가한다고 할 때, 다음 중 (다) 문단에 들어갈 내용으로 가장 적절한 것은?

① 농협에서는 주거환경 취약농가를 선정하여 노후화된 주거환경 개선을 지원하고 있다.
② 농협에서는 농민신문을 발행하여 다양한 농업 및 농촌 소식을 제공하고 있다.
③ 농협에서는 농·축산물 식품 기업의 경쟁력 향상을 위해 유망기업을 대상으로 교육을 지원하고 있다.
④ 농협에서는 농협 임직원들의 건강관리를 위해 건강검진을 제공하고 있다.

※ 다음 글을 읽고 이어지는 질문에 답하시오. [15~16]

농협 미래농업지원센터는 8월 31일부터 9월 2일까지 aT센터에서 진행되는 '에이팜(A-Farm Show) 창농(創農)·귀농(歸農) 박람회'에 참가하여 '농협형 청년 일자리 창출 특별관'을 운영한다.
미래농업지원센터는 ______________________________(이)라는 슬로건으로 도시민의 성공적인 귀농·귀촌을 지원하고 미래농업의 다양한 정보를 제공하기 위해 열리는 이번 박람회에서 도시민의 귀농·귀촌과 청년들의 창업 및 일자리 창출을 지원하기 위한 One-Stop 종합컨설팅을 실시한다. 뿐만 아니라 '농협형 청년 일자리 창출 모형'을 통한 판로, 금융, 유통 등 농업 관련 전반 분야에 대한 지원 사업들을 소개하고, 정예 청년 농업인 육성을 위한 '청년농부사관학교'에 대해 설명한다.
현재 성공적으로 농업에 종사하고 있는 청년 농업인들이 직접 박람회에 참여하여 자신들이 만든 제품을 전시하고 시식코너를 운영하는 등 다양한 프로그램을 함께 운영하여 박람회를 방문한 도시민들과 청년들로부터 많은 호응과 관심을 얻고 있다. 이날 박람회 현장에서 만난 농협 회장은 "21세기의 농업은 무궁한 잠재력을 가진 산업 분야이며, 이미 많은 도시민과 청년들이 이에 도전하여 상당한 성과를 거두고 있다."고 말했다.
경기도 안성시에 소재한 농협 미래농업지원센터에서는 열정과 꿈을 가진 청년들이 미래의 정예 농업인으로 성장하는 데 도움을 주고자 6개월 과정의 '청년농부사관학교'를 운영하고 있다. 더불어, 농촌 융·복합산업, 스마트 팜 운영, 귀농·귀촌과정 등 다양한 교육을 실시하고 있으며, 창업·유통·경영 등에 대한 현장 컨설팅 진행과 농식품 아이디어 발굴 경연대회를 통한 창업 지원, 판로와 금융지원 등 다양한 프로그램을 운영하고 있다.

15 다음 중 윗글의 내용으로 적절하지 않은 것은?

① 농협 미래농업지원센터는 이번 박람회에서 청년 농업인들이 직접 참여하는 다양한 프로그램을 운영하여 방문객들의 많은 호응과 관심을 얻고 있다.
② 농협 미래농업지원센터는 이번 박람회에서 농업 관련 전반 분야에 대한 지원 사업들을 소개한다.
③ 농협 회장은 21세기의 농업을 무궁한 잠재력을 가진 산업 분야라고 생각하고 있다.
④ 농협 미래농업지원센터는 이번 박람회에서 농식품 아이디어 발굴 경연대회를 개최하여 청년들의 창업을 지원할 예정이다.

16 다음 중 빈칸에 들어갈 내용으로 가장 적절한 것은?

① '앞으로의 100년, 농협이 연다.'
② '100년 전통, 우리가 지키자.'
③ '100년 후 농업, 스마트 팜이 미래다.'
④ '100년 먹거리, 농업이 미래다.'

제30조(금융상품 구매권유 및 정보제공의 원칙)

① 관련부서는 금융상품을 구매권유할 때 상호금융 소비자가 금융상품의 종류 및 성격, 불리한 내용 등을 이해할 수 있도록 상품설명서 등에 관련 정보를 제공하여야 한다. 특히 금융상품의 가치에 중대한 영향을 미치는 사항을 미리 알고 있는 경우 그 내용은 반드시 포함시켜야 한다.

② 관련부서는 다음 각 호의 사항을 상품설명서 등을 통해 반드시 상호금융소비자에게 제공하여야 한다.

1. 상호금융 소비자의 불이익 사항 : 원금손실 가능성, 손실가능 범위, 중도해지 시의 불이익, 추가부담이 발생할 수 있는 사항, 기한이익상실 사유, 보장이 제한되거나 되지 않는 경우 등
2. 기타 상호금융 소비자의 권익에 관한 중요사항

③ 본회 등은 알고 있는 내용을 고의적으로 숨기거나 사실과 다르게 알릴 수 없다.

① 상호금융 소비자보호 업무에 필요한 지식과 경험이 있는 자만이 상호금융 소비자보호 업무전담자로 임명될 수 있다.

② 상호금융 소비자보호 업무전담자도 징계대상이 될 수 있다.

③ 총괄부서는 사유가 있을 경우 관련부서에 대하여 자료제출을 요구할 수 있다.

④ 상호금융 소비자보호 전담자는 정기적으로 금융 소비자보호 관련 교육에 참여할 기회를 부여받는다

14 다음은 농협의 상호금융 소비자보호준칙의 일부이다. 이에 대한 설명으로 적절하지 않은 것은?

> **제7조(업무전담자의 역할 등)**
> 상호금융 소비자보호 업무전담자는 상호금융 소비자보호에 관한 정책수립 · 시행, 민원예방 및 제도개선, 민원평가 등의 소비자보호 업무를 수행한다.
>
> **제8조(업무전담자의 자격)**
> 상호금융 소비자보호 업무전담자는 다음 각 호에 해당하는 자로 임명한다.
> 1. 상호금융 소비자보호 업무에 필요한 지식과 경험이 있는 자
> 2. 기타 상호금융 소비자보호 업무에 적합하다고 인정하는 자
>
> **제9조(인사 및 평가)**
> ① 상호금융 소비자보호 업무전담자에 대하여 징계 등 특별한 경우를 제외하고 타 업무 종사자에 비해 인사평가의 불이익이 발생하지 않도록 하여야 한다.
> ② 상호금융 소비자보호 전담자에 대한 교육·연수를 다음 각 호와 같이 시행한다.
> 1. 정기적 대내·외 금융 소비자보호 관련 교육 참여 기회 제공
> 2. 금융 소비자보호 전문역량 개발을 위한 자격증 취득 적극 지원
> 3. 소비자보호 우수 직원에 대한 포상(표창, 해외연수 등)시행 등
>
> **제10조(총괄부서의 운영 · 역할)**
> ① 상호금융 소비자보호 총괄책임자를 보좌하는 부서로 상호금융 소비자보호 총괄부서(이하 "총괄부서"라 한다)를 둔다.
> ② 총괄부서는 책임과 권한을 가지고 상호금융 소비자보호 업무를 수행한다.
> ③ 총괄부서는 상품개발, 여·수신 추진 및 마케팅 관련부서(이하 "관련부서"라 한다)와 이해상충이 발생하지 않는 조직으로 운영한다.
>
> **제11조(상호금융 소비자보호 총괄부서 권한)**
> 총괄부서는 상호금융 소비자보호와 관련된 고객 불만사항의 신속한 조치를 위하여 자료제출 요구를 할 수 있다.
>
> **제12조(제도개선)**
> ① 총괄부서는 상호금융 소비자보호 및 민원예방 등을 위해 상품판매의 모든 프로세스(개발·기획·판매 및 민원처리 등)에 대하여 관련부서로 하여금 제도개선 및 자료제출을 요청할 수 있다.
> ② 제도개선을 요청받은 부서는 제도개선 결과를 총괄부서에 보고하여야 한다.
>
> **제29조(정보의 적시성)**
> ① 총괄부서는 상호금융 소비자에게 적절한 정보를 제공하여 불완전판매의 발생을 방지할 수 있도록 내부지침 및 체크리스트(상품개발·판매)를 마련하여 운영한다.
> ② 관련부서는 공시자료 내용에 변경이 생긴 경우 특별한 사유가 없는 한 지체없이 자료를 수정해 상호금융 소비자에게 정확한 정보를 제공하여야 한다. 있는 경우 그 내용은 반드시 포함시켜야 한다.

13 다음 글의 빈칸에 들어갈 내용으로 가장 적절한 것은?

태양은 지구의 생명체가 살아가는 데 필요한 빛과 열을 공급해 준다. 이런 막대한 에너지를 태양은 어떻게 계속 내놓을 수 있을까?
16세기 이전까지 사람들은 태양을 포함한 별들이 지구상의 물질을 이루는 네 가지 원소와 다른, 불변의 '제5 원소'로 이루어졌다고 생각했다. 하지만 밝기가 변하는 신성(新星)이 별 가운데 하나라는 사실이 알려지면서 별이 불변이라는 통념은 무너지게 되었다. 또한, 태양의 흑점 활동이 관측되면서 태양 역시 불덩어리일지도 모른다고 생각하기 시작했다. 그 후 섭씨 5,500℃로 가열된 물체에서 노랗게 보이는 빛이 나오는 것을 알게 되면서 유사한 빛을 내는 태양의 온도도 비슷할 것이라고 추측하게 되었다.
19세기에는 에너지 보존 법칙이 확립되면서 새로운 에너지 공급이 없다면 태양의 온도가 점차 낮아져야 한다는 결론이 내려졌다. 그렇다면 과거에는 태양의 온도가 훨씬 높았어야 했고, 지구의 바다가 펄펄 끓어야 했을 것이다. 하지만 실제로는 그렇지 않았고, 사람들은 태양의 온도를 일정하게 유지해 주는 에너지원이 무엇인지에 대해 생각하게 되었다.
20세기 초 방사능이 발견되면서 방사능 물질의 붕괴에서 나오는 핵분열 에너지를 태양의 에너지원으로 생각하였다. 그러나 태양빛의 스펙트럼을 분석한 결과 태양에는 우라늄 등의 방사능 물질 대신 수소와 헬륨이 있다는 것을 알게 되었다. 즉, 방사능 물질의 붕괴에서 나오는 핵분열 에너지가 태양의 에너지원이 아니었던 것이다.
현재 태양의 에너지원은 수소 원자핵 네 개가 헬륨 원자핵 하나로 융합하는 과정의 질량 결손으로 인해 생기는 핵융합 에너지로 알려져 있다. 태양은 엄청난 양의 수소 기체가 중력에 의해 뭉쳐진 것으로, 그 중심으로 갈수록 밀도와 압력, 온도가 증가한다. 태양에서의 핵융합은 천만℃ 이상의 온도를 유지하는 중심부에서만 일어난다. 높은 온도에서만 원자핵들은 높은 운동 에너지를 가지게 되며, 그 결과로 원자핵들 사이의 반발력을 극복하고 융합되기에 충분히 가까운 거리로 근접할 수 있기 때문이다. 태양빛이 핵융합을 통해 나온다는 사실은 태양으로부터 온 중성미자가 관측됨으로써 더 확실해졌다.
중심부의 온도가 올라가 핵융합 에너지가 늘어나면 그 에너지로 인한 압력으로 수소를 밖으로 밀어내어 중심부의 밀도와 온도를 낮추게 된다. 이렇게 온도가 낮아지면 방출되는 핵융합 에너지가 줄어들며, 그 결과 압력이 낮아져서 수소가 중심부로 들어오게 되어 중심부의 밀도와 온도를 다시 높인다. 이렇듯 태양 내부에서 중력과 핵융합 반응의 평형 상태가 유지되기 때문에 ____________________ 태양은 이미 50억 년간 빛을 냈고, 앞으로도 50억 년 이상 더 빛날 것이다.

① 태양의 핵융합 에너지가 폭발적으로 증가할 수 있게 된다.
② 태양 외부의 밝기가 내부 상태에 따라 변할 수 있게 된다.
③ 태양이 오랫동안 안정적으로 빛을 낼 수 있게 된다.
④ 태양이 일정한 크기를 유지할 수 있었다.

12 다음 문단을 논리적 순서대로 바르게 나열한 것은?

(가) 문화재(문화유산)는 옛 사람들이 남긴 삶의 흔적이다. 그 흔적에는 유형의 것과 무형의 것이 모두 포함된다. 문화재 가운데 가장 가치 있는 것으로 평가받는 것은 다름 아닌 국보이며, 현행 문재재보호법 체계상 국보에 무형문화재는 포함되지 않는다. 즉 국보는 유형문화재만을 대상으로 한다.

(나) 국보 선정 기준에 따라 우리의 전통 문화재 가운데 최고의 명품으로 꼽힌 문화재로는 국보 1호 숭례문이 있다. 숭례문은 현존 도성 건축물 중 가장 오래된 건물이다. 다음으로 온화하고 해맑은 백제의 미소로 유명한 충남 서산 마애여래삼존상은 국보 84호이다. 또한 긴 여운의 신비하고 그윽한 종소리로 유명한 선덕대왕신종은 국보 29호, 유네스코 세계유산으로도 지정된 석굴암은 국보 24호이다. 이렇듯 우리나라 전통문화의 상징인 국보는 다양한 국보 선정의 기준으로 선발된 것이다.

(다) 문화재보호법에 따르면 국보는 특히 "역사적·학술적·예술적 가치가 큰 것, 제작 연대가 오래되고 그 시대를 대표하는 것, 제작 의장이나 제작 기법이 우수해 그 유례가 적은 것, 형태 품질 용도가 현저히 특이한 것, 저명한 인물과 관련이 깊거나 그가 제작한 것" 등을 대상으로 한다. 이것이 국보 선정의 기준인 셈이다.

(라) 이처럼 국보 선정의 기준으로 선발된 문화재는 지금 우리 주변에서 여전히 숨쉬고 있다. 우리와 늘 만나고 우리와 늘 교류한다. 우리에게 감동과 정보를 주기도 하고, 때로는 이 시대의 사람들과 갈등을 겪기도 한다. 그렇기에 국보를 둘러싼 현장은 늘 역동적이다. 살아있는 역사라 할 수 있다. 문화재는 그 스스로 숨쉬면서 이 시대와 교류하기에, 우리는 그에 어울리는 시선으로 국보를 바라볼 필요가 있다.

① (가) – (나) – (라) – (다)
② (가) – (다) – (나) – (라)
③ (다) – (가) – (나) – (라)
④ (다) – (나) – (가) – (라)

11 다음 글의 제목으로 가장 적절한 것은?

> 중소기업은 기발한 아이디어와 차별화된 핵심기술이 없으면 치열한 경쟁에서 뒤처질 수밖에 없다. 그러나 중소기업의 핵심기술은 항상 탈취유출 위험에 노출되어 있다고 해도 과언이 아니다. 목숨과도 같은 기술을 뺏기면 중소기업은 문을 닫아야 할 위기에 봉착하고 만다. 그러니 철저한 기술 보호는 중소기업의 생명과 직결된다고 볼 수 있다.
> 기업들의 기술 탈취 근절 공감대는 폭넓게 확산되고 있지만, 여전히 갈 길이 멀다. 그렇다 보니 당사자인 중소기업에는 기술 보호를 위한 선제적 노력이 요구된다. 중소기업 기술 보호의 첫걸음은 특허등록이다. 특허등록 시에는 두 가지를 꼭 고려해야 한다. 먼저 '똑똑한 특허'를 출원해야 한다. 비용과 시간이 들더라도 청구범위가 넓은 특허가 필요하다. 기술 개발과 제품 론칭에만 신경 쓰다 보면 출원을 소홀히 해 '부실 특허'를 낳을 수 있다. 출원 비용이 만만찮다 보니 특허출원 수나 기간을 간과하는 경우도 흔한 일이다.
> 다음은 기술 유출 방지에 최선을 다해야 한다. 기술 유출 방지는 기술개발 못지않게 중요하다. 많은 중소기업은 기술개발이 끝난 뒤 특허등록을 추진하고 있다. 그렇지만 특허출원 이전에 내부 기술이 유출된다면 그동안의 노력은 물거품이 되고 만다. 기술개발 단계부터 특허등록을 염두에 두고 기술 유출 방지에 최선을 다해야 하는 이유다.
> 특허등록과 더불어 필요한 것은 기술 보호 역량이다. 대부분의 중소기업은 기술력이 있어도 기술 보호 역량이 취약하다. 기술 보호에 대한 경각심도 높지 않은 편이다. 이러한 문제는 기술 및 지식재산권 분야 법률서비스를 제공하고, 관련 제도 정책을 교육하는 '중소기업 기술 보호 법무지원단'과 경쟁사의 기술 도용 등을 막는 강력한 제도인 '기술임치제' 등의 제도를 활용하면 기술 탈취, 불공정 거래 행위 예방과 기술을 보호받을 수 있다.

① 중소기업 기술 보호의 방안
② 기술분쟁 사례와 선제적 대응 방안
③ 비교분석을 통한 기술 보호 전략
④ 핵심기술 특허등록의 중요성

07 **다음 밑줄 친 부분 중 맞춤법이 옳지 않은 것은?**

> 재정 추계는 국민연금 재정수지 상태를 점검하고 제도발전 방향을 논의하기 위해 5년마다 실시하는 법정 제도로, 1998년 도입되어 그간 2018년까지 4차례 수행되어 왔다. 재정 추계를 수행하기 위해서는 보험료 수입과 지출의 흐름이 전제되어야 한다. 이를 산출하기 위해서는 투입되는 주요 변수에 대한 가정이 필요하다. 대표적인 가정 변수로는 인구 가정, 임금, 금리 등과 같은 거시경제변수와 기금운용수익율 그리고 제도변수가 있다.

① 추계　② 그간
③ 전제　④ 수익율

08 **다음 중 띄어쓰기가 옳은 것은?**

① 이 건물을 짓는데 몇 년이나 걸렸습니까?
② 김철수씨는 지금 창구로 와 주시기 바랍니다.
③ 물건을 교환하시려면 1주일 내에 방문하셔야 합니다.
④ 걱정하지 마. 그 일은 내가 알아서 해결할 게.

09 **다음 중 상황과 대상에 따른 의사표현법으로 옳지 않은 것은?**

① 상대방의 잘못을 지적할 때는 상대방이 상처를 받을 수도 있으므로 모호한 표현을 해야 한다.
② 상대방을 칭찬할 때는 별다른 노력을 기울이지 않아도 되지만, 자칫 잘못하면 아부로 여겨질 수 있으므로 주의해야 한다.
③ 상대방에게 부탁해야 할 때는 상대의 사정을 우선시하는 태도를 보여줘야 한다.
④ 상대방의 요구를 거절해야 할 때는 먼저 사과하고 요구를 들어줄 수 없는 이유를 설명해야 한다.

10 **다음 글의 중심 내용으로 가장 적절한 것은?**

> Whenever you feel tired out, you should take a day or two off. In other words, you should refresh yourself regularly for your better life. In short, you could read a book, or chat with friends on weekends. Then you can feel your energy increase, and feel yourself refreshed.

① 휴가는 하루나 이틀 정도가 좋다.
② 피곤할 때 영양제를 복용하는 것이 좋다.
③ 주기적으로 쉬면서 에너지를 보충해야 한다.
④ 독서 클럽을 통해 사교 활동의 범위를 넓힐 수 있다.

04 다음 문장의 빈칸에 들어갈 말로 알맞게 짝지어진 것은?

> • 새로운 법안이 (㉠)됨에 따라 그에 따른 처벌이 강화될 것으로 예상된다.
> • 최근 증권사의 주가연계증권 (㉡)이/가 급증하면서 금융당국이 기준을 강화하기로 결정하였다.
> • 신규 직원들은 기피 부서에 (㉢) 받지 않을까 걱정하고 있다.

	㉠	㉡	㉢
①	발간	발표	발행
②	발표	발행	발효
③	발효	발령	발간
④	발효	발행	발령

05 다음 중 밑줄 친 부분과 같은 의미로 쓰인 것은?

> 장기적 관점에서 차근차근 계획을 <u>밟아</u> 나가야 한다.

① 형사가 수상한 행동을 보이는 용의자의 뒤를 <u>밟기</u> 시작했다.
② 운전기사가 간신히 브레이크를 <u>밟아</u> 대형 사고를 면할 수 있었다.
③ 그녀는 긴 비행을 마치고 마침내 한국 땅을 <u>밟았다</u>.
④ 정부는 이번 정책에 대해 공감대를 형성하고 논의하는 과정을 <u>밟고</u> 있다고 밝혔다.

06 다음 한자성어의 의미로 적절하지 않은 것은?

① 십벌지목(十伐之木) – 어려운 일이라도 계속 노력하면 이루어 낸다.
② 토사구팽(兎死狗烹) – 필요할 때 요긴하게 사용하고 쓸모가 없어지면 버린다.
③ 구밀복검(口蜜腹劍) – 겉으로는 친절하나 마음속은 음흉한 생각을 하고 있다.
④ 청출어람(靑出於藍) – 재물에 욕심이 없는 청렴결백한 절조나 덕행

지역농협 6급 필기시험	
# 제4회 모의고사	문항 수 : 60문항 시험시간 : 70분

01 다음 제시된 단어의 대응 관계로 볼 때 빈칸에 들어갈 단어로 알맞은 것은?

책 : 독후감 = 일상 : (　　)

① 대본
② 일기
③ 시
④ 편지

02 다음 중 짝지어진 단어 사이의 관계가 나머지와 다른 것은?

① 맷돌 – 믹서기 – 절구
② 연고 – 로션 – 반창고
③ 볼펜 – 연필 – 붓
④ 치마 – 바지 – 원피스

03 다음 제시된 세 단어로 연상할 수 있는 단어를 고르면?

소송　　판결　　천칭

① 무게
② 화재
③ 승리
④ 법

4권

제4회 지역농협 6급 필기시험

직무능력평가 (60문항/70분 유형)

〈문항 수 및 시험시간〉

영역	문항 수	시험시간	비고	모바일 OMR 답안채점 / 성적분석
의사소통능력 수리능력 문제해결능력 자원관리능력 조직이해능력	60문항	70분	4지선다	

합격의공식
시대에듀

www.sdedu.co.kr

59 **김팀장은 이대리에게 다음과 같은 업무지시를 내렸고, 이대리는 김팀장의 업무 지시에 따라 자신의 업무 일정을 정리하였다. 이대리의 업무에 대한 설명으로 적절하지 않은 것은?**

> 이대리, 오늘 월요일 정기회의 진행에 앞서 이번 주 업무에 대해서 미리 전달할게요. 먼저, 이번 주 금요일에 진행되는 회사 창립 기념일 행사 준비는 잘되고 있나요? 행사 진행 전에 확인해야 할 사항들에 대해 체크리스트를 작성해서 수요일 오전까지 저에게 제출해 주세요. 그리고 행사가 끝난 후에는 총무팀 회식을 할 예정입니다. 이대리가 적당한 장소를 결정하고, 목요일 퇴근 전까지 예약이 완료될 수 있도록 해주세요. 아! 그리고 내일 오후 3시에 진행되는 신입사원 면접과 관련해서 오늘 퇴근 전까지 면접 지원자에게 다시 한번 유선으로 참여 여부를 확인하고, 정확한 시간과 준비사항 등의 안내를 부탁할게요. 참! 지난주 영업팀이 신청한 비품도 주문해야 합니다. 오늘 오후 2시 이전에 발주하여야 영업팀이 요청한 수요일 전에 배송받을 수 있다는 점 기억하세요. 자, 그럼 바로 회의 진행하도록 합시다. 그리고 오늘 회의 내용은 이대리가 작성해서 회의가 끝난 후 바로 사내 인트라넷 게시판에 공유해 주세요.

> **〈5월 첫째 주 업무 일정〉**
>
> ㉠ 회의록 작성 및 사내 게시판 게시
> ㉡ 신입사원 면접 참여 여부 확인 및 관련 사항 안내
> ㉢ 영업팀 신청 비품 주문
> ㉣ 회사 창립 기념일 행사 준비 관련 체크리스트 작성
> ㉤ 총무팀 회식 장소 예약

① 이대리가 가장 먼저 처리해야 할 업무는 ㉠이다.
② 이대리는 ㉡보다 ㉢을 우선 처리하는 것이 좋다.
③ ㉠, ㉡, ㉢은 월요일 내에 모두 처리해야 한다.
④ ㉤은 회사 창립 기념일 행사가 끝나기 전까지 처리해야 한다.

60 **다음 중 농협의 계열사와 주요사업의 연결이 옳지 않은 것은?**

① 농우바이오 – 채소 종자 연구
② 농협케미컬 – 농약·화공약품 분체제조판매
③ 농협아그로 – 유류제품 사업
④ 농협흙사랑 – 퇴비 생산

57 **다음 중 경영에 대한 설명으로 옳지 않은 것은?**

① 조직의 목적을 달성하기 위한 전략・관리・운영활동이다.

② 과거에는 단순히 관리라고 생각하였다.

③ 조직을 둘러싼 환경이 급변하면서 이에 적응하기 위한 전략의 중요성이 감소하고 있다.

④ 경영활동에서는 전략・관리・운영이 동시에 복합되어 이루어진다.

58 **다음 〈보기〉의 직무수행교육(OJT; On the Job Training)의 네 단계를 순서대로 바르게 나열한 것은?**

〈보기〉

㉠ 시켜보고 잘못을 시정한다. 시켜보면서 작업을 설명하도록 한다. 다시 한번 시켜보면서 말하도록 한다. 완전히 이해할 때까지 확인한다.

㉡ 편안하게 한다. 어떤 작업을 하는지 말한다. 그 작업에 대해서 어느 정도 알고 있는지 확인한다. 작업을 배우고 싶은 기분이 되도록 한다. 올바른 위치에 자세를 취하도록 한다.

㉢ 중요한 스텝(Step)을 하나씩 말해서 들려주고, 해 보이고, 기록해 보인다. 이해하는 능력 이상으로 진행하지는 않는다.

㉣ 작업에 종사시킨다. 모를 때에 답변할 사람을 지정해 둔다. 몇 번이고 조사한다. 질문하도록 작용한다. 차츰 지도를 줄인다.

① ㉠－㉢－㉡－㉣
② ㉡－㉠－㉢－㉣
③ ㉡－㉢－㉠－㉣
④ ㉢－㉠－㉣－㉡

55 **다음 중 조직 내의 업무 종류에 대한 설명으로 적절하지 않은 것은?**

① 총무부 : 주주총회 및 이사회개최 관련 업무, 의전 및 비서업무, 집기비품 및 소모품의 구매와 관리, 사무실 임차 및 관리 등

② 인사부 : 조직기구의 개편 및 조정, 업무분장 및 조정, 인력수급계획 및 관리, 직무 및 정원의 조정 종합, 노사관리 등

③ 기획부 : 교육체계 수립 및 관리, 임금제도, 복리후생제도 및 지원업무, 복무 관리, 퇴직 관리 등

④ 회계부 : 재무상태 및 경영실적 보고, 결산 관련 업무, 재무제표 분석 및 보고 등

56 **다음 중 조직목표에 대한 설명으로 적절하지 않은 것은?**

① 조직이 달성하려는 장래의 상태로, 미래지향적이지만 현재의 조직행동의 방향을 결정해주는 역할을 한다.

② 조직의 단합을 위해 공식적 목표와 실제적 목표는 항상 일치해야 하며, 하나의 조직목표만을 추구해야 한다.

③ 조직목표들은 한번 수립되면 달성될 때까지 지속되는 것이 아니라 환경이나 조직 내의 다양한 원인들에 의하여 변동되거나 없어지고 새로운 목표로 대체되기도 한다.

④ 조직구성원들이 공통된 조직목표 아래서 소속감과 일체감을 느끼고 행동수행의 동기를 가지게 하며, 조직구성원들의 수행을 평가할 수 있는 기준이 된다.

54 K대리는 회의가 끝난 후 회의록을 정리하여 협력 부서에 업무 협의 메일을 보내려고 한다. 다음 중 K대리가 작성할 메일의 제목으로 적절하지 않은 것은?

〈회의록〉

1. 회의개요

일시	2025.07.01. 14:00 ~ 16:30	장소	성수사옥 2층 회의실
작성자	사업팀 K대리	작성일	2025.07.01.
참석자	사업팀 : 윤기주 과장, 수급팀 : 이종원 대리, 장비팀 : 강혁진 과장 개발팀 : 박우남 대리, 검수팀 : 한영식 대리		
안건	○○경기 VOD 서비스 신속 프로세스 구축 방안 모색		

2. 회의내용

회의내용	1. 서비스 전 장비 오류 점검 – 각 장비에 대한 사전 오류 점검을 통해 장비 결함으로 인해 발생하는 오류를 줄인다. 2. 실시간 캡처 및 백업 캡처, 방송국 수신 등 여러 가지 보안 대책을 마련 – 영상에 결함이 있을 시 즉각적으로 대체 영상을 사용할 수 있도록 준비한다. 3. 업로드 서비스 속도 향상 – 스포츠 국가대표 경기 기간 동안 송출 서버 우선순위 배정 및 신속한 영상 암호화 작업을 진행할 수 있도록 지정 서버를 배정한다. 4. 서비스 진행 시 검수팀 상시 모니터링 – 서비스된 영상은 검수팀에서 즉각적으로 검수하고 오류가 있을 시 신속하게 조치할 수 있도록 사전 준비를 철저히 한다.
결정사항	1. 전체 서버 및 장비 점검 일정 조율 2. 방송국 및 백업 캡처 관리자와 사전협의 3. 암호화 툴 속도 업그레이드 가능 여부 파악 및 업그레이드 진행 4. 검수팀 근무 조율 협의
향후일정	07.08.(금) 14:00 2층 회의실에서 회의 예정
특이사항	–

① 장비팀 – 전체 서버 및 장비 점검 일정 협의
② 수급팀 – 영상 송출 시 에러코드 관련 지식 점검
③ 개발팀 – 암호화 툴 속도 업그레이드 가능 여부 점검
④ 검수팀 – 상시 모니터링으로 인한 기간 내에 근무 시간 협의

53 다음은 2024년 달러 대비 원화 · 엔화 · 위안의 환율을 나타낸 표이다. 이를 바르게 이해한 사원을 〈보기〉에서 모두 고르면?

〈2024년 환율 현황〉

구분	6월	7월	8월	9월	10월	11월
원/달러	1,115.50	1,170.00	1,182.50	1,185.30	1,140.10	1,158.10
엔/달러	122.30	124.10	121.10	120.00	121.20	122.70
위안/달러	6.20	6.20	6.21	6.36	6.36	6.32

〈보기〉

A사원 : 10월에 엔/달러의 환율은 9월에 비해 상승했네요.

B사원 : 7월부터 11월까지 원/달러의 환율은 지속적으로 상승했네요.

C사원 : 다른 조건이 일정할 때 일본에서 미국으로 떠난 여행객은 8월에 비해 9월에 환율 측면에서 이익을 얻었겠네요.

D사원 : 한국에서 중국으로 유학 간 자녀에게 유학자금을 송금할 때, 6월보다 7월에 더 경제적 부담이 컸겠네요.

① A사원, C사원
② B사원, C사원
③ A사원, B사원, D사원
④ A사원, C사원, D사원

51 **다음 중 NH 포디 예금 상품에 대해 잘못 이해한 사람은?**

① A : 해당 상품은 비대면 전용 상품이야.

② B : 계약 시 저축 기간과 금리를 미리 정하고 맡긴 돈을 만기에 찾는 방식이므로 만기 전에는 자유롭게 출금할 수 없어.

③ C : 월이자지급식의 이자지급방식을 선택한 경우 만기에 받을 수 있는 총이자를 개월 수로 나누어 매월 지급받으므로, 같은 금액이면 만기일시지급식을 선택한 경우의 이자금액과 차이가 없어.

④ D : 해당 상품에 가입하는 사람들의 가입금액에 따라 상품의 판매가 종료되는 시점이 달라질 수 있겠군.

52 **5개월 전 L씨는 'NH 포디 예금'에 6,000만 원을 월이자지급식으로 비대면 가입하였고, K씨는 8개월 전 4,000만 원을 만기지급식으로 비대면 가입하였으며, 오픈뱅킹 서비스에 계좌 등록 후 해당 서비스를 이용하여 지금까지 타행 계좌로부터 당행 계좌로 이체 실적이 6회였다. 하지만 L씨와 K씨는 부득이한 사정으로 현재 예금을 중도해지하려고 한다. 각각 받을 수 있는 총이자의 차액은 얼마인가?(단, 한 달은 30일이며, 예치일수는 각각 5개월과 8개월이고, 이자는 백 원 단위에서 반올림한다)**

① 87,000원　　② 85,000원

③ 83,000원　　④ 80,000원

※ 다음은 NH 포디 예금에 대한 설명이다. 이어지는 질문에 답하시오. **[51~52]**

〈NH 포디 예금〉

오픈뱅킹 거래 실적에 따라 우대금리를 제공하며, 기금을 출연하여 디지털 소외계층을 위한 사업에 지원하는 비대면 전용 상품

- 가입대상 : 개인(1인 1계좌)
- 가입기간 : 12개월
- 가입금액 : 1백만 원 이상 1억 원 이내(원 단위)
- 적립방법 : 거치식
- 기본금리(연%)

이자지급방식	금리
만기일시지급식	1.3
월이자지급식	1.2

- 우대금리(연%p)

아래 우대조건을 만족하는 경우 가입일 현재 기본금리에 가산하여 만기해지 시 적용(최고 0.5%p 우대)

우대조건	우대금리
비대면 가입 특별 금리	0.20
당행에서 오픈뱅킹 서비스에 계좌 등록 후 해당 서비스를 이용하여 타행 계좌로부터 당행 계좌로 이체 실적이 5회(최대 월 1회 인정) 이상인 경우 1) 실적 인정 기준일 : 상품 가입일로부터 만기가 속한 달의 전월 말 이내에 오픈뱅킹 이체 실적이 있는 경우(오픈 뱅킹 등록은 상품 가입 이전 계좌 등록분도 인정) 2) 이체 실적은 최대 월 1회만 인정	0.30

- 중도해지금리(연%)

경과기간	적용금리 / 적용률
1개월 미만	0.10
3개월 미만	0.20
6개월 미만	(중도해지 기준금리)×40
9개월 미만	(중도해지 기준금리)×60
12개월 미만	(중도해지 기준금리)×80

※ 중도해지 기준금리 : 가입일 당시 기본금리

- 이자지급방식

만기일시지급식	(신규금액)×(약정금리)×(예치일수)/365
월이자지급식	[(신규금액)×(약정금리)×(예치일수)/365]/(개월 수)

- 유의사항

이 예금은 별도의 판매 한도(총 3천억 원)를 정하여 판매하는 상품으로 한도 소진 시 조기 판매 종료될 수 있습니다.

49 씨의 업무시간은 09:00부터 18:00까지이다. 점심시간 1시간을 제외한 하루 일과 중 8분의 1은 주간업무계획을 수립하였고, 5분의 2는 프로젝트 회의를 진행하였다. 그리고 3분의 1은 거래처에 방문하였다. 이 모든 업무를 마무리하고 남은 시간동안 시장조사를 하려고 한다. A씨가 시장조사를 하는데 쓸 수 있는 시간은?

① 1시간　　② 1시간 8분
③ 1시간 15분　　④ 1시간 26분

50 A회사는 7월 중에 신입사원 면접을 계획하고 있다. 면접에는 마케팅팀과 인사팀 차장, 인사팀 부장과 과장, 총무팀 주임이 1명씩 참여한다. A회사에서는 6 ~ 7월에 계획된 여름 휴가를 팀별로 나누어 간다고 할 때, 다음 중 면접이 가능한 날짜는?(단, 주말은 고려하지 않는다)

휴가 규정	팀별 휴가 시작일
• 차장급 이상 : 4박 5일 • 대리 ~ 과장 : 3박 4일 • 사원 ~ 주임 : 2박 3일	• 마케팅팀 : 6월 29일 • 인사팀 : 7월 6일 • 총무팀 : 7월 1일

① 7월 1일　　② 7월 3일
③ 7월 5일　　④ 7월 7일

46 다음 빈칸에 들어갈 용어를 바르게 연결한 것은?

> ___A___은 제품 또는 서비스를 창출하기 위해 소비된 비용으로 재료비, 시설비 등이 있으며, ___B___은 과제를 수행하기 위해 소비된 비용 중 ___A___을 제외한 비용으로 보험료, 광고비, 통신비 등이 있다.

	A	B		A	B
①	소모비용	생산비용	②	간접비용	책정비용
③	직접비용	간접비용	④	생산비용	실제비용

47 N회사는 승진을 위해 의무이수 교육기준을 만족해야 한다. A사원이 올해 경영교육 15시간, OA교육 20시간, 사무영어교육 30시간을 이수했을 때 다음과 같은 조건으로 계산한 점수를 인사고과에 반영한다면 A사원의 의무이수 교육점수는 몇 점이 부족한가?

〈의무이수 교육기준〉

경영	OA	사무영어
30점	20점	20점

※ 한 시간당 1점으로 환산함

※ 초과교육 이수자료를 제출하면 시간당 0.5점씩 경영점수로 환산할 수 있음

① 5점
② 7점
③ 10점
④ 15점

48 다음 물적자원관리 과정 중 같은 단계의 특성끼리 연결된 것은?

① 반복 작업 방지, 물품활용의 편리성
② 통일성의 원칙, 물품의 형상
③ 물품의 소재, 물품활용의 편리성
④ 물품의 소재, 유사성의 원칙

43 42번의 고객이 적금 기간이 4년이 남았을 때 개인사정으로 중도해지를 하게 되었다면, 이 고객에게 적용되는 금리는 몇 %인가?

① 1.3%
② 2.1%
③ 3.3%
④ 4.4%

44 귀하는 휴대전화를 구입하기 위하여 A ~ C 세 상품에 대한 만족도를 조사하였다. 다음 중 경제적 의사결정과 관련하여 옳은 설명은?(단, 만족도 1단위는 화폐 1만 원의 가치와 같다)

〈A ~ C상품의 만족도 조사〉

(단위 : 점)

상품	가격 \ 만족도	광고의 호감도 (5)	디자인 (12)	카메라 기능 (8)	단말기 크기 (9)	A/S (6)
A	35만 원	5	10	6	8	5
B	28만 원	4	9	6	7	5
C	25만 원	3	7	5	6	4

※ (   ) 안은 만족도의 만점임

① 합리적으로 선택한다면 상품 B를 구입할 것이다.
② 단말기 크기보다 카메라 기능을 더 중시하고 있다.
③ 만족도가 가장 큰 대안을 선택하는 것이 가장 합리적이다.
④ 예산을 25만 원으로 제한하면 휴대전화 구입을 포기할 것이다.

45 A농협에서 지난주 월요일부터 금요일까지 행사를 위해 매일 회의실을 대여했다. 회의실은 501 ~ 505호까지 마주보는 회의실 없이 차례대로 위치해 있으며, 하루에 하나 이상의 회의실을 대여할 수 있지만, 전날 대여한 회의실은 다음날 바로 대여할 수 없다. 또한 바로 붙어 있는 회의실들은 동시에 대여할 수 없지만, 월요일에는 예외적으로 붙어 있는 두 개의 회의실을 대여했다. 다음의 자료를 토대로 수요일에 2개의 회의실을 대여했다고 할 때, 대여한 회의실은 몇 호인가?

〈회의실 사용 현황〉

구분	월요일	화요일	수요일	목요일	금요일
회의실	501호	504호		505호	

① 501호, 502호
② 501호, 503호
③ 502호, 503호
④ 504호, 505호

※ 다음은 ○○농협에서 제공하는 적금 상품에 대한 설명이다. 이어지는 질문에 답하시오. [42~43]

〈적금 상품별 세부사항〉

구분	상품내용	기본금리	우대금리	기간	중도해지 시 적용금리
처음적금	사회초년생을 대상으로 하는 적금(만 20 ~ 29세)	3.8%	• 자사 예금통장 있을 시 0.5%p • 월 급여통장 보유 1.3%p • 자동이체 건당 0.2%p(최대 3건) • 자사 주택청약 보유 1.2%p	2년 이상	기본금리
가족적금	등본상 가족이 본인포함 2명 이상인 사람을 대상으로 하는 적금(부모, 배우자, 자녀 관계만 해당)	2.4%	• 등본상 가족이 자사 상품 이용 시 1인당 1.1%p (최대 4명) • 자사 예금통장 있을 시 0.8%p • 자동이체 건당 0.2%p(최대 5건) • 자사 주택청약 보유 2.1%p	3년 이상	기본금리
생활적금	오랜 기간 유지 시 높은 이자를 제공해주는 적금	4.4%	• 자사 예금통장 있을 시 0.5%p • 자동이체 건당 0.3%p(최대 3건) • 적금 기간별 우대금리 – 10년 이상 12년 미만 0.8%p – 12년 이상 15년 미만 1.5%p – 15년 이상 20년 미만 2.1%p – 20년 이상 3.3%p	10년 이상	• 3년 미만 1.3% • 5년 미만 2.1% • 10년 미만 3.3% • 10년 이상 기본금리 및 우대금리 모두 적용
든든적금	1인 가구 대상으로 하는 적금	3.5%	• 자사 예금통장 있을 시 1.1%p • 자동이체 건당 0.2%p(최대 2건)	3년 이상	2.5% 적용

42 다음은 ○○농협에 방문한 고객과 대화하는 내용이다. 직원이 해당 고객에게 추천해 줄 상품은?

> 직원 : 안녕하세요. 무슨 일로 오셨나요?
> 고객 : 안녕하세요. 적금을 하나 가입하고 싶어서 왔어요.
> 직원 : 저희 적금 상품에 대해서 알고 계신 것이 있으신가요?
> 고객 : 아니요 딱히 없어요. 부모님 권유로 월급 받는 예금통장 하나랑 주택청약 하나만 가지고 있다가 어느 정도는 저축해야겠다는 생각에 오게 되었어요.
> 직원 : 그러시군요. 상품 추천을 위해 간단한 정보 여쭤볼게요. 혹시 나이가 어떻게 되시나요?
> 고객 : 아 저는 만 30세예요. 늦었지만 이제 막 독립해서 혼자 살고 있어요.
> 직원 : 그럼 혹시 공과금이라든지 하는 자동이체도 저희 농협에서 하고 있나요?
> 고객 : 음, 현재는 공과금만 하고 있는데, 학자금대출과 핸드폰요금도 곧 여기로 바꿀 예정이에요.
> 직원 : 혹시 생각하시는 적금 기간이 있으신가요?
> 고객 : 10년 정도 생각중이에요.
> 직원 : 그렇다면 이 적금 상품이 고객님께 가장 높은 이율이 적용될 것 같아요.

① 처음적금　　② 가족적금
③ 생활적금　　④ 든든적금

41 다음은 ○○구청의 민원사무처리규정 일부이다. 이를 참고하여 A, B, C씨가 요청한 민원이 처리 · 완료되는 시점을 각각 바르게 구한 것은?

■ **민원사무처리기본표(일부)**

(단위 : 일, 원)

소관별	민원명	처리기간	수수료
공통	진정, 단순질의, 건의	7	없음
	법정질의	14	없음
주민복지	가족, 종중, 법인묘지 설치허가	7 ~ 30	없음
	개인묘지 설치(변경)신고	5	없음
	납골시설(납골묘, 납골탑) 설치신고	7 ~ 21	없음
종합민원실	토지(임야)대장등본	즉시	500
	지적(임야)도등본	즉시	700
	토지이용계획확인서	1	1,000
	등록사항 정정	3	없음
	토지거래계약허가	15	없음
	부동산중개사무소 등록	7	개인 : 20,000 / 법인 : 3,000
	토지(임야)분할측량	7	별도

■ **민원사무처리기간 산정방식(1일 근무시간은 8시간으로 한다)**

- 민원사무처리기간을 "즉시"로 정한 경우
  - 정당한 사유가 없으면 접수 후 3근무시간 내에 처리하여야 한다.
- 민원사무처리기간을 "5일" 이하로 정한 경우
  - 민원접수 시각부터 "시간" 단위로 계산한다.
  - 토요일과 공휴일은 산입하지 않는다.
- 민원사무처리기간을 "6일" 이상으로 정한 경우
  - 초일을 산입하여 "일" 단위로 계산한다.
  - 토요일은 산입하되, 공휴일은 산입하지 않는다.
- 신청서의 보완이 필요한 기간은 처리기간에 포함되지 않는다.

〈4월 29일(금) 민원실 민원접수 현황〉

- 오전 10시 / A씨 / 부동산중개사무소 개점으로 인한 등록신청서 제출
- 오후 12시 / B씨 / 토지의 소유권을 이전하는 계약을 체결하고자 허가서 제출
- 오후 14시 / C씨 / 토지대장에서 잘못된 부분이 있어 정정요청서 제출

※ 공휴일 : 5/5 어린이날, 5/6 임시공휴일, 5/14 석가탄신일

	A씨	B씨	C씨
①	5/9(월)	5/19(목)	5/4(수) 14시
②	5/10(화)	5/23(월)	5/4(수) 14시
③	5/9(월)	5/23(월)	5/10(월) 14시
④	5/10(화)	5/19(목)	5/3(화) 14시

40 다음은 N은행의 홈페이지에 올라온 추석 연휴 금융거래 일시 중단 내용에 대한 내용이다. 이를 보고 대화한 사람 중 옳은 내용을 말한 사람은?

구분	주요 내용	중단 기간
은행업무	• (일시중단) N은행계좌를 이용하는 모든 금융거래 – 자동화기기(CD / ATM)를 이용한 입금, 출금, 계좌이체 및 조회 불가 – 인터넷뱅킹, 스마트뱅킹, 텔레뱅킹 등 계좌이체 및 조회 불가 – 타 금융기관을 이용한 N은행계좌 입금, 출금, 계좌이체 및 조회 불가 – 현금카드 이용 불가	2024. 9. 13(금) 00시 ~ 2024. 9. 16(월) 24시
카드업무	• (정상운영) 신용카드 승인 가능 – 신용카드를 이용한 물품 구매, 대금 결제 등 승인 ※ 온라인 결제 및 N은행카드 모바일 간편결제 등 신용카드 거래는 2024. 9. 14(토) 16시 ~ 2024. 9. 15(일) 02시까지 일시 제한	
	• (일시중단) 체크카드 이용 불가 – 체크카드를 이용한 승인 거래 이용 불가 ※ 단, 면세유 구매전용 체크카드는 2024. 9. 13(금)부터 이용 불가	2024. 9. 14(토) 00시 ~ 2024. 9. 16(월) 24시
	• (일시중단) 신용카드 승인 외 부수 업무 제한 – 장 / 단기카드대출(카드론, 현금서비스), N은행카드 포인트 사용 등 부수 업무 전반	2024. 9. 13(금) 00시 ~ 2024. 9. 16(월) 24시

① 진태 : 14일에 시장을 보러 가려고 했는데, N은행의 신용카드를 사용할 수 없다니 그냥 현금을 가지고 가야겠어.

② 정희 : 신용카드는 이용이 중단되지 않으니까, 15일에 그동안 N은행 신용카드로 쌓아놓았던 포인트를 사용해서 설 선물을 살 거야.

③ 연주 : K마트 홈페이지에서 14일 하루 동안 N은행카드 모바일 간편결제를 이용해 물건을 구매하면 특별 세일을 한다고 하니, 반드시 오후 4시 전에 주문해서 결제해야겠네.

④ 민철 : N은행의 업무만 안 되는 거니까 13일에 타 은행으로부터 이체된 것은 입금확인이 가능할 거야.

38 제시된 명제가 모두 참일 때, 다음 빈칸에 들어갈 명제로 가장 적절한 것은?

- 포유류는 새끼를 낳아 키운다.
- 고양이는 포유류이다.
- ____________________

① 포유류는 고양이이다.
② 고양이는 새끼를 낳아 키운다.
③ 새끼를 낳아 키우는 것은 고양이이다.
④ 새끼를 낳아 키우는 것은 포유류가 아니다.

39 다음은 국내 A항공사에 대한 SWOT 분석 자료이다. 〈보기〉 중 ㉠～㉡에 들어갈 내용으로 적절한 것은?

〈SWOT 분석 자료〉

강점(Strength)	• 국내 1위 LCC(저비용항공사) • 차별화된 기내 특화 서비스
약점(Weakness)	• 기반 지역과의 갈등 • ㉠
기회(Opportunity)	• 항공사의 호텔 사업 진출 허가 • ㉡
위협(Threat)	• LCC 시장의 경쟁 심화 • 대형 항공사의 가격 인하 전략

〈보기〉

ㄱ. 소비자의 낮은 신뢰도
ㄴ. IOSA(안전 품질 기준) 인증 획득
ㄷ. 해외 여행객의 증가
ㄹ. 항공사에 대한 소비자의 기대치 상승

	㉠	㉡
①	ㄱ	ㄴ
②	ㄱ	ㄷ
③	ㄴ	ㄷ
④	ㄴ	ㄹ

35 **갑 ~ 병 3명이 다음과 같이 주사위를 던져 나온 수만큼 점수를 획득할 때, 반드시 참이 아닌 것은?**

- 세 사람이 주사위를 던진 횟수는 총 10회이다.
- 세 사람이 획득한 점수는 47점이다.
- 갑은 가장 많은 횟수를 던졌다.
- 을이 얻은 점수는 16점이다.
- 병이 가장 많은 점수를 얻었다.

① 을은 주사위를 세 번 던졌다.
② 갑은 주사위를 네 번 던졌다.
③ 병은 6이 나온 적이 있다.
④ 을이 주사위를 던져서 얻은 점수는 모두 짝수이다.

36 **A ~ D 4명은 각각 1명의 자녀를 두고 있는 아버지이다. 4명의 아이 중 2명은 아들이고, 2명은 딸이다. 아들의 아버지인 2명만 사실을 말할 때, 다음 중 반드시 참인 것은?**

- A : B와 C의 아이는 아들이다.
- B : C의 아이는 딸이다.
- C : D의 아이는 딸이다.
- D : A와 C의 아이는 딸이다.

① A의 아이는 아들이다.
② B의 아이는 딸이다.
③ C의 아이는 아들이다.
④ D의 아이는 아들이다.

37 **제시된 명제가 모두 참일 때, 다음 중 반드시 참인 것은?**

- 사탕을 좋아하는 사람은 밥을 좋아한다.
- 초밥을 좋아하는 사람은 짬뽕을 좋아한다.
- 밥을 좋아하지 않는 사람은 짬뽕을 좋아하지 않는다.

① 사탕을 좋아하지 않는 사람은 짬뽕을 좋아한다.
② 밥을 좋아하는 사람은 짬뽕을 좋아하지 않는다.
③ 짬뽕을 좋아하는 사람은 사탕을 좋아하지 않는다.
④ 초밥을 좋아하는 사람은 밥을 좋아한다.

③ 2024년 10월 ~ 2025년 3월 동안 적금 가입계좌 수와 가입금액 현황

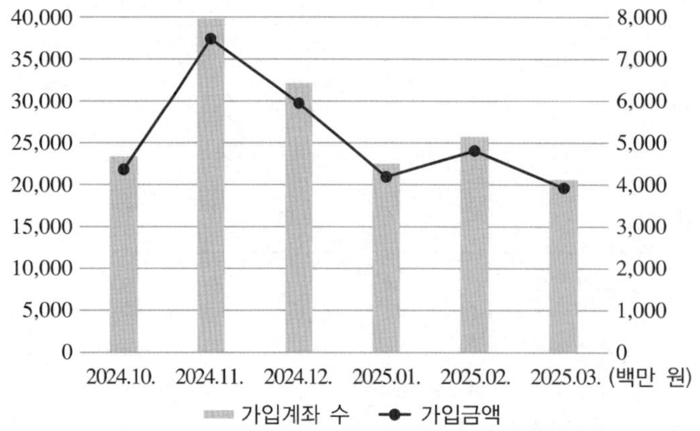

④ 2024년 10월 ~ 12월 동안 적금 가입자 수, 가입계좌 수, 가입금액 현황

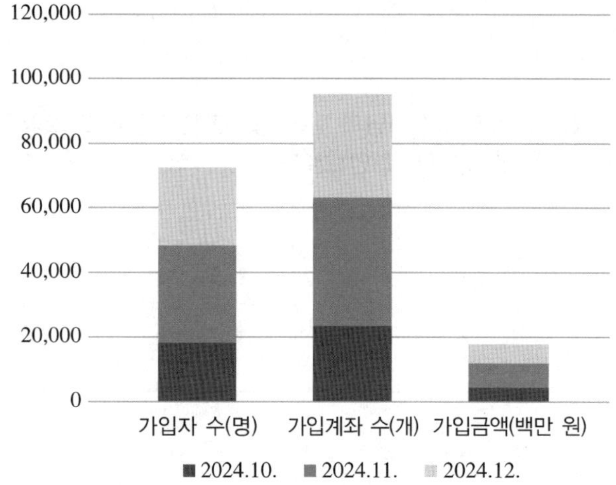

34 다음은 월별 장병내일준비적금 가입 현황에 대한 자료이다. 이를 변환한 그래프로 옳지 않은 것은?

〈장병내일준비적금 가입 현황〉

구분	2024년			2025년			합계
	10월	11월	12월	1월	2월	3월	
가입자 수(명)	18,127	30,196	24,190	16,225	18,906	15,394	123,038
가입계좌 수(개)	23,315	39,828	32,118	22,526	25,735	20,617	164,139
가입금액(백만 원)	4,361	7,480	5,944	4,189	4,803	3,923	30,700

① 2024년 10월 ~ 2025년 3월 동안 적금 가입자 수와 가입금액 현황

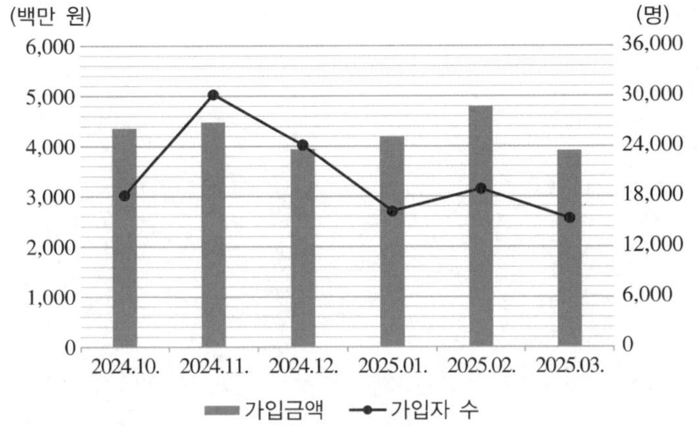

② 2024년 10월 ~ 2025년 3월 동안 적금 가입자 수와 가입계좌 수 현황

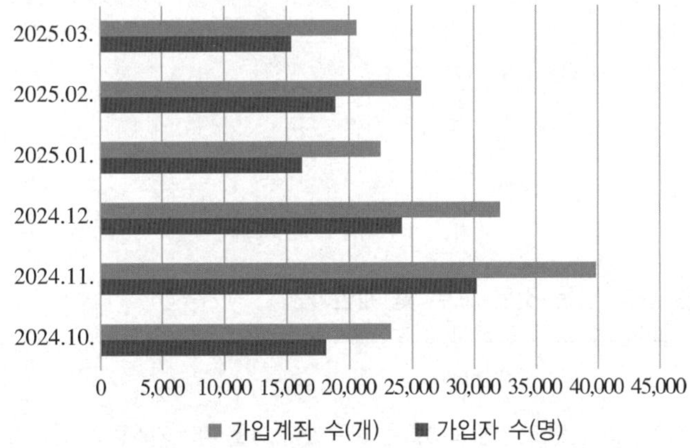

32 다음 〈보기〉 중 위 자료에 대한 설명으로 옳은 것을 모두 고르면?(단, 비율은 소수점 둘째 자리에서 반올림한다)

〈보기〉

㉠ 2025년 1월부터 3월까지 주식선물 거래량은 주식옵션 총 거래량보다 30배 미만이다.
㉡ 2025년 4월 주식콜옵션의 거래량 중 미결제약정 건수의 비율은 주식풋옵션의 거래량 중 미결제약정의 비율보다 4.5%p 이상 낮다.
㉢ 2024년 12월 주식옵션의 총 거래대금은 주식선물 계약금액의 1% 미만이다.
㉣ 2025년 1 ~ 5월 중 주식풋옵션 거래대금이 가장 높은 달의 주식콜옵션 미결제약정 대비 주식선물 미결제약정 값은 30 미만이다.

① ㉠, ㉡
② ㉡, ㉢
③ ㉢, ㉣
④ ㉡, ㉢, ㉣

33 다음 보고서에 밑줄 친 ㉠ ~ ㉣ 중 옳지 않은 것은 모두 몇 개인가?

〈보고서〉

2025년 1월 주식선물 거래량은 6천만 건을 넘었고, 2월과 3월은 하락했다. 4월부터 거래량이 다시 회복하여 6천만 건을 초과하였고, 계약금액도 증가해 ㉠ 주식선물의 거래량과 계약금액의 증감추이가 서로 비례한 것을 알 수 있다. 반면 주식선물의 ㉡ 미결제약정은 3월부터 450만 건을 넘어 5월까지 증가 추세에 있다. ㉢ 주식콜옵션과 주식풋옵션은 주식선물보다 거래량과 거래대금은 낮지만, 작년 12월부터 올해 3월까지 꾸준히 증가했다. 주식풋옵션의 경우 4월부터 5월까지 거래대금이 감소하면서 미결제약정 건수가 증가하는 것을 볼 수 있고, 같은 기간에 주식옵션 전체 거래대금과 미결제약정 건수도 반비례관계로 정의된다. 또한 ㉣ 조사기간 동안 주식선물의 거래량과 미결제약정 건수도 반비례하는 것을 알 수 있다.

① 1개
② 2개
③ 3개
④ 4개

※ 다음은 주식상품별 5개월 동안의 거래량 및 건별 금액에 대한 자료이다. 이어지는 질문에 답하시오. **[32~33]**

〈월별 주식상품총괄 현황〉

(단위 : 건, 백만 원)

구분		2025.01.	2025.02.	2025.03.
주식선물	거래량	60,917,053	48,352,889	57,706,000
	계약금액	33,046,749	27,682,097	32,468,677
	미결제약정	3,492,154	3,570,454	4,556,923
주식콜옵션	거래량	669,188	874,205	1,373,697
	거래대금	5,810	5,986	9,317
	미결제약정	149,927	162,078	165,391
주식풋옵션	거래량	676,138	880,034	1,373,108
	거래대금	4,861	5,559	9,446
	미결제약정	216,788	203,015	192,650
주식옵션 소계	거래량	1,345,326	1,754,239	2,746,805
	거래대금	10,671	11,545	18,763
	미결제약정	366,715	365,093	358,041

구분		2025.04.	2025.05.
주식선물	거래량	62,961,677	64,551,839
	계약금액	35,294,244	34,755,058
	미결제약정	4,511,084	4,556,223
주식콜옵션	거래량	1,123,637	962,122
	거래대금	8,650	6,816
	미결제약정	181,357	271,590
주식풋옵션	거래량	1,129,457	859,210
	거래대금	8,445	6,398
	미결제약정	226,254	261,261
주식옵션 소계	거래량	2,253,094	1,821,332
	거래대금	17,095	13,214
	미결제약정	407,611	532,851

※ (주식옵션 소계)=(주식콜옵션)+(주식풋옵션)

〈2024년 12월 주식상품총괄 현황〉

(단위 : 건, 백만 원)

구분	거래량	계약금액 또는 거래대금	미결제약정
주식선물	41,642,569	24,138,554	3,071,025
주식콜옵션	595,241	4,845	128,863
주식풋옵션	544,811	5,557	162,886

31 다음은 우리나라 부패인식지수(CPI) 연도별 변동 추이에 대한 자료이다. 이에 대한 설명으로 옳지 않은 것은?

〈우리나라 부패인식지수(CPI) 연도별 변동 추이〉

구분		2018년	2019년	2020년	2021년	2022년	2023년	2024년
CPI	점수	4.5	5	5.1	5.1	5.6	5.5	5.4
	조사대상국	146	159	163	180	180	180	178
	순위	47	40	42	43	40	39	39
	백분율	32.2	25.2	25.8	23.9	22.2	21.6	21.9
OECD	회원국	30	30	30	30	30	30	30
	순위	24	22	23	25	22	22	22

※ 0 ~ 10점 : 점수가 높을수록 청렴

① CPI를 확인해 볼 때, 우리나라는 다른 해에 비해 2022년도에 가장 청렴했다고 볼 수 있다.
② CPI 순위는 2023년에 처음으로 30위권에 진입했다.
③ 청렴도가 가장 낮은 해와 2024년도의 청렴도 점수의 차이는 0.9점이다.
④ OECD 순위는 2021년부터 현재까지 상위권이라 볼 수 있다.

30 다음은 A～E 5개국의 경제 및 사회 지표에 대한 자료이다. 이에 대한 설명으로 옳지 않은 것은?

〈5개국의 경제 및 사회 지표〉

구분	1인당 GDP(달러)	경제성장률(%)	수출(백만 달러)	수입(백만 달러)	총인구(백만 명)
A	27,214	2.6	526,757	436,499	50.6
B	32,477	0.5	624,787	648,315	126.6
C	55,837	2.4	1,504,580	2,315,300	321.8
D	25,832	3.2	277,423	304,315	46.1
E	56,328	2.3	188,445	208,414	24.0

※ (총 GDP)=(1인당 GDP)×(총인구)

① 경제성장률이 가장 큰 국가가 총 GDP는 가장 작다.
② 총 GDP가 가장 큰 국가는 가장 작은 국가의 총 GDP보다 10배 이상 더 크다.
③ 5개국 중 수출과 수입에 있어서 규모에 따라 나열한 순위는 서로 일치한다.
④ 1인당 GDP에 따른 순위와 총 GDP에 따른 순위는 서로 일치한다.

29 다음은 은행별 해외송금 수수료에 대한 자료이다. A씨가 1년간 해외유학 중인 아들에게 보낸 해외송금 내역이 아래와 같을 때 A씨가 부담한 해외송금 수수료는?(단, 해외송금 수수료 계산 시 해외송금 건마다 전신료는 별도로 포함한다)

〈은행별 해외송금 수수료〉

은행명	해외송금 수수료					전신료
	$500 미만	$500 이상 ~ $2,000 미만	$2,000 이상 ~ $5,000 미만	$5,000 이상 ~ $10,000 미만	$10,000 이상	
A은행	15,000원	20,000원	25,000원	30,000원	35,000원	10,000원
B은행	12,000원	17,000원	22,000원	27,000원		7,000원
C은행	18,000원		23,000원	28,000원		8,000원
D은행	12,000원	14,000원	19,000원	24,000원	29,000원	7,500원
E은행	14,500원		19,500원	27,500원	32,500원	7,000원

〈해외송금 내역〉

날짜	해외송금 금액	이용 은행
2023.02.03.	$720	D은행
2023.03.06.	$5,200	A은행
2023.04.04.	$2,500	B은행
2023.04.27.	$1,300	A은행
2023.05.15.	$2,300	C은행
2023.06.09.	$1,520	D은행
2023.07.11.	$5,500	E은행
2023.08.20.	$800	D은행
2023.09.04.	$1,320	A은행
2023.10.24.	$2,300	D은행
2023.12.12.	$800	D은행

① 263,000원　　② 276,000원
③ 287,000원　　④ 307,000원

25 수돗가에 서로 각기 다른 물의 양이 나오는 수도꼭지 A, B, C가 있다. 비어 있는 양동이에 물을 완전히 채우기 위해 A, B, C 수도꼭지 모두 틀었더니 10분이 걸렸고, B와 C만으로 채우면 30분이 걸렸다. A수도꼭지에서 1분당 물이 나오는 양은 B수도꼭지의 8배였다고 할 때, C수도꼭지만으로 양동이를 가득 채우는데 걸리는 시간은?

① 20분 ② 25분
③ 30분 ④ 40분

26 길이가 0.5km인 열차가 시속 50km의 일정한 속도로 달린다. 이 열차가 터널을 완전히 통과하는 데 3분이 걸렸다면 터널의 길이는?

① 1.5km ② 2km
③ 2.5km ④ 3km

27 농도 12%인 소금물 600g에서 소금물을 조금 퍼내고, 그 양만큼의 물을 다시 부었다. 그리고 여기에 농도 4%인 소금물을 더 넣어 농도 5.5%의 소금물 800g을 만들었다면, 처음에 퍼낸 소금물의 양은?

① 100g ② 200g
③ 300g ④ 400g

28 6개월 전, 자산관리사 A씨는 20,000,000원의 원금을 가지고 자금 운용을 시작하여 현재 누적 수익률이 4%가 되었다. 6개월 후 누적 수익률이 원금의 10%가 되려면, 6개월 동안의 누적 수익률은 몇 %가 되어야 하는가?(단, 누적 수익률은 원금을 대상으로 계산된 이자만을 고려한다)

① 4% ② 5%
③ 6% ④ 12%

※ 일정한 규칙으로 수나 문자를 나열할 때, 빈칸에 들어갈 알맞은 것을 고르시오. **[21~24]**

21

$5 \quad \frac{10}{9} \quad \frac{9}{2} \quad \frac{20}{81} \quad (\quad)$

① $\frac{729}{40}$
② $\frac{718}{40}$
③ $\frac{707}{40}$
④ $\frac{729}{30}$

22

84　80　42　20　21　(　)　10.5　1.25

① 7
② 6
③ 5
④ 4

23

−2　−0.4　−2.8　0.4　−3.6　(　)

① −2.1
② −1.3
③ −0.9
④ 1.2

24

ㄹ　5　六　ㅠ　(　)　11　ㅊ　N

① ㅠ
② P
③ ㅎ
④ 九

※ 다음 식을 계산한 값을 구하시오. [18~20]

18

$$(654,321-123,456)+(456,456-136,321)$$

① 831,000
② 841,000
③ 851,000
④ 861,000

19

$$455\div50+0.1\times9+2.5\times4$$

① 18
② 19
③ 20
④ 21

20

$$94,500\div54\div50\div7$$

① 4
② 5
③ 6
④ 7

17 다음 중 (가) ~ (라) 문단을 논리적인 순서대로 바르게 나열한 것은?

> (가) 둘째 날은 팜 스테이 최우수마을로 선정된 경기 연천군의 새 둥지 마을을 방문하여 농협에서 중점적으로 추진하고 있는 '깨끗하고 아름다운 농촌 마을 가꾸기 운동'에 동참하고자 꽃 심기와 임진강 환경정화 활동에 구슬땀을 흘렸다. 이 밖에 도농 교류가 지속적으로 확대되기를 기원하는 소망 등(燈) 만들기 행사와 연천에서 생산된 보리를 재료로 웰빙 보리 개떡 만들기 체험을 하며 농업의 소중함을 깨달았다.
> (나) '에너지와 여성' 단체의 회장은 연수 소감 발표에서 "이번 연수는 소비자 입장에서 우리 농산물의 소중함을 이해하고, 도농 교류의 참된 의미를 느끼는 뜻깊은 시간이었다."고 말했다. 도농협동연수원 원장은 "도농 어울림 과정은 도시 소비자와 농업인 간의 만남과 소통을 통해 농산물 직거래 기반을 구축하는 연수 과정이란 점에서 의미가 매우 크다."면서 "이번 연수를 통해 도농 간 교류가 더욱 활발해졌으면 한다."고 강조했다.
> (다) 도시민과 농업인은 연수 첫째 날 '공공재로서 농업·농촌의 가치 이해' 강의를 시작으로 주변에서 쉽게 구할 수 있는 우리 농산물의 우수성에 대한 '음식 속에 해답이 있다.'는 특강을 통해 우리 농산물의 우수성에 공감했다. 특히, 농심 토크 시간에는 안성 인처골마을의 농업인으로부터 10년 전 귀농하면서 겪었던 농촌 정착과정에서의 경험담과 시행착오 속에서 성공한 '유기농 포도의 재배와 효능'에 대한 설명을 듣고 우리 농산물의 소중함을 재인식하고, 현장에서 직거래에 대한 상담을 진행하기도 했다.
> (라) 농협의 도농협동연수원은 팜 스테이 마을에 대한 정보 제공과 생산농산물 소개를 통해 농가소득 증대를 위한 '도농 협동 CEO 리더 어울림 과정'을 이틀간 개최했다. 이날 연수에는 팜 스테이 운영 농업인 40명과 도농협동 국민운동 MOU 단체인 '에너지와 여성'의 도시소비자 40명 등 80여 명이 함께 참여하여 농업·농촌의 가치 이해, 농심(農心) 토크, 농촌 마을 가꾸기 등을 진행했다.

① (나) – (가) – (다) – (라)
② (다) – (나) – (가) – (라)
③ (라) – (가) – (다) – (나)
④ (라) – (다) – (가) – (나)

※ 다음은 농업협동조합법의 일부 내용이다. 이어지는 질문에 답하시오. [15~16]

제19조(조합원의 자격)

① 조합원은 지역농협의 구역에 주소, 거소(居所)나 사업장이 있는 농업인이어야 하며, 둘 이상의 지역농협에 가입할 수 없다.

② '농어업경영체 육성 및 지원에 관한 법률' 제16조 및 제19조에 따른 영농조합법인과 농업회사법인으로서 그 주된 사무소를 지역농협의 구역에 두고 농업을 경영하는 법인은 지역농협의 조합원이 될 수 있다.

③ 특별시 또는 광역시의 자치구를 구역의 전부 또는 일부로 하는 품목조합은 해당 자치구를 구역으로 하는 지역농협의 조합원이 될 수 있다.

④ 제1항에 따른 농업인의 범위는 대통령령으로 정한다.

제20조(준조합원)

① 지역농협은 정관으로 정하는 바에 따라 지역농협의 구역에 주소나 거소를 둔 자로서 그 지역농협의 사업을 이용함이 적당하다고 인정되는 자를 준조합원으로 할 수 있다.

② 지역농협은 준조합원에 대하여 정관으로 정하는 바에 따라 가입금과 경비를 부담하게 할 수 있다.

③ 준조합원은 정관으로 정하는 바에 따라 지역농협의 사업을 이용할 권리를 가진다.

제21조(출자)

① 조합원은 정관으로 정하는 좌수 이상을 출자하여야 한다.

② 출자 1좌의 금액은 균일하게 정하여야 한다.

③ 출자 1좌의 금액은 정관으로 정한다.

④ 조합원의 출자액은 질권(質權)의 목적이 될 수 없다.

⑤ 조합원은 출자의 납입 시 지역농협에 대한 채권과 상계(相計)할 수 없다.

15 다음 중 농업협동조합법의 내용으로 가장 적절한 것은?

① 지역농협의 구역에 주소를 둔 자는 누구나 조합원이 될 수 있다.
② 지역농협은 준조합원에 대해 가입금과 경비를 부담하게 할 수 없다.
③ 조합원은 둘 이상의 지역농협에 가입할 수 없다.
④ 조합원은 출자의 납입 시 지역농협에 대한 채권과 상계할 수 있다.

16 다음 중 ◇◇자치구를 구역으로 하는 ○○지역농협의 조합원이 될 수 있는 경우는?

① 주된 사무소를 ○○지역농협의 구역에 두고 있는 산림조합법인 A
② ◇◇자치구를 구역의 일부로 하는 품목조합 B
③ ○○지역농협의 구역에 지사를 두고 농업을 경영하는 농업회사법인 C
④ △△지역농협의 조합원이면서 주소가 △△지역농협의 구역에 있는 농업인 D

※ 다음은 안전보장이사회를 소개하는 글이다. 이어지는 질문에 답하시오. [13~14]

국제연합(United Nations)은 제2차 세계대전 말에 태동하기 시작하여 1945년 샌프란시스코회의에서 헌장이 작성되고, 동년 10월 24일 발효함으로써 창설된 전후 최대 국제기구이다. 산하 주요기관으로는 총회, 안전보장이사회, 경제이사회, 신탁통치이사회, 국제사법재판소 그리고 사무국이 있다. 이 중에서 안전보장이사회는 국제평화와 안보에 대한 위협을 다루는 데 있어서 좀 더 효율적인 의사결정을 촉진하기 위해 작은 규모로 유지되어 왔다. 그러나 규모와 달리 평화를 파괴할 우려가 있는 분쟁 또는 사태를 평화적으로 처리하며, 평화에 대한 위협, 평화의 파괴 또는 침략행위 등에 대한 중지・권고 또는 강제조치를 결정하는 권한을 가지고 있다. 이에 관련된 군비규제 계획의 작성, 국제사법재판소의 판결이행사항 이행, 지방적 분쟁에 대한 지역적 처리 장려, 지역적 강제행동의 허가, 전략지구의 감독 등을 수행한다. 또한 총회와 공동으로 가맹승인・제명・권리정지 및 사무총장의 임명 등을 관장하고 있다.

안전보장이사회는 또한 상임이사국과 비상임이사국 모두를 가진 유일한 UN기구이다. 5개 상임이사국은 미국, 영국, 프랑스, 러시아(1992년 소련의 의석을 승계)와 중국(1971년 중화민국의 의석을 승계)인데, 이들은 거부권을 가지고 있기 때문에 안전보장이사회 의사결정의 핵심이라고 할 수 있다. 1965년에 10개국으로 확대된 비상임이사국들은 2년 임기로 선출되고, 안전보장이사회의 모든 업무에 참여한다. 적어도 비상임이사국들이 찬성해야만 결의안이 통과된다. 현재의 규칙에 의하면 비상임이사국은 연임할 수 없으며 비상임이사국 중 5석은 아프리카와 아시아가 차지하고, 라틴아메리카와 서유럽국가들이 각각 2석을, 동유럽 국가들이 한 자리를 차지한다.

국제 평화와 안보의 목적을 추구하는 일차적 책임은 안전보장이사회에 있다. 안전보장이사회는 국제 평화와 안보를 유지하거나 혹은 회복하기 위해 심지어 군사조치까지 승인하는 결의안을 만들 수 있다. 이러한 경우에는 총 15개 안전보장이사회 회원국 중 5개의 상임이사국을 포함하고 9개 이상 이사국의 찬성 표결이 있어야만 한다. 이 중 5개 상임이사국은 거부권을 행사할 수 있다.

현재 안전보장이사회의 평화유지의 역할을 수행하는 것과 관련된 조항은 UN헌장 제6장과 제7장에 열거되어 있다. 제6장은 분쟁의 평화적 해결 문제를 다루고 있는데, 이 장은 분쟁을 조사하고 당사국들로 하여금 폭력의 사용 없이 분쟁을 해결하도록 돕는 여러 형태의 기술적 내용들을 제시하고 있다. 제7장은 침략자들을 규정하고, 경제제재 혹은 공동행동을 위한 군사력 제공 등과 같은 실행조치를 취하는 데 있어서 회원국들을 독려할 수 있는 안보리의 권한을 명시하고 있다. 1990년 이전, 안보리는 단지 두 사건에 있어서만 제7장에 근거한 강제 권력을 사용하였고, 대부분의 냉전시대 분쟁에 대응하기 위해서는 제6장의 절차에 근거하였다. 따라서 1992년 이전에 모든 UN 평화유지군은 제6장에 근거하여 권한이 주어졌다. 냉전종식 이후 가장 큰 변화 중 하나는 안보리가 제7장을 더 많이 활용한다는 것인데, 이는 경제제재와 군사적 행동을 위한 조치들을 포함하는 것이다. 이처럼 국제평화에 대해 지대한 책무를 지닌 까닭에 안보리 개최에 최적의 환경 확보를 위해 이사국은 그들의 대표를 유엔본부 내에 상주시키고 있다.

13 각 문단의 제목으로 적절하지 않은 것은?

① 첫 번째 문단 : 안전보장이사회의 기능과 권한
② 두 번째 문단 : 안전보장이사회의 구성
③ 세 번째 문단 : 안전보장이사회의 거부권 행사
④ 네 번째 문단 : 안전보장이사회와 관련된 UN헌장 제6장과 제7장

14 글의 내용으로 가장 적절한 것은?

① UN헌장 제7장은 분쟁의 평화적 해결 문제를 다루고 있다.
② 5개의 상임이사국은 미국, 중국, 러시아, 일본, 프랑스로 구성되어 있다.
③ 안전보장이사회는 국제사법재판소의 판결이행사항을 이행하기도 한다.
④ 냉전종식 이후 UN헌장 제6장이 제7장보다 더 많이 활용되고 있다.

※ 다음 글을 읽고 이어지는 질문에 답하시오. [11~12]

섬유 예술은 실, 직물, 가죽, 짐승의 털 등의 섬유를 오브제로 사용하여 미적 효과를 구현하는 예술을 일컫는다. 오브제란 일상 용품이나 자연물 또는 예술과 무관한 물건을 본래의 용도에서 분리하여 작품에 사용함으로써 새로운 상징적 의미를 불러일으키는 대상을 의미한다. 섬유 예술은 실용성에 초점을 둔 공예와 달리 섬유가 예술성을 지닌 오브제로서 기능할 수 있다는 자각에서 비롯되었다.
섬유 예술이 새로운 조형 예술의 한 장르로 자리매김한 결정적 계기는 1969년 제5회 '로잔느 섬유 예술 비엔날레전'에서 올덴버그가 가죽을 사용하여 만든 「부드러운 타자기」라는 작품을 전시하여 주목을 받은 것이었다. 올덴버그는 이 작품을 통해 공예의 한 재료에 불과했던 가죽을 예술성을 구현하는 오브제로 활용하여 섬유를 심미적 대상으로 인식할 수 있게 하였다.
이후 섬유 예술은 평면성에서 벗어나 조형성을 강조하는 여러 기법들을 활용하여 작가의 개성과 미의식을 구현하는 흐름을 보였는데, 이에는 바스켓트리, 콜라주, 아상블라주 등이 있다. 바스켓트리는 바구니 공예를 일컫는 말로 섬유의 특성을 활용하여 꼬기, 엮기, 짜기 등의 방식으로 예술적 조형성을 구현하는 기법이다. 콜라주는 이질적인 여러 소재들을 혼합하여 일상성에서 탈피한 미감을 주는 기법이고, 아상블라주는 콜라주의 평면적인 조형성을 넘어 우리 주변에서 흔히 볼 수 있는 물건들과 폐품 등을 혼합하여 3차원적으로 표현하는 기법이다. 콜라주와 아상블라주는 현대의 여러 예술 사조에서 활용되는 기법을 차용한 것으로, 섬유 예술에서는 순수 조형미를 드러내거나 현대 사회의 복합성과 인류 문명의 한 단면을 상징화하는 수단으로 활용되기도 하였다.
섬유를 오브제로 활용한 대표적인 작품으로는 라우센버그의 「침대」가 있다. 이 작품에서 라우센버그는 섬유 자체뿐 아니라 여러 오브제들을 혼합하여 예술적 미감을 표현하기도 했다. 「침대」는 캔버스에 평소 사용하던 커다란 침대보를 부착하고 베개와 퀼트 천으로 된 이불, 신문 조각, 잡지 등을 붙인 다음 그 위에 물감을 흩뿌려 작업한 것으로, 콜라주, 아상블라주 기법을 주로 활용하여 섬유의 조형적 미감을 구현한 작품으로 평가받고 있다.

11 윗글에서 알 수 있는 내용이 아닌 것은?

① 섬유 예술의 재료
② 섬유 예술의 발전 과정
③ 섬유 예술 작품의 예
④ 섬유 예술과 타 예술장르의 관계

12 윗글의 '섬유 예술'에 대한 추론으로 옳지 않은 것은?

① 라우센버그의 「침대」에 쓰인 재료들은 특별한 의미를 추구하지 않는다.
② 올덴버그의 「부드러운 타자기」가 주목받기 이전에는 대체로 섬유 예술을 조형 예술 장르로 보지 않았다.
③ 섬유 예술은 기존의 섬유를 실용성의 측면에서 보던 시각에서 탈피하여 섬유를 심미적 대상으로 보았다.
④ 콜라주와 아상블라주는 섬유 예술 이외에도 다양한 예술 분야에서 사용된다.

10 다음 글의 내용으로 적절한 것은?

근대적 공론장의 형성을 중시하는 연구자들은 아렌트와 하버마스의 공론장 이론을 적용하여 한국적 근대 공론장의 원형을 찾는다. 이들은 유럽에서 18 ~ 19세기에 신문, 잡지 등이 시민들의 대화와 토론에 의거한 부르주아 공론장을 형성하였다는 사실에 착안하여 『독립신문』이 근대적 공론장의 역할을 하였다고 주장한다. 또한 만민공동회라는 새로운 정치권력이 만들어낸 근대적 공론장을 통해, 공화정의 근간인 의회와 한국 최초의 근대적 헌법이 등장하는 결정적 계기가 마련되었다고 인식한다.

그런데 공론장의 형성을 근대 이행의 절대적 특징으로 이해하는 태도는 근대 이행의 다른 길들에 대한 불신과 과소평가로 이어지기도 한다. 당시 사회의 개혁을 위해서는 갑신정변과 같은 소수 엘리트 주도의 혁명이나 동학농민운동과 같은 민중봉기가 아니라, 만민공동회와 같은 다수 인민에 의한 합리적인 토론과 공론에 의거한 민주적 개혁이 올바른 길이라고 주장하는 것이 대표적 예이다. 나아가 이러한 태도는 당시 고종이 만민공동회의 주장을 수용하여 입헌군주제나 공화제를 채택했더라면 국권 박탈이라는 비극만은 면할 수 있었으리라는 비약으로 이어진다.

이러한 생각의 배경에는 개인의 자각에 근거한 공론장과 평화적 토론을 통한 공론의 형성, 그리고 공론을 정치에 실현시킬 제도적 장치가 마련되어 있는 체제가 바로 '근대'라는 확고한 인식이 자리 잡고 있다. 그들은 시민세력으로 성장할 가능성을 지닌 인민들의 행위가 근대적 정치를 표현하고 있었다는 점만 중시하고, 공론 형성의 주체인 시민이 아직 형성되지 못한 시대 상황은 특수한 것으로 평가한다. 또한 근대적 정치행위가 실패한 것은 인민들의 한계가 아니라, 전제황실 권력의 탄압이나 개혁파 지도자 내부의 권력투쟁 때문이라고 설명한다.

이러한 인식으로는 농민들을 중심으로 한 반봉건 민중운동의 지향점, 그리고 토지문제 해결을 통한 근대 이행이라는 고전적 과제에 답할 수가 없다. 또한 근대적 공론장에 기반한 근대국가가 수립되었을지라도 제국주의 열강들의 위협을 극복할 수 있었겠는지, 그 극복이 농민들의 지지 없이 가능했을지에 대한 문제의식은 들어설 여지가 없게 된다. 더 큰 문제는 이런 인식이 농민운동을 근대 이행을 방해하는 역사의 반역으로 왜곡할 소지가 있다는 것이다. 이러한 의문들이 적극적으로 해명되지 않는다면 근대 공론장 이론은 설득력을 갖기 어려울 것이다.

① 『독립신문』은 근대적 공론장의 역할을 하지 못했다.
② 농민운동이 한국의 근대 이행을 방해했다고 볼 수 없다.
③ 제국주의 열강의 위협이 한국의 근대 공론장 형성을 가속화하였다.
④ 고종이 만민공동회의 주장을 채택하였다면 국권박탈의 비극은 없었을 것이다.

09 '고령화 사회에 대비하자.'라는 주제로 글을 쓰기 위해 개요를 작성하였다가 수정하였다. 다음 중 수정한 이유로 가장 적절한 것은?

〈수정 전〉
Ⅰ. 서론 : 고령화 사회로의 진입
Ⅱ. 본론
  1. 고령화 사회의 실태
    (1) 인구 증가율 마이너스
    (2) 초고속 고령화 사회로의 진입
  2. 고령화 사회의 문제점
    (1) 사회 비용 증가
    (2) 인구 감소로 인한 문제 발생
  3. 고령화 사회 해결 방안
    (1) 노인 일자리 제공
    (2) 국민연금제도의 개편
    (3) 법과 제도의 개선
Ⅲ. 결론 : 고령화 사회 대비 강조

〈수정 후〉
Ⅰ. 서론 : 고령화 사회의 심각성
Ⅱ. 본론
  1. 고령화 사회의 실태
    (1) 인구 증가율 마이너스
    (2) 초고속 고령화 사회로의 진입
  2. 고령화 사회의 문제점
    (1) 의료·복지 비용 증가
    (2) 노동력 공급 감소
    (3) 노동 생산성 저하
  3. 고령화 사회 해결 방안
    (1) 노인 일자리 제공
    (2) 국민연금제도의 개편
    (3) 법과 제도의 개선
Ⅲ. 결론 : 고령화 사회 대비 촉구

① 문제 상황을 보는 관점이 다양함을 드러내기 위해
② 문제 상황을 구체화하여 주제의 설득력을 높이기 위해
③ 문제 해결과정에 발생할 불필요한 논쟁을 피하기 위해
④ 논의 대상의 범위를 이전보다 구체적으로 한정하기 위해

05 다음 상황에 어울리는 사자성어로 가장 적절한 것은?

> 이번 폭우로 인한 수해는 30년 된 매뉴얼에 의한 안일한 대처로 피해를 키운 인재(人災)라는 논란이 있다. 하지만 이번에도 정치권에서는 근본 대책을 세우기보다 특별재난지역을 선포하는 선에서 적당히 '미봉(彌縫)'하고 넘어갈 가능성이 크다.

① 이심전심(以心傳心)　　② 괄목상대(刮目相對)
③ 임시방편(臨時方便)　　④ 주도면밀(周到綿密)

06 다음 제시문의 내용을 가장 잘 설명하는 속담은?

> 말을 마치지 못하여서 구름이 걷히니 호승이 간 곳이 없고, 좌우를 돌아보니 팔 낭자가 또한 간 곳이 없는지라 정히 경황(驚惶)하여 하더니, 그런 높은 대와 많은 집이 일시에 없어지고 제 몸이 한 작은 암자 중의 한 포단 위에 앉았으되, 향로(香爐)에 불이 이미 사라지고, 지는 달이 창에 이미 비치었더라.

① 공든 탑이 무너지랴.
② 산 까마귀 염불한다.
③ 열흘 붉은 꽃이 없다.
④ 고양이가 쥐 생각해 준다.

07 다음 중 밑줄 친 부분의 띄어쓰기가 옳은 것은?

① 토마토는 <u>손 쉽게 가꿀 수 있는</u> 채소이다.
② 농협이 <u>발 빠르게 지원에 나서</u> 주목받고 있다.
③ <u>겨울한파에 언마음이</u> 따뜻하게 녹았으면 좋겠다.
④ 협동의 <u>깃발 아래 한 데 뭉치자</u>.

08 다음 대화에서 빈칸에 들어갈 말로 가장 적절한 것은?

> A : Could you tell me the time?
> B : I'm sorry. My watch ___________.

① rectify oneself
② is out of order
③ cure itself automatically
④ be improved

지역농협 6급 필기시험

제3회 모의고사

문항 수 : 60문항
시험시간 : 70분

01 다음 제시된 단어의 대응 관계로 볼 때 빈칸에 들어갈 단어로 알맞은 것은?

사실 : 허구 = 유명 : (　　)

① 인기　② 가수
③ 진실　④ 무명

02 다음 제시된 세 단어로 연상할 수 있는 단어는?

자리　투정　꿈

① 꾀　② 비
③ 잠　④ 가면

※ 다음 중 제시된 단어들의 관계와 유사한 관계로 짝지어진 것을 고르시오. **[3~4]**

03

밀봉 – 밀폐

① 매립 – 굴착　② 허비 – 절용
③ 승진 – 좌천　④ 모범 – 귀감

04

개선 – 개악

① 규칙 – 방칙　② 질서 – 혼돈
③ 최선 – 극선　④ 간극 – 간격

제3회 지역농협 6급 필기시험

직무능력평가 (60문항/70분 유형)

〈문항 수 및 시험시간〉

영역	문항 수	시험시간	비고	모바일 OMR 답안채점 / 성적분석
의사소통능력 수리능력 문제해결능력 자원관리능력 조직이해능력	60문항	70분	4지선다	

제2회
지역농협 6급
필기시험

직무능력평가
(70문항/70분 유형)

〈문항 수 및 시험시간〉

영역	문항 수	시험시간	비고	모바일 OMR 답안채점 / 성적분석
의사소통능력 수리능력 문제해결능력 자원관리능력 조직이해능력	70문항	70분	5지선다	

지역농협 6급 필기시험

제2회 모의고사

문항 수 : 70문항
시험시간 : 70분

※ 다음 제시된 단어의 대응 관계로 볼 때 빈칸에 들어갈 단어로 알맞은 것을 고르시오. **[1~3]**

01

( ) : 미국 = 비둘기 : 평화

① 호랑이
② 솔개
③ 독수리
④ 사자
⑤ 말

02

응분 : 과분 = 겸양하다 : ( )

① 강직하다
② 너그럽다
③ 쩨쩨하다
④ 겸손하다
⑤ 젠체하다

03

( ) : 한옥 = 음식 : 김치

① 건물
② 한식
③ 콜라
④ 식혜
⑤ 명절

※ 다음 짝지어진 단어 사이의 관계가 나머지와 다른 하나를 고르시오. [4~5]

04 ① 꽃 – 나무 – 식물
② 남자 – 여자 – 사람
③ 노랑 – 파랑 – 초록
④ 숟가락 – 젓가락 – 수저
⑤ 손가락 – 손바닥 – 손

05 ① 씨앗 – 싹 – 잎
② 물 – 수증기 – 얼음
③ 알 – 올챙이 – 개구리
④ 애벌레 – 번데기 – 나비
⑤ 알 – 병아리 – 닭

※ 다음 제시된 세 단어로 연상할 수 있는 단어를 고르시오. [6~8]

06

고래 인간 개

① 포유류
② 양서류
③ 어류
④ 조류
⑤ 파충류

07

충돌 접촉 정전기

① 갈등
② 사고
③ 사건
④ 마찰
⑤ 복사

08

방황 성장 반항

① 방랑
② 사춘기
③ 경제
④ 모순
⑤ 판소리

09 다음 중 밑줄 친 단어의 맞춤법이 잘못된 것은?

① 우리는 첨단산업을 개발하고 육성해야 한다.
② 기술자가 없어서 고가의 장비를 썩이고 있다.
③ 생선 장수들이 좌판을 벌이고 손님을 맞아들였다.
④ 메모지를 벽에 덕지덕지 붙여 놓아 지저분해 보인다.
⑤ 언제인지 모르게 그 아이가 자신을 맞먹고 있다는 걸 느꼈다.

10 다음 글의 내용으로 적절하지 않은 것은?

> Aesop was a man who lived in Greece from about 620 to 560 B.C. He told fables that were about different animals. Fables are short stories that have a moral or lesson. After Aesop died, many other people told his tales and added new ones. These tales have become known as Aesop's fables. They are the most famous fables in the world. Although Aesop's fables are usually stories about animals, they help teach humans how to live their lives well.

① 이솝은 기원전에 그리스에 살았다.
② 이솝은 동물에 관한 우화를 들려주었다.
③ 우화는 재미있지만 교훈과는 거리가 있다.
④ 이솝 우화는 인간에게 잘 사는 법을 가르쳐 준다.
⑤ 많은 사람들이 그의 이야기를 들려주었다.

11 다음은 '우리말 사용'에 대한 글을 쓰기 위해 작성한 개요이다. 다음 개요의 수정 · 보완 및 자료 제시 방안으로 적절하지 않은 것은?

1. 서론 ·· ㉠
2. 우리말의 오용 원인
   (1) 개인적 측면 ··· ㉡
      - 우리말에 대한 사랑과 긍지 부족
   (2) 사회적 측면
      가. 우리말의 소중함에 대한 교육 부족
      나. 바른 우리말 교육 자료의 부족
      다. 대중매체가 미치는 부정적 영향에 대한 인식 부족 ··················· ㉢
3. 우리말을 가꾸는 방법
   (1) 개인적 차원
      가. 우리말에 대한 이해와 적극적인 관심
      나. 외국어의 무분별한 사용 지양
   (2) 사회적 차원
      가. 우리말 사용 ··· ㉣
      나. 우리말 연구 기관에 대한 정책적 지원
      다. 대중매체에 사용되는 우리말의 순화
4. 결론 : [ ] ······························· ㉤

① ㉠ : 우리말을 잘못 사용하고 있는 사례들을 제시하여 우리말 오용 실태를 나타낸다.
② ㉡ : '3 - (1) - 나'를 고려하여 '외국어의 무분별한 사용'을 하위 항목으로 추가한다.
③ ㉢ : 영화의 한 장면을 모방하여 범죄를 저지른 비행 청소년들의 사례를 활용한다.
④ ㉣ : 내용을 구체화하기 위해 '바른 우리말 사용 교육 프로그램 개발'로 수정한다.
⑤ ㉤ : 개요의 흐름을 고려하여 결론을 '우리말을 사랑하고 가꾸기 위한 개인적 · 사회적 노력 제고'로 작성한다.

12 다음은 N은행의 공정거래 자율준수프로그램 운영수칙이다. 이에 대한 설명으로 가장 적절한 것은?

제5조(자율준수담당자의 역할)

① 자율준수담당자의 역할은 각 부점 준법감시담당자가 수행한다.

② 자율준수담당자는 자율준수관리자 및 소속 부점장을 보좌하며 다음 각 호의 자율준수업무를 담당한다.

1. 부점 업무와 관련한 경쟁법규의 변경에 따른 내규의 정비 상태 및 일상 업무에 관한 사전심사 이행 여부 점검(본점부서에 한한다)
2. 준법감시체크리스트에 의거 부점 업무수행 관련 경쟁법규 위반행위 여부 점검
3. 경쟁법규 및 자율준수제도 관련 소속부점 직원 교육 및 상담
4. 경쟁법규 위반사항 발견 시 보고
5. 제1호 내지 제4호 관련 내용의 기록, 유지

③ 자율준수담당자는 제2항 제1호 내지 제4호의 이행결과를 자율준수관리자에게 보고하여야 한다.

제6조(임직원의 의무)

① 임직원은 담당 업무를 수행함에 있어 경쟁법규를 성실히 준수하여야 한다.

② 임직원은 담당 업무를 수행함에 있어 경쟁법규 위반사항을 발견한 경우에는 지체 없이 이를 자율준수관리자에게 통보 또는 보고하여야 하며, 이와 관련된 절차, 보고자 등의 보호는 내부고발제도 운영지침에 따른다.

③ 부점장은 업무수행과 관련하여 경쟁법규 위반 가능성이 있다고 판단될 경우에는 자율준수관리자의 자문을 받아 처리하여야 한다.

제7조(자율준수편람)

① 자율준수관리자는 경쟁법규 자율준수를 위한 매뉴얼인 자율준수편람을 제작, 배포하여야 한다.

② 경쟁법규의 변경이 있을 때에는 동 변경내용을 자율준수편람에 반영하여야 한다.

제8조(모니터링 및 결과보고)

① 자율준수관리자는 연간 자율준수 활동계획을 수립하여 은행장에게 보고하여야 한다.

② 자율준수관리자는 다음 각 호에 해당하는 방법에 의하여 자율준수프로그램의 준수 여부를 점검하여야 한다.

1. 임직원 및 부점의 자율준수실태 등에 대한 점검과 조사
2. 자율준수관리자의 지시 또는 자문에 의하여 각 부점별로 작성한 각종 체크리스트의 검토 및 확인
3. 자율준수관리자의 요구에 의하여 제출된 신고서, 보고서, 각종 자료의 검토 및 확인

③ 자율준수관리자는 자율준수프로그램의 준수 여부를 점검한 결과, 위반사항이 발견되는 등 필요한 경우 이사회에 보고하여야 한다. 다만, 위반사항이 경미한 경우 은행장에게 보고할 수 있다.

제9조(교육실시)

① 자율준수관리자는 자율준수담당자 및 경쟁법규 위반 가능성이 높은 분야의 임직원을 대상으로 반기당 2시간 이상 경쟁법규 및 자율준수프로그램 등에 대한 교육을 실시하여야 한다.

② 자율준수관리자는 임직원의 자율준수 의지 제고 및 자율준수프로그램의 원활한 이행을 위하여 필요시 집합, 사이버, 기타 교육자료 제공 등 다양한 방법으로 교육을 실시할 수 있다.

제10조(경쟁법규 위반 임직원에 대한 제재) ① 경쟁법규 위반으로 경쟁당국으로부터 과징금 등 제재를 받은 경우, 당해 위반행위 관련 임직원의 제재에 대하여는 상벌세칙 등 관련 내규에서 정하는 바에 따른다. ② 자율준수관리자는 중대한 경쟁법규 위반사항이 발견된 경우 관련 임직원에 대한 징계 등의 조치를 요구할 수 있다. ③ 자율준수관리자는 경쟁법규 위반사항에 대하여 당해 임직원 및 부점에 시정을 요구할 수 있으며, 경쟁법규 및 자율준수 제도에 대한 교육이수의무를 부과할 수 있다. **제11조(문서관리)** ① 자율준수관리자는 은행 전체의 자율준수에 관한 기본 문서들을 분류하고 5년간 보관하여야 한다. ② 자율준수 활동에 관한 모든 문서는 정확하게 기록되고 최신의 정보를 유지하여야 한다. ③ 자율준수담당자는 자율준수 운영 상황에 대한 검사 및 평가가 가능하도록 각 부점 자율준수 이행 관련 자료(교육 및 모니터링 자료 등 포함)를 작성하여 5년간 보관하여야 한다.

① 임직원은 담당 업무 수행 중 경쟁법규 위반사항 발견 시, 지체 없이 자율준수관리자의 자문을 받아 처리하여야 한다.

② 자율준수관리자는 상황에 따라 자율준수편람을 제작하지 않을 수도 있다.

③ 자율준수관리자가 경쟁법규 위반 가능성이 높은 분야에 근무 중인 임직원을 대상으로 반기당 4시간의 교육을 실시하는 것은 세칙에 부합하는 행위이다.

④ 자율준수관리자는 중대한 경쟁법규 위반을 행한 임직원을 징계하고, 관련 규정 교육이수의무를 부과할 수 있다.

⑤ 자율준수관리자는 자율준수 이행 관련 자료를 작성하여 5년간 보관하여야 한다.

13 다음 각 문장의 빈칸에 들어갈 단어를 순서대로 바르게 짝지은 것은?

- 관계 ______을 위하여 노력하다.
- 악법 ______에 힘쓰다.
- 노후 건물을 ______하다.

① 개선(改善) – 개정(改正) – 개조(改造)
② 개조(改造) – 개정(改正) – 개선(改善)
③ 개선(改善) – 개조(改造) – 개정(改正)
④ 개조(改造) – 개선(改善) – 개정(改正)
⑤ 개정(改正) – 개조(改造) – 개선(改善)

14 다음 중 밑줄 친 표현과 같은 의미로 쓰인 것은?

그는 졸업하려면 멀었지만, 취직 준비에 여념이 없다.

① 그는 작년에 교통사고로 한쪽 눈이 멀었다.
② 우리 집에서 회사까지 걸어가기에는 너무 멀다.
③ 배탈이 나서 십 분이 멀다 하고 화장실을 들락거린다.
④ 오늘따라 남자친구가 멀게만 느껴졌다.
⑤ 사랑에 눈이 멀어 전 재산을 탕진했다.

15 다음 중 제시된 단어와 유사한 의미를 가진 것은?

기대

① 기부
② 부귀
③ 관망
④ 소망
⑤ 허사

16 다음 글과 가장 밀접하게 관련된 사자성어는?

패스트푸드점 매장에서 종업원을 폭행한 시민 A씨가 경찰에 붙잡혔다. 부산의 한 경찰서는 A씨를 현행범으로 체포해 조사 중이라고 밝혔다. 경찰에 따르면 A씨는 새벽 3시 반쯤 부산의 한 패스트푸드점 매장에서 술에 취해 "내가 2층에 있는데 왜 부르지 않았냐."며 여성 종업원을 수차례 밀치고 뺨을 7 ~ 8차례 때리는 등 폭행한 혐의를 받고 있다. 보다 못한 매장 매니저가 경찰에 신고해 체포되었으며, A씨는 "기분이 나빠서 때렸다."고 진술한 것으로 알려졌다. 경찰은 A씨를 상대로 폭행 경위를 조사한 뒤 신병을 처리할 예정이다. 지난해 11월 울산의 다른 패스트푸드점 매장에서도 손님이 햄버거를 직원에게 던지는 등 손님의 갑질 행태가 끊이지 않고 있다.

① 견마지심
② 빙청옥결
③ 소탐대실
④ 호승지벽
⑤ 방약무인

17 다음 문장을 논리적 순서대로 바르게 나열한 것은?

(가) 예후가 좋지 못한 암으로 여겨져 왔던 식도암도 정기적 내시경검사로 조기에 발견하여 수술 등 적절한 치료를 받을 경우 치료 성공률을 높일 수 있는 것으로 밝혀졌다.
(나) 이처럼 조기에 발견해 수술을 받을수록 치료 효과가 높음에도 불구하고 실제로 S병원에서 식도암 수술을 받은 환자 중 초기에 수술을 받은 환자는 25%에 불과했으며, 어느 정도 식도암이 진행된 경우 60%가 수술을 받은 것으로 조사됐다.
(다) 식도암을 치료하기 위해서는 50세 이상의 남자라면 매년 정기적으로 내시경검사, 식도조영술, CT 촬영 등 검사를 통해 식도암을 조기에 발견하는 것이 중요하다.
(라) 서구화된 식습관으로 인해 식도암은 남성 중 6번째로 많이 발생하고 있으며, 전체 인구 10만 명당 3명이 사망하는 것으로 나타났다.
(마) S병원 교수팀이 식도암 진단 후 수술을 받은 808명을 대상으로 추적 조사한 결과, 발견 당시 초기에 치료할 경우 생존율이 높았지만, 반대로 말기에 치료할 경우 치료 성공률과 생존율 모두 크게 떨어지는 것으로 나타났다고 밝혔다.

① (가) – (나) – (다) – (라) – (마)
② (다) – (나) – (라) – (마) – (가)
③ (다) – (라) – (나) – (마) – (가)
④ (라) – (가) – (마) – (나) – (다)
⑤ (라) – (다) – (마) – (나) – (가)

※ 다음 글을 읽고 이어지는 물음에 답하시오. [18~19]

휴리스틱(Heuristic)은 문제를 해결하거나 불확실한 사항에 대해 판단을 내릴 필요가 있지만 명확한 실마리가 없을 경우에 사용하는 편의적·발견적인 방법이다. 우리말로는 쉬운 방법, 간편법, 발견법, 어림셈 또는 지름길 등으로 표현할 수 있다.
1905년 알버트 아인슈타인은 노벨 물리학상 수상 논문에서 휴리스틱을 '불완전하지만 도움이 되는 방법'이라는 의미로 사용했다. 수학자인 폴리아는 휴리스틱을 '발견에 도움이 된다.'는 의미로 사용했고, 수학적인 문제 해결에도 휴리스틱 방법이 매우 유효하다고 했다.
휴리스틱에 반대되는 것이 알고리즘(Algorithm)이다. 알고리즘은 일정한 순서대로 풀어나가면 정확한 해답을 얻을 수 있는 방법이다. 삼각형의 면적을 구하는 공식이 알고리즘의 좋은 예이다.
휴리스틱을 이용하는 방법은 거의 모든 경우에 어느 정도 만족스럽고, 경우에 따라서는 완전한 답을 재빨리, 그것도 큰 노력 없이 얻을 수 있다는 점에서 사이먼의 '만족화' 원리와 일치하는 사고방식인데, 가장 전형적인 양상이 '이용가능성 휴리스틱(Availability Heuristic)'이다. 이용가능성이란 어떤 사상(事象)이 출현할 빈도나 확률을 판단할 때, 그 사상과 관련해서 쉽게 알 수 있는 사례를 생각해내고 그것을 기초로 판단하는 것을 뜻한다.
그러나 휴리스틱은 완전한 답이 아니므로 때로는 터무니없는 실수를 자아내는 원인이 되기도 한다. 불확실한 의사결정을 이론화하기 위해서는 확률이 필요하기 때문에 사람들이 확률을 어떻게 다루는지가 중요하다. 확률은, 이를테면 어떤 사람이 선거에 당선될지, 경기가 좋아질지, 시합에서 어느 편이 우승할지 따위를 '전망'할 때 이용된다. 대개 그러한 확률은 어떤 근거를 기초로 객관적인 판단을 내리기도 하지만, 대부분은 직감적으로 판단을 내리게 된다. 그런데 직감적인 판단에서 오는 주관적인 확률은 과연 정확한 것일까?
카너먼과 트버스키는 일련의 연구를 통해 인간이 확률이나 빈도를 판단할 때 몇 가지 휴리스틱을 이용하지만, 그에 따라 얻게 되는 판단은 객관적이며 올바른 평가와 상당한 차이가 있다는 의미로 종종 '바이어스(Bias)'가 동반되는 것을 확인했다.
이용가능성 휴리스틱이 일으키는 바이어스 가운데 하나가 '사후 판단 바이어스'이다. 우리는 어떤 일이 벌어진 뒤에 '그렇게 될 줄 알았어.' 또는 '그렇게 될 거라고 처음부터 알고 있었어.'와 같은 말을 자주 한다. 이렇게 결과를 알고 나서 마치 사전에 그것을 예견하고 있었던 것처럼 생각하는 바이어스를 '사후 판단 바이어스'라고 한다.

18 윗글의 논지 전개 방식에 대한 설명으로 가장 적절한 것은?

① 분석 대상과 관련되는 개념들을 연쇄적으로 제시하며 정보의 확대를 꾀하고 있다.
② 인과 관계를 중심으로 분석 대상에 대한 논리적 접근을 시도하고 있다.
③ 핵심 개념을 설명하면서 그와 유사한 개념들과 비교함으로써 이해를 돕고 있다.
④ 전달하고자 하는 정보를 다양한 맥락에서 재구성하여 반복적으로 제시하고 있다.
⑤ 핵심 개념의 속성을 잘 보여주는 사례들을 통해 구체적인 설명을 시도하고 있다.

19 윗글에서 설명하고 있는 '휴리스틱'과 '바이어스'의 관계를 보여주기에 가장 적절한 것은?

① 평소에 30분 정도 걸리기에 느긋하게 출발했는데 갑자기 교통사고가 나는 바람에 늦어졌다.
② 그녀는 살을 빼려고 운동을 시작했는데 밥맛이 좋아지면서 오히려 몸무게가 늘었다.
③ 최근 한 달 동안 가장 높은 타율을 기록한 선수를 4번 타자에 기용했는데 4타수 무(無)안타를 기록하였다.
④ 동네 마트에서 추첨 세일을 한다기에 식구들이 다 나섰는데 한 집에 한 명만 참여할 수 있다고 한다.
⑤ 작년에 텃밭에서 수확량이 제일 좋았던 채소를 집중적으로 심었는데 유례없이 병충해가 돌아 올해 농사를 모두 망치고 말았다.

※ 다음 글을 읽고 이어지는 질문에 답하시오. [20~21]

농업, 스마트(Smart) 시대를 열다

농업이 미래의 성장산업으로 떠오르고 있다. 빅데이터, 인공지능(AI) 등의 정보통신기술(ICT)이 접목되면서 과거에는 상상하지 못했던 다양한 형태로 진화하고 있기 때문이다. 전 구글 회장은 농업과 기술을 결합한 '어그테크(Agtech)'를 미래 유망산업으로 꼽았다. 그렇다면 미래의 농업은 과연 어떤 모습일까? 농업계 안팎에서 ㉠ 트렌드를 진단하는 전문가들이 제시한 ㉡ 키워드를 중심으로 미래의 농업을 예측해보자.

미래농업을 이야기하면서 전문가들이 가장 많이 언급한 단어는 '스마트'이다. 농업의 스마트화, 스마트농업, 스마트팜 등 다양한 용어를 사용했지만, 그 내용은 하나이다. 지금까지 생물화학 기반 기술이 농업을 이끌었다면 이제는 ICT 기반 기술이 농업을 이끄는 시대가 될 것이라는 전망이다.

전문가들은 5가지 이유를 들어 스마트농업이 미래를 이끌 것으로 전망했다. 첫째는 비용 절감, 둘째는 농약·비료·용수 등 투입재 제어를 통한 사용량 감소, 셋째는 병충해·홍수·가뭄 등 위험 대비, 넷째는 농업 가치사슬의 확장이다. 스마트농업은 생산·유통·소비를 연결해 무한한 확장 잠재력을 가진다는 것이다. 마지막은 농업인력의 정예화로, 이는 스마트농업을 해야 하는 가장 큰 이유이자 결과이다. 농업인력의 고령화와 농촌 공동화는 미래농업에서 피할 수 없는 현상이며, 스마트농업의 확산은 부모세대의 ㉢ 노하우가 스마트장치를 매개로 자녀세대에게 효과적으로 전달될 수 있도록 도와 농업인력의 정예화와 빠른 세대교체를 가능하게 할 것이라고 강조했다.

미래의 농산물은 단순한 먹거리가 아닐지도 모른다. 농산물 자체가 하나의 ㉣ 콘텐츠가 돼 소비될 것이라는 예측도 있다. 한 전문가는 이를 '농산물의 콘텐츠화'라고 이름 붙였다. 현재처럼 농산물의 품질을 보고 구매하는 방식이 아니라 생산과정 전체를 이야기로 이해하고 구매하게 된다는 것이다. 소비자들이 수확된 농산물만 보고 품질이나 안전성을 판단하기가 점점 어려워지고 있으므로 앞으로 소비자들은 농장사진이나 가족사진 등 생산자의 일상을 ㉤ SNS 등으로 살펴본 뒤 생산과정이나 생산자에 대한 신뢰를 통해 구매하게 될 것이다.

미래농업은 환경과 기후변화의 영향을 크게 받을 것이다. 따라서 환경오염을 최소화하는 '지속가능한 농업'의 중요성이 커질 전망이다. 전문가들은 화학 농자재를 사용하지 않는 유기농업과 친환경농업이 확대될 것으로 예측한다. 이와 함께 석유자원의 고갈과 환경문제를 동시에 해결할 수 있는 새로운 자원이 농업을 변화시킬 것이라는 관측도 나왔다. 전문가들은 미래의 농업은 석유자원을 대체하는 에너지와 산업 원자재를 공급하는 역할로 그 기능이 확대될 것이라고 예견하고 있다. 감자 같은 녹말작물을 이용한 바이오에탄올, 옥수수·콩 등의 부산물에서 추출한 성분으로 만든 바이오플라스틱 등 다양한 식·의약산업의 소재들이 농업에서 공급될 것이다. 이미 농진청을 비롯한 여러 연구기관이 농업 부산물로부터 에너지를 얻어 다양한 산업의 소재로 활용하는 기술을 개발해 실용화하고 있다.

20 **다음 중 윗글을 바르게 이해한 사람은?**

① 형진 – 농업의 스마트화에는 단점이 없으므로 무조건 추진해야 한다는 내용이야.

② 현우 – 농업의 발달은 심각한 환경오염을 초래하기 때문에 지속가능한 농업이 중요하다는 거네.

③ 지석 – 농작물을 활용하여 대체 에너지를 생산하고 활용하는 기술은 아직 실용화 단계에는 미치지 못했어.

④ 민수 – 앞으로는 농산물의 품질뿐 아니라 농산물의 생산과정을 살펴보고 구매하게 될 거야.

⑤ 재덕 – 전문가들은 스마트농업의 확산이 농업에서 부모세대의 도태를 가져올 것이라고 경고하고 있어.

21 **밑줄 친 ㉠ ~ ㉤을 우리말로 순화하려고 할 때, 적절하지 않은 것은?**

① ㉠ 트렌드(Trend)를 → 유행을

② ㉡ 키워드(Keyword)를 → 핵심어를

③ ㉢ 노하우(Know-how)가 → 비법이

④ ㉣ 콘텐츠(Contens)가 → 이야기가

⑤ ㉤ SNS(Social Network Service) → 사회관계망서비스

※ 다음 글을 읽고 이어지는 질문에 답하시오. [22~23]

> 채권은 사업에 필요한 자금을 조달하기 위해 발행하는 유가 증권으로, 국채나 회사채 등 발행 주체에 따라 그 종류가 다양하다. 채권의 액면금액, 액면이자율, 만기일 등의 지급 조건은 채권 발행 시 정해지며, 채권 소유자는 매입 후에 정기적으로 이자액을 받고, 만기일에는 마지막 이자액과 액면금액을 지급받는다. 이때 이자액은 액면이자율을 액면가액에 곱한 것으로 대개 연 단위로 지급된다. 채권은 만기일 전에 거래되기도 하는데, 이때 채권가격은 현재가치, 만기, 지급 불능 위험 등 여러 요인에 따라 결정된다.
> 채권 투자자는 정기적으로 받게 될 이자액과 액면금액을 각각 현재 시점에서 평가한 값들의 합계인 채권의 현재가치에서 채권의 매입가격을 뺀 순수익의 크기를 따진다. 채권 보유로 미래에 받을 수 있는 금액을 현재가치로 환산하여 평가할 때는 금리를 반영한다. 가령 금리가 연 10%이고, 내년에 지급받게 될 금액이 110원이라면, 110원의 현재가치는 100원이다. 즉 금리는 현재가치에 반대 방향으로 영향을 준다. _______ 금리가 상승하면 채권의 현재가치가 하락하게 되고 이에 따라 채권의 가격도 하락하게 되는 결과로 이어진다. 이처럼 수시로 변동되는 시중 금리는 현재가치의 평가 구조상 채권가격의 변동에 영향을 주는 요인이 된다.
> 채권의 매입 시점부터 만기일까지의 기간인 만기도 채권의 가격에 영향을 준다. 일반적으로 다른 지급 조건이 동일하다면 만기가 긴 채권일수록 가격은 금리 변화에 더 민감하므로 가격 변동의 위험이 크다. 채권은 발행된 이후에는 만기가 짧아지므로 만기일이 다가올수록 채권가격은 금리 변화에 덜 민감해진다. 따라서 투자자들은 만기가 긴 채권일수록 높은 순수익을 기대하므로 액면이자율이 더 높은 채권을 선호한다.
> 또 액면금액과 이자액을 약정된 일자에 지급할 수 없는 지급 불능 위험도 채권가격에 영향을 준다. 예를 들어 채권을 발행한 기업의 경영 환경이 악화될 경우, 그 기업은 지급 능력이 떨어질 수 있다. 이런 채권에 투자하는 사람들은 위험을 감수해야 하므로 이에 대한 보상을 요구하게 되고, 이에 따라 채권가격은 상대적으로 낮게 형성된다.
> 한편 채권은 서로 대체가 가능한 금융 자산의 하나이기 때문에, 다른 자산 시장의 상황에 따라 가격에 영향을 받기도 한다. 가령 주식 시장이 호황이어서 주식 투자를 통한 수익이 커지면 상대적으로 채권에 대한 수요가 줄어 채권가격이 하락할 수도 있다.

22 다음 중 채권가격이 높아지는 조건으로 적절하지 않은 것은?

① 시중금리가 낮아진다.
② 주식 시장이 불황을 겪는다.
③ 채권을 발행한 기업의 경영 환경이 악화된다.
④ 주식 투자를 통한 수익이 작아진다.
⑤ 채권의 현재 가치가 높아진다.

23 다음 중 빈칸에 들어갈 접속사로 적절한 것은?

① 따라서
② 하지만
③ 또한
④ 게다가
⑤ 그러나

※ 다음 식을 계산한 값을 구하시오. **[24 ~ 25]**

24

$$(1.111\times9+0.001)\div10+9$$

① 8
② 9
③ 10
④ 11
⑤ 12

25

$$\frac{27}{3}\times8+70+(10^2+70\times60)$$

① 3,442
② 4,442
③ 5,442
④ 6,442
⑤ 7,442

26 다음 중 ○ 안에 들어갈 사칙연산 기호로 옳은 것은?

3□14○2△4=31

① +
② −
③ ×
④ ÷
⑤ =

※ 일정한 규칙으로 수나 문자를 나열할 때, 빈칸에 들어갈 알맞은 것을 고르시오. **[27~30]**

27

12.3　15　7.5　10.2　(　)　7.8　3.9

① 4.2
② 5.1
③ 6.3
④ 7.2
⑤ 8.1

28

2　3　1　−0.7　(　)　−4.9　$\frac{1}{4}$　−9.6

① $\frac{1}{2}$
② −1
③ −2.5
④ −3
⑤ $\frac{1}{3}$

29

D　C　E　F　F　L　(　)　X

① C
② G
③ J
④ Q
⑤ W

30

ㅋ　ㄹ　(　)　ㅅ　ㅁ　ㅊ

① ㄷ
② ㅂ
③ ㅅ
④ ㅇ
⑤ ㅈ

31 어느 세탁기는 세제 용액의 농도를 0.9%로 유지해야 가장 세탁이 잘 된다. 농도가 0.5%인 세제 용액 2kg에 세제를 4스푼 넣었더니, 농도가 0.9%인 세제 용액이 됐다. 물 3kg에 세제를 몇 스푼 넣으면 농도가 0.9%인 세제 용액이 되는가?

① 12스푼
② 12.5스푼
③ 13스푼
④ 13.5스푼
⑤ 14스푼

32 주머니에 빨간색 구슬 3개, 초록색 구슬 4개, 파란색 구슬 5개가 있다. 구슬 2개를 꺼낼 때, 모두 빨간색이거나 모두 초록색이거나 모두 파란색일 확률은?

① $\frac{3}{11}$
② $\frac{19}{66}$
③ $\frac{10}{33}$
④ $\frac{7}{22}$
⑤ $\frac{7}{44}$

33 K농협 총무부에서는 물품구매예산으로 월 30만 원이 주어진다. 이번 달 예산 중 80%는 사무용품 구매에 사용하고, 남은 예산 중 40%는 서랍장 구매에 사용했다. 남은 예산으로 정가가 500원인 볼펜을 사려고 하며, 온라인 구매 시 정가에서 20% 할인된 가격으로 살 수 있다고 할 때, 최대 몇 개의 볼펜을 살 수 있는가?

① 40개
② 50개
③ 70개
④ 80개
⑤ 90개

34 수도관으로 물을 가득 채우는 데 1시간이 걸리는 수영장이 있다. 반면 이 수영장에 가득 찬 물을 배수로로 빼내는 데는 1시간 40분이 걸린다. 만약 텅 빈 수영장에 물을 채우기 시작했는데 배수로로 물이 계속 빠져나가고 있었다면, 수영장에 물을 가득 채우는 데 얼마나 걸리겠는가?

① 2시간 40분
② 2시간 35분
③ 2시간 30분
④ 2시간 25분
⑤ 2시간 20분

35 다음은 A사원이 작성한 월별 매출 현황 보고서의 일부이다. 월평균 매출액은 35억 원이고, 상반기 월평균 매출액은 26억 원이라고 할 때, 상반기 평균 매출 대비 하반기 평균 매출의 증감액을 바르게 구한 것은?

〈월별 매출 현황〉

(단위 : 억 원)

1월	2월	3월	4월	5월	6월	7월	8월	9월	10월	11월	12월	평균
	10	18	36				35	20	19			35

① 12억 원 증가
② 12억 원 감소
③ 18억 원 증가
④ 18억 원 감소
⑤ 20억 원 증가

※ 다음은 국민연금 가입자 금액별 급여지급 현황에 대한 자료이다. 이어지는 질문에 답하시오. **[36~37]**

〈금액별 급여지급 현황〉

(단위 : 건)

구분	노령연금	장애연금	유족연금
0 ~ 20만 원 미만	890,880	54	180,191
20 ~ 40만 원 미만	1,535,213	31,701	455,228
40 ~ 60만 원 미만	620,433	29,125	73,200
60 ~ 80만 원 미만	289,370	6,988	18,192
80 ~ 100만 원 미만	181,717	1,796	1,627
100만 원 이상	197,980	673	4

36 다음 중 위 자료를 이해한 내용으로 적절하지 않은 것은?(단, 급여는 소수점 둘째 자리에서 반올림한다)

① 각 연금에서 20 ~ 40만 원 미만의 급여를 받은 건수가 가장 많다.
② 80 ~ 100만 원 미만의 급여를 받은 건수 중 노령연금의 비율은 90% 미만이다.
③ 40 ~ 60만 원 미만의 급여를 받은 건수 중 노령연금을 받은 건수가 유족연금을 받은 건수의 약 8.5배이다.
④ 60 ~ 80만 원 미만의 급여를 받은 건수 중 유족연금을 받은 건수는 장애연금을 받은 건수의 3배 미만이다.
⑤ 0 ~ 20만 원 미만의 급여를 받은 건수 중 노령연금과 유족연금 건수의 차이는 70만 건이 넘는다.

37 80 ~ 100만 원 미만 구간의 장애연금 급여를 모두 지급했을 때, 지급 금액은?(단, 금액별 구간에서 100만 원이 포함된다고 가정하고 중앙값으로 계산한다)

① 138,295만 원
② 143,680만 원
③ 146,430만 원
④ 161,640만 원
⑤ 179,600만 원

※ 다음은 A국의 쌀 생산과 소비에 대한 자료이다. 이어지는 질문에 답하시오. **[38~39]**

〈A국의 쌀 생산 및 수출 추이〉

(단위 : 만 톤)

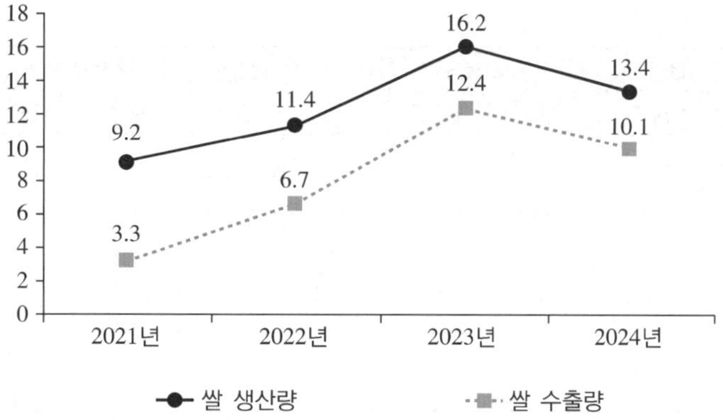

〈A국 쌀 소비 추이〉

(단위 : 만 톤, kg)

구분 \ 연도	2021년	2022년	2023년	2024년
쌀 소비량	5.3	4.2	3.0	2.8
1인당 연간 쌀 소비량	30.1	28.0	28.4	22.0

※ A국에서 생산된 쌀은 국내에서 소비되거나 수출되며, 남은 쌀은 다음 연도 국내 소비, 수출을 위해 국내에 비축된다.
※ A국은 다른 나라로부터 쌀이 유입되지 않는다.
※ 2021년 1월 1일의 A국 쌀 비축량은 '0'이다.

38 위 자료를 보고 판단한 내용 중 적절하지 않은 것은?

① A국의 전년 대비 국내 쌀 수출량 증가율은 2022 ~ 2024년 중에서 2022년에 가장 크다.
② 국내 쌀 생산량과 1인당 연간 쌀 소비량은 특별한 상관관계가 없다.
③ 생산량 대비 수출량이 가장 큰 해는 2024년이다.
④ A국의 2023년 1월 1일 쌀 비축량이 0이라면, 2024년 1월 1일의 쌀 비축량은 0.8만 톤 이상이다.
⑤ A국은 2023년도에 생산된 쌀의 75% 이상을 다른 나라로 수출하였다.

39 위 자료에 따른 2022년 A국의 인구는 몇 명인가?

① 150만 명
② 300만 명
③ 900만 명
④ 1,500만 명
⑤ 3,000만 명

※ 다음은 방송통신위원회가 발표한 방송프로그램 및 방송사별 수출현황에 대한 자료이다. 이어지는 질문에 답하시오. [40~41]

〈방송프로그램 수출현황〉

(단위 : 편, 천$)

구분	2020년		2021년		2022년		2023년		2024년	
	편수	금액	편수	금액	편수	금액	편수	금액	편수	금액
총계	29,458	35,559	18,142	70,306	92,264	121,763	25,970	133,917	39,492	150,953
해외교포 방송지원	1,174	2,201	1,193	7,297	6,964	5,841	493	13,260	–	13,309
블루레이/스트리밍 판매	13,549	5,411	567	6,706	56,433	10,037	1,324	21,813	3,300	31,438
타임블럭, 포맷 판매	–	–	–	–	–	–	–	–	–	12,942
방송프로그램	14,735	27,947	16,382	56,303	28,867	105,885	24,153	98,844	36,192	93,265

〈방송사별 수출현황〉

(단위 : 편, 천$)

구분		2020년		2021년		2022년		2023년		2024년	
		편수	금액	편수	금액	편수	금액	편수	금액	편수	금액
지상파 전체		13,983	27,267	15,317	55,516	21,625	102,626	21,710	95,379	30,603	89,336
	KBS	4,510	10,123	4,858	25,216	6,262	42,652	5,115	38,421	13,015	30,253
	EBS	90	78	22	71	47	86	357	288	548	134
	MBC	5,240	8,932	6,135	14,985	9,090	29,640	9,867	29,542	9,379	28,526
	SBS	4,001	8,041	4,181	15,045	6,226	30,248	6,313	27,093	7,611	30,401
	지역민방·기타	142	93	121	199	0	0	58	35	50	22
채널사용 사업자		752	681	1,065	787	7,242	2,443	2,443	3,465	5,589	3,929

40 위 자료에 대한 설명으로 옳지 않은 것은?

① 2020년부터 지상파 전체의 수출액은 꾸준히 증가하다가 2023년부터 감소하기 시작했다.
② 채널사용 사업자의 수출액의 증가율이 가장 큰 해는 2022년이다.
③ 지상파 전체의 수출편수는 계속 증가하고 있다.
④ 2020년 대비 2024년의 지상파 수출액 증가율이 가장 큰 것은 EBS이다.
⑤ 블루레이/스트리밍 판매의 경우 편당 수출액이 가장 높았던 해는 2023년이다.

41 다음 중 지상파 방송사별 편당 수출액을 나타낸 그래프로 적절하지 않은 것은?

① KBS 편당 수출액

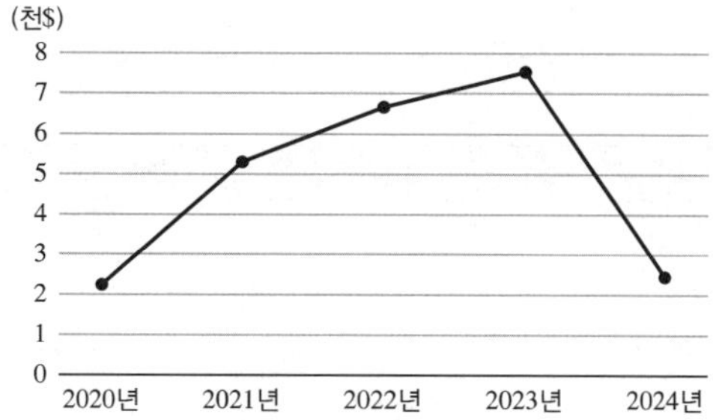

② EBS 편당 수출액

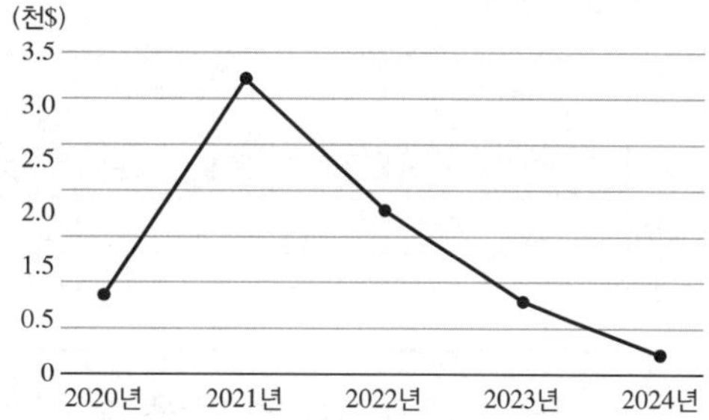

③ MBC 편당 수출액

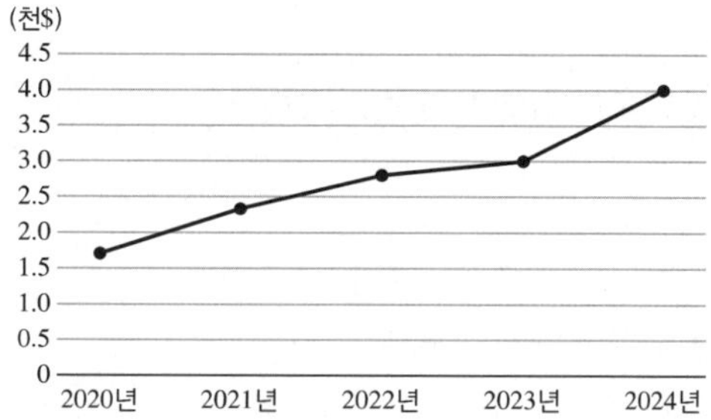

④ SBS 편당 수출액

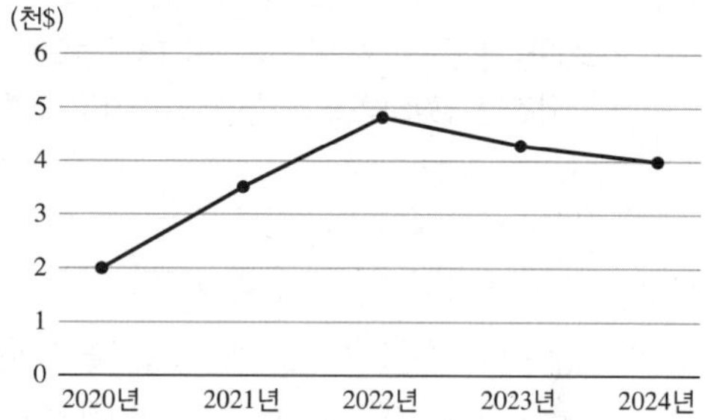

⑤ 지역민방·기타 편당 수출액

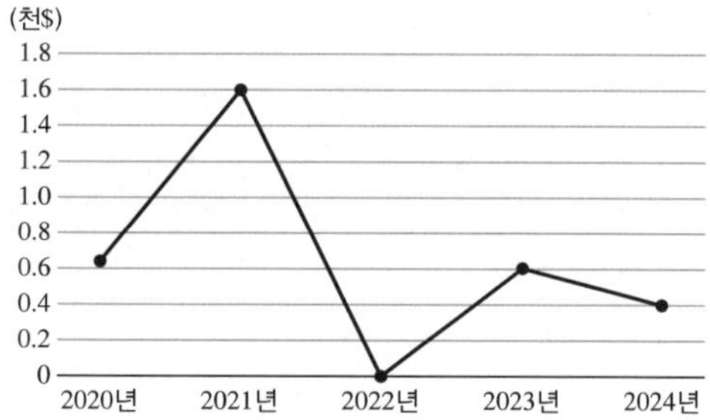

42 N사는 사무실 리모델링을 하면서 기획조정 1 ~ 3팀과 미래전략 1 ~ 2팀, 홍보팀, 보안팀, 인사팀의 사무실 위치를 변경하였다. 다음 〈조건〉에 따라 사무실 위치를 변경하였을 때, 변경된 사무실 위치에 대한 설명으로 옳은 것은?

1실	2실	3실	4실
복도			
5실	6실	7실	8실

〈조건〉

- 기획조정 1팀과 미래전략 2팀은 홀수실이며, 복도를 사이에 두고 마주보고 있다.
- 홍보팀은 5실이다.
- 미래전략 2팀과 인사팀은 나란히 있다.
- 보안팀은 홀수실이며, 맞은편 대각선으로 가장 먼 곳에는 인사팀이 있다.
- 기획조정 3팀과 2팀은 한 실을 건너 나란히 있고 2팀이 3팀보다 실 번호가 높다.

① 인사팀은 6실에 위치한다.
② 미래전략 1팀은 7실에 위치한다.
③ 미래전략 2팀과 기획조정 3팀은 같은 라인에 위치한다.
④ 기획조정 1팀은 기획조정 2팀과 기획조정 3팀 사이에 위치한다.
⑤ 홍보팀이 있는 라인에서 가장 높은 번호의 사무실에 위치한 팀은 보안팀이다.

43 N사 직원 A ~ F 6명은 설문조사차 2인 1조로 나누어 외근을 나가려고 한다. 다음 〈조건〉에 따라 조를 구성한다면, 반드시 함께 외근을 나가는 2인은?

〈조건〉

- A는 C나 D와 함께 갈 수 없다.
- B는 반드시 D 아니면 F와 함께 가야 한다.
- C는 반드시 E 아니면 F와 함께 가야 한다.
- A가 C와 함께 갈 수 없다면, A는 반드시 F와 함께 가야 한다.

① A, E
② B, D
③ B, F
④ C, D
⑤ C, F

44 제시된 명제가 모두 참일 때, 다음 중 반드시 참인 것은?

• 컴퓨터를 잘하는 사람은 사탕을 좋아한다.
• 커피를 좋아하는 사람은 책을 좋아한다.
• 수학을 잘하는 사람은 컴퓨터를 잘한다.

① 사탕을 좋아하는 사람은 수학을 못한다.
② 컴퓨터를 잘하는 사람은 커피를 좋아한다.
③ 책을 좋아하는 사람은 모두 커피를 좋아한다.
④ 커피를 좋아하는 사람은 컴퓨터를 잘한다.
⑤ 수학을 잘하는 사람은 사탕을 좋아한다.

45 다음으로부터 추론한 내용으로 옳은 것을 〈보기〉에서 모두 고르면?

6명의 선수 A, B, C, D, E, F가 참가하는 어떤 게임은 다음 조건을 만족한다고 한다. 이 게임에서 선수 X가 선수 Y에게 우세하면 선수 Y는 선수 X에게 열세인 것으로 본다.
• A, B, C 각각은 D, E, F 중 정확히 2명에게만 우세하다.
• D, E, F 각각은 A, B, C 중 정확히 2명에게만 열세이다.
• A는 D와 E에게 우세하다.

〈보기〉

㉠ C는 E에게 우세하다.
㉡ F는 B와 C에게 열세이다.
㉢ B가 E에게 우세하면 C는 D에게 우세하다.

① ㉠
② ㉡
③ ㉢
④ ㉠, ㉢
⑤ ㉡, ㉢

※ 다음은 퇴직연금신탁의 확정급여형(DB)과 확정기여형(DC)에 대한 자료이다. 이를 토대로 이어지는 질문에 답하시오. **[46~47]**

〈퇴직연금신탁〉

구분	확정급여형(DB)	확정기여형(DC)
운영방법	• 노사가 사전에 급여수준 및 내용을 약정 • 퇴직 후 약정에 따른 급여 지급	• 노사가 사전에 부담할 기여금을 확정 • 퇴직 후 상품 운용 결과에 따라 급여 지급
기업부담금	산출기초율(자산운용 수익률, 퇴직률 변경 시 변동)	확정(근로자 연간 임금 총액의 1/12 이상)
적립공금 운용지시	사용자	근로자
운용위험 부담	사용자	근로자
직장이동 시 합산	어려움(단, IRA/IRP활용 가능)	쉬움

46 K은행의 A사원은 퇴직연금신탁 유형에 대한 발표 자료를 제작하기 위해 위의 자료를 참고하려고 한다. 이 자료에 대한 A사원의 해석으로 적절하지 않은 것은?

① 같은 급여를 받는 직장인이라도 퇴직연금신탁 유형에 따라 퇴직연금 수준이 달라지겠군.
② 확정급여형은 자산운용 수익률에 따라 기업부담이 달라지는군.
③ 확정기여형으로 퇴직연금을 가입하면 근로자 본인의 선택이 퇴직 후 급여에 별 영향을 미치지 않는군.
④ 이직이 잦은 근로자들은 아무래도 확정기여형을 선호하겠군.
⑤ 발표 자료에 직장이동 및 조기퇴직 시 사용할 수 있는 별도의 개인 계좌인 IRA에 대한 기본설명과 퇴직연금제도인 IRP에 대한 내용을 추가해야겠군.

47 A사원은 다음과 같이 다양한 조건에 적합한 퇴직연금유형을 발표 자료에 넣을 예정이다. (가) ~ (마) 중 분류가 올바르지 않은 것은?

확정급여형(DB)	확정기여형(DC)
(가) 장기근속을 유도하는 기업 (나) 운용 현황에 관심이 많은 근로자	(다) 연봉제를 실시하는 기업 (라) 임금 체불위험이 높은 사업장의 근로자 (마) 이직이 빈번한 근로자

① (가)
② (나)
③ (다)
④ (라)
⑤ (마)

48 다음과 같은 주의사항을 가진 문제구조를 파악하는 방법은?

〈주의사항〉

- 전체 과제를 명확히 해야 한다.
- 분해해 가는 가지의 수준을 맞춰야 한다.
- 원인이 중복되거나 누락되지 않고 각각의 합이 전체를 포함해야 한다.

① Logic Tree
② SWOT 분석
③ 3C 분석
④ 심층면접 분석
⑤ 사업환경 분석

49 **귀하가 근무하고 있는 농협에서 '시간관리 매트릭스'에 대한 교육이 이루어졌다. '시간관리 매트릭스'는 효율적으로 시간관리를 할 수 있도록 업무상 중요한 일과 중요하지 않은 일의 우선순위를 나누는 분류 방법이다. 교육 담당자는 강의를 마친 후 사원들이 강의 내용을 잘 이해했는지 알아보기 위해 간단한 퀴즈를 실시했다. 다음 중 강의를 들은 귀하가 작성해야 할 답안으로 가장 적절한 것은?**

2025.08.26 실시
근무지 : 하나로마트
문제 1. 다음의 시간관리 매트릭스에 따라 제시된 업무 ⓐ～ⓒ의 중요도를 파악하여 각 업무를 알맞게 구분하세요.

〈시간관리 매트릭스〉

구분	긴급한 일	긴급하지 않은 일
중요한 일	제1사분면	제2사분면
중요하지 않은 일	제3사분면	제4사분면

A씨는 하나로마트 고객지원팀 사원이다. A씨는 ⓐ 다음 주에 상부에 보고할 내용을 마무리 하는 도중 고객으로부터 '상품을 먹은 후 두드러기가 나서 일상생활이 힘들 정도다.'라는 ⓑ 불만 접수를 받았다. 고객은 오늘 내로 해결할 방법을 알려달라는 강한 불만을 제기했다. 아직 업무는 다 끝내지 못한 상태고, 오늘 저녁에 ⓒ 친구와 약속이 있다. 약속 시간까지는 2시간 정도 남은 상태이다.
※ 각 사분면의 좌표의 위치는 우선 순위 정도에 고려하지 않는다.

	제1사분면	제2사분면	제3사분면	제4사분면
①	ⓐ	ⓒ	ⓑ	–
②	ⓑ	ⓐ	–	ⓒ
③	ⓑ, ⓒ	–	–	ⓐ
④	–	ⓐ	ⓒ	ⓑ
⑤	–	ⓐ, ⓒ	ⓑ	–

※ B지역의 농협에서는 정부의 녹색성장 정책에 따르기 위해 직원들의 출퇴근길 자전거 타기를 권장하기로 하였다. 자전거 타기를 활성화하기 위해 자전거의 운동효과를 인트라넷에 게시한 후, 직원들의 수요를 조사하여 1달 후부터 직원이 원하는 자전거를 대여해 주기로 하였다. 이어지는 질문에 답하시오. **[50~51]**

〈자전거 운동효과〉

자전거 종류	모델명	가격	바퀴 수	보조바퀴 여부
일반 자전거	S－mae72	110,000원	2개	없음
	S－dae66	99,000원		
연습용 자전거	S－HWS	78,000원	2개	있음
	S－WTJ	80,000원		
외발 자전거	S－4532	145,000원	1개	없음
	S－8653	130,000원		

※ 운동량은 자전거 주행 거리에 비례한다.
※ 같은 거리를 주행하여도 자전거에 운전자 외에 1명이 더 타면 운전자의 운동량은 두 배가 된다.
※ 보조바퀴가 달린 자전거를 타면 같은 거리를 주행하여도 운동량이 일반 자전거의 80%밖에 되지 않는다.
※ 바퀴가 1개인 자전거를 타면 같은 거리를 주행하여도 운동량이 일반 자전거보다 50% 더 많다.
※ 자전거 가격이 더 높을수록 신체 피로도가 낮다.
※ 이외의 다른 조건은 모두 동일하다.

50 기업문화팀에 근무하는 귀하는 자전거 타기 제도를 정립하기 위한 회의에 참석하였다. 직원들이 제시할 수 있는 의견으로 옳지 않은 것은?

① 직원사전조사에 따르면 운동량을 중요시하는 직원이 피로도를 중요시하는 직원 다음으로 많으므로 외발 자전거를 연습용 자전거보다 많이 구매해야 합니다.

② 피로도와 운동량을 동일하게 중요시하는 직원이 많으므로 S－4532 모델보다는 S－8653 모델을 구매하는 것이 좋을 것 같습니다.

③ 일반 자전거를 선호하는 직원들은 피로도는 상관없다고 응답하였으므로 S－dae66 모델을 S－mae72 모델보다 많이 구매해도 좋을 것 같습니다.

④ 이번 기회를 통해 자전거 타는 방법을 배우고 싶어 하는 직원들도 있으므로 보조바퀴가 달린 S－HWS 모델과 S－WTJ 모델을 구매하는 것도 좋을 것 같습니다.

⑤ 사용할 수 있는 예산에는 한계가 있으므로 직원들이 피로도를 중요시한다고 하여 모두 비싼 자전거로만 구매하기는 어려울 것 같습니다.

51 출퇴근길 자전거 타기에 더 많은 직원이 관심을 갖도록 하루에 가장 많은 운동량으로 출근한 직원을 뽑아 상품을 주기로 하였다. 5명의 후보 중 운동량이 많은 순서대로 나열한 것은?

〈후보〉

- 갑 : 1.4km의 거리를 뒷자리에 1명을 태우고 일반 자전거로 주행하였다.
- 을 : 1.2km의 거리를 뒷자리에 1명을 태우고 연습용 자전거로 주행하였다.
- 병 : 2km의 거리를 혼자 외발 자전거로 주행하였다.
- 정 : 2km의 거리를 혼자 연습용 자전거로 주행한 후에 이어서 1km의 거리를 혼자 외발 자전거로 주행하였다.
- 무 : 0.8km의 거리를 뒷자리에 한 명을 태우고 연습용 자전거로 주행한 후에 이어서 1.2km의 거리를 혼자 일반 자전거로 주행하였다.

① 병 > 정 > 갑 > 무 > 을
② 병 > 정 > 갑 > 을 > 무
③ 정 > 병 > 무 > 갑 > 을
④ 정 > 병 > 갑 > 무 > 을
⑤ 정 > 무 > 갑 > 병 > 을

52 다음 대화 내용에서 ㉠과 ㉡에 들어갈 문제해결절차를 바르게 나열한 것은?

강대리 : 팀장님. 아무래도 저희 시스템에 문제가 좀 있는 것 같습니다.
최팀장 : 갑자기 그게 무슨 소린가?
강대리 : ㉠
최팀장 : 그런 현상이 자꾸 발생한다면 큰 문제가 될 텐데, 왜 그런 현상이 나타나는 거지?
강대리 : ㉡

	㉠	㉡
①	문제 인식	문제 도출
②	문제 도출	원인 분석
③	원인 분석	실행 및 평가
④	해결안 개발	실행 및 평가
⑤	문제 도출	해결안 개발

※ A건설회사에서는 B시에 건물을 신축하고 있다. 이어지는 질문에 답하시오. **[53~54]**

B시에서는 친환경 건축물 인증제도를 시행하고 있다. 이는 건축물의 설계, 시공 등의 건설과정이 쾌적한 거주환경과 자연환경에 미치는 영향을 점수로 평가하여 인증하는 제도로, 건축물에 다음과 같이 인증등급을 부여한다.

〈평가점수별 인증등급〉

평가점수	인증등급
80점 이상	최우수
70 ~ 80점 미만	우수
60 ~ 70점 미만	우량
50 ~ 60점 미만	일반

또한 친환경 건축물 최우수, 우수 등급이면서 건축물 에너지효율 1등급 또는 2등급을 추가로 취득한 경우, 다음과 같은 취·등록세액 감면 혜택을 받게 된다.

〈취·등록세액 감면 비율〉

구분	최우수 등급	우수 등급
에너지효율 1등급	12%	8%
에너지효율 2등급	8%	4%

53 다음 상황에 근거할 때 〈보기〉에서 옳은 것을 모두 고르면?

〈상황〉

- A건설회사가 신축하고 있는 건물의 예상되는 친환경 건축물 평가점수는 63점이고 에너지효율은 3등급이다.
- 친환경 건축물 평가점수를 1점 높이기 위해서는 1,000만 원, 에너지효율을 한 등급 높이기 위해서는 2,000만 원의 추가 투자비용이 든다.
- 신축 건물의 감면 전 취·등록세 예상액은 총 20억 원이다.
- A건설회사는 경제적 이익을 극대화하고자 한다.

※ (경제적 이익 또는 손실)=(취·등록세 감면액)−(추가 투자액)

※ 기타 비용과 이익은 고려하지 않는다.

〈보기〉

㉠ 추가 투자함으로써 경제적 이익을 얻을 수 있는 최소 투자금액은 1억 1,000만 원이다.

㉡ 친환경 건축물 우수 등급, 에너지효율 1등급을 받기 위해 추가 투자할 때 경제적 이익이 가장 크다.

㉢ 에너지효율 2등급을 받기 위해 추가 투자하는 것이 3등급을 받는 것보다 A건설회사에 경제적으로 더 이익이다.

① ㉠
② ㉢
③ ㉠, ㉡
④ ㉡, ㉢
⑤ ㉠, ㉡, ㉢

54 A건설회사의 직원들이 신축 건물에 대해 이야기를 나누고 있다. 다음 중 옳지 않은 말을 한 사람은?

① 갑 : 현재 우리회사 신축 건물의 등급은 우량 등급이야.
② 을 : 신축 건물 예상평가결과 취·등록세액 감면 혜택을 받을 수 있어.
③ 병 : 경제적 이익을 위해 추가 투자를 해서 에너지효율을 높일 필요가 있어.
④ 정 : 얼마만큼의 투자가 필요한지 계획하는 것은 예산 관리의 일환이야.
⑤ 무 : 추가 투자에 예산을 배정하기에 앞서 우선순위를 결정해야 해.

55 **문제 해결을 위해 개인에게 요구되는 기본 요소를 다섯 가지로 나누어 볼 때, 다음 사례에서 A씨에게 부족한 기본 요소는?**

스마트폰 어플을 개발하는 A씨는 관련 지식을 바탕으로 다양한 어플을 만들기 위해 노력하고 있지만, 큰 성공을 거두지는 못하고 있다. A씨는 처음에 사용자 맞춤형 정보를 제공하는 어플을 개발하여 사용자들의 관심을 끌었으나, 사람들의 관심은 오래가지 못했다. 결국 A씨가 개발한 어플은 광고성 정보만 제공하는 플랫폼으로 전락하고 말았다. 광고비로 많은 수익을 얻은 경쟁사의 어플을 따라잡기 위해 처음 개발할 때의 목적과 비전을 쉽게 포기해 버렸기 때문이다. A씨가 최초의 비전을 끝까지 추구하지 못하고 중간에 경로를 변경해 실패한 사례는 이외에도 많았다. A씨는 자신이 유연하고 변화에 개방된 자세를 견지하고 있다고 생각했지만, 사실은 자신의 아이디어에 대한 확신과 계속해서 추진할 수 있는 자세가 부족한 것이었다.

① 문제 해결자의 도전 의식과 끈기
② 문제 해결 방법에 대한 지식
③ 문제 관련 지식에 대한 가용성
④ 체계적인 교육훈련
⑤ 문제에 대한 체계적인 접근

56 **아래는 A사의 전 문서의 보관, 검색, 이관, 보존 및 폐기에 대한 파일링시스템 규칙이다. 다음 중 보존연한이 3년이고, 2025년 초에 작성된 문서의 폐기연도를 바르게 구한 것은?**

〈파일링시스템 규칙〉
• 보존연한이 경과한 문서는 세단 또는 소각 방법 등으로 폐기한다. • 보존연한은 문서처리 완결일의 익년 1월 1일부터 가산한다.

① 2027년 초
② 2028년 초
③ 2029년 초
④ 2030년 초
⑤ 2031년 초

57 K지역농협 인사팀에는 팀장 1명, 과장 2명과 A대리가 있다. 팀장과 과장 2명은 4월 안에 휴가를 다녀와야 하고, 팀장이나 과장이 1명이라도 없는 경우, A대리는 자리를 비울 수 없다. 다음 〈조건〉을 고려했을 때, A대리의 연수 마지막 날짜는?

〈조건〉

- 4월 1일은 월요일이며, K지역농협은 주5일제이다.
- 마지막 주 금요일에는 중요한 세미나가 있어 그 주에는 모든 팀원이 자리를 비울 수 없다.
- 팀장은 첫째 주 화요일부터 3일 동안 휴가를 신청했다.
- B과장은 둘째 주 수요일부터 5일 동안 휴가를 신청했다.
- C과장은 셋째 주에 2일간의 휴가를 마치고 금요일부터 출근할 것이다.
- A대리는 주말 없이 진행되는 연수에 5일 연속 참여해야 한다.

① 8일
② 9일
③ 23일
④ 24일
⑤ 30일

58 **다음 중 자원 관리 단계에 대한 설명으로 적절하지 않은 것은?**

① 필요한 자원의 종류 확인 – 일반적으로 '시간, 예산, 물적자원, 인적자원'으로 구분하여 파악한다.
② 필요한 자원의 양 확인 – 필요한 자원이 얼마만큼 필요한지 구체적으로 파악한다.
③ 이용 가능한 자원 수집 – 필요한 양보다 여유 있게 자원을 확보한다.
④ 자원활용계획 수립 – 활동에 투입되는 자원의 희소성을 고려하여 계획을 수립한다.
⑤ 계획에 따른 수행 – 계획대로 업무를 추진한다.

59 **다음 중 시간 관리에 대해 바르게 이해한 사람은?**

윤아 :	시간이 촉박하면 넉넉할 때보다 오히려 집중이 더 잘되는 것 같아.
태현 :	시간 관리는 꼼꼼히 하면 너무 부담이 되니까 간단히 일정 체크만 해도 충분해.
지현 :	시간 관리가 중요하다고 해도, 막상 계획대로 진행하면 손해가 더 많았어.
성훈 :	창의적인 일을 할 때는 오히려 시간을 관리하는 것이 방해될 것 같아. 관리와 창의는 상대되는 개념이니까.

① 윤아 ② 태현
③ 지현 ④ 성훈
⑤ 없음

60 업무를 하는 데 있어 수행 시간이 많이 소요되는 것은 업무 과정 중에 시간을 낭비하는 요인이 있을 수 있다는 것을 의미한다. 다음 중 시간 낭비요인으로 옳지 않은 것은?

① 편리성 추구
② 계획적인 행동
③ 노하우 부족
④ 자원에 대한 인식 부재
⑤ 경험 및 학습 부족

61 다음은 예산의 항목을 파악하는 데 효과적인 방법을 설명한 것이다. 빈칸에 들어갈 단어로 적절한 것은?

> 직장인이 효과적으로 예산을 수립하기 위해서는 필요한 과업 및 활동 구명, 우선순위 결정 예산 배정의 단계를 거쳐야 한다. 또한 __________를 활용하여 과업을 구명하고 예산을 매치시킴으로써 효과적으로 예산을 수립할 수 있다.

① 과업세부도
② 지출내역서
③ 로직트리
④ 간트차트
⑤ 플로차트

※ N대리는 봄을 맞아 가족들과 1박 2일로 가평펜션에 여행을 가기로 하였다. 다음은 가평에 가기 위한 대중교통수단별 운행 요금 및 소요시간과 자가용 이용 시 현황에 대한 자료이다. 이어지는 질문에 답하시오. **[62~63]**

〈대중교통수단별 운행 요금 및 소요 시간〉

구분	운행 요금			소요시간		
	수원역 ~ 서울역	서울역 ~ 청량리역	청량리역 ~ 가평역	수원역 ~ 서울역	서울역 ~ 청량리역	청량리역 ~ 가평역
기차	2,700원	–	4,800원	32분	–	38분
버스	2,500원	1,200원	3,000원	1시간 16분	40분	2시간 44분
지하철	1,850원	1,250원	2,150원	1시간 03분	18분	1시간 17분

※ 운행요금은 어른 요금 기준이다.

〈자가용 이용 시 현황〉

구분	통행료	소요시간	거리
A길	4,500원	1시간 49분	98.28km
B길	4,400원	1시간 50분	97.08km
C길	6,600원	1시간 49분	102.35km

※ 거리에 따른 주유비는 124원/km이다.

〈조건〉

- N대리 가족은 어른 2명, 아이 2명이다.
- 아이 2명은 각각 만 12세, 만 4세이다.
- 어린이 기차 요금(만 13세 미만)은 어른 요금의 50% 할인 적용하고, 만 4세 미만은 무료이다.
- 어린이 버스 요금(만 13세 미만)은 어른 요금의 20% 금액이고, 만 5세 미만은 무료이다.
- 어린이 지하철 요금(만 6 ~ 12세)은 어른 요금의 40%이며, 만 6세 미만은 무료이다.

62 수원역 가까이에 사는 N대리는 가족과 함께 여행준비를 하고 있다. 이번 주 주말에 가평펜션에 가기 위해 대중교통편을 여러 방면으로 생각해보고 있다. 수원역에서 가평까지 소요 시간에 상관없이 기차를 반드시 세 구간 중 한 구간만 이용한다고 할 때, 다음 중 최소비용으로 가는 방법과 그 비용은 얼마인가?

	교통수단	비용
①	지하철 → 지하철 → 기차	15,850원
②	버스 → 지하철 → 기차	15,800원
③	지하철 → 버스 → 기차	16,060원
④	기차 → 버스 → 지하철	15,900원
⑤	기차 → 지하철 → 버스	17,700원

63 N대리는 수원역에서 가평역까지 기차를 반드시 한 번만 이용하기로 결정했다. 가평역까지 총소요시간을 2시간 20분 이내로 잡을 때, 다음 중 최소비용으로 가는 교통수단 순서는 무엇인가?(단, 환승시간은 무시한다)

① 지하철 → 지하철 → 기차
② 버스 → 지하철 → 기차
③ 지하철 → 버스 → 기차
④ 기차 → 버스 → 지하철
⑤ 기차 → 지하철 → 버스

64 N대리는 가족과 상의 후 자가용으로 편하게 가평까지 가기로 하였다. 가는 길이 A～C길 세 가지가 있을 때, 최대비용과 최소비용의 차이는 얼마인가?(단, 비용은 통행료 및 총주유비이며, 계산 값은 일의 자리에서 반올림한다)

① 2,750원
② 2,800원
③ 2,850원
④ 2,900원
⑤ 3,000원

65 다음 중 기계적 조직의 특징으로 옳은 것을 〈보기〉에서 모두 고르면?

〈보기〉

㉠ 변화에 맞춰 쉽게 변할 수 있다.
㉡ 상하 간 의사소통이 공식적인 경로를 통해 이루어진다.
㉢ 대표적으로 사내 벤처팀, 프로젝트팀이 있다.
㉣ 구성원의 업무가 분명하게 규정되어 있다.
㉤ 다양한 규칙과 규제가 있다.

① ㉠, ㉡, ㉢
② ㉠, ㉣, ㉤
③ ㉡, ㉢, ㉣
④ ㉡, ㉣, ㉤
⑤ ㉢, ㉣, ㉤

66 다음 지시사항의 내용으로 적절하지 않은 것은?

은경 씨, 금요일 오후 2시부터 10명의 인적성검사 합격자의 1차 면접이 진행될 예정입니다. 5층 회의실 사용 예약을 지금 미팅이 끝난 직후 해주시고, 2명씩 5개 조로 구성하여 10분씩 면접을 진행하니 지금 드리는 지원 서류를 참고하시어 수요일 오전까지 다섯 조를 구성한 보고서를 저에게 주십시오. 그리고 2명의 면접 위원님께 목요일 오전에 면접 진행에 대해 말씀드려 미리 일정 조정을 완료해주시기 바랍니다.

① 면접은 10분씩 진행된다.
② 은경 씨는 수요일 오전까지 보고서를 제출해야 한다.
③ 면접은 금요일 오후에 10명을 대상으로 실시된다.
④ 인적성검사 합격자는 본인이 몇 조인지 알 수 있다.
⑤ 은경 씨는 면접 위원님에게 면접 진행에 대해 알려야 한다.

67 다음 중 수직적 계층조직에서 승진을 하면 할수록 무능력하게 되는 현상을 무엇이라고 하는가?

① 피터의 법칙
② 샐리의 법칙
③ 무어의 법칙
④ 머피의 법칙
⑤ 파킨스의 법칙

68 A팀장은 급하게 해외 출장을 떠나면서 B대리에게 다음과 같은 메모를 남겨두었다. B대리가 가장 먼저 처리해야 할 일은 무엇인가?

> B대리, 지금 급하게 해외 출장을 가야 해서 오늘 처리해야 하는 것들 메모 남겨요.
> 오후 2시에 거래처와 미팅 있는 거 알고 있죠? 오전 내로 거래처에 전화해서 다음 주 중으로 다시 미팅 날짜 잡아줘요. 그리고 오늘 신입사원들과 점심 식사하기로 한 거 난 참석하지 못하니까 다른 직원들이 참석해서 신입사원들 고충도 좀 들어주고 해요. 식당은 지난번 갔었던 한정식집이 좋겠네요. 점심 때 많이 붐비니까 오전 10시까지 예약전화하는 것도 잊지 말아요. 식비는 법인카드로 처리하도록 하고, 오후 5시에 진행할 회의 PPT는 거의 다 준비되었다고 알고 있는데 나한테 바로 메일로 보내줘요. 확인하고 피드백할게요. 아, 그 전에 내가 중요한 자료를 안 가지고 왔어요. 그것부터 메일로 보내줘요. 고마워요.

① 메일로 A팀장이 요청한 자료를 보낸다.
② 거래처에 미팅일자 변경 전화를 한다.
③ 메일로 회의 PPT를 보낸다.
④ 점심 예약전화를 한다.
⑤ 회의 자료를 준비한다.

69 **다음 상황에서 업무를 처리하기 위해 연락해야 하는 부서로 적절한 것은?**

> A농협의 신입사원인 귀하는 공단의 SNS 채널에 새로운 콘텐츠를 업로드하고 관련 내용을 공단 홈페이지에 홍보하려고 했으나, 계속되는 홈페이지 접속 오류로 업로드에 실패하였다.

① 고객지원실
② 인사혁신실
③ 정보화본부
④ 기금운용본부
⑤ 시설관리센터

70 **농협은 농가소득 증대와 영농비용 절감을 위해 축산경제 부분에서 여러 사업을 진행하고 있다. 이와 관련한 설명으로 옳지 않은 것은?**

① 축산물 유통구조를 확대하여 농가의 일자리 창출에 기여하고 있다.
② 농협사료를 운영함으로써 축산 농가의 생산비 절감에 기여하고 있다.
③ HACCP 인증도축장과 한우DNA 검사 및 항생제 잔류검사를 통해 위생안전체계를 만들어가고 있다.
④ 가축질병 예방을 위한 방역서비스와 농가지도를 지원하고 있다.
⑤ 가축분뇨를 유기물이 풍부한 비료로 자원화하여 친환경 축산농업을 만들고 있다.

68 **다음 중 농협이 하는 일 가운데 경제 부문에 속하지 않는 것은?**

① 규모화·전문화를 통한 농산물 산지유통 혁신
② 조합원·고객의 실익증진을 위한 각종 사업 추진
③ 혁신적 물류체계 구축으로 농산물 도매유통 선도
④ 안전 농식품 공급으로 국민 건강에 기여
⑤ 영농에 필요한 자재를 저렴하고 안정적으로 공급

69 **다음 중 소·돼지·닭·오리·계란 등 축산물의 정보를 기록·관리하는 시스템인 축산물이력제에 대한 설명으로 옳지 않은 것은?**

① 사육부터 판매에 이르기까지의 정보를 기록·관리한다.
② 위생·안전의 문제를 사전에 방지하기 위함이다.
③ 문제가 발생할 경우 그 이력을 추적하여 신속한 대처가 가능하게 한다.
④ 농가에 대한 방역의 효율성을 도모하기 위해 도입되었다.
⑤ 축산물이력제를 통해 원산지 허위표시 등 둔갑 판매를 방지할 수 있다.

70 **농협은 농업 발전과 농업인의 역량강화 및 농업인 삶의 질 향상을 위해 농가소득 증대 지원과 농업인 복지증진을 위한 다양한 사업을 추진하고 있다. 이와 관련한 설명으로 옳지 않은 것은?**

① 농촌마을에 활력을 불어넣고자 '함께하는 마을 만들기' 등의 도농상생 활동을 하고 있다.
② 농업현장의 어려움과 개선사항을 정책에 적극 반영하는 활동을 펼치고 있다.
③ 농촌지역의 삶의 질을 높이기 위해 다양한 의료·교육·문화서비스를 제공하고 있다.
④ 농업·농촌의 가치를 국민에게 알리기 위해 다양한 홍보활동을 펼치고 있다.
⑤ 농촌 청년인구의 유출을 감소시키기 위해 다양한 영농인력 육성사업을 실시하고 있다.

65 **다음에서 설명하는 것은 무엇인가?**

문자나 숫자를 흑과 백의 막대모양 기호로 조합한 것으로, 컴퓨터가 판독하기 쉽고 데이터를 빠르게 입력하기 위하여 쓰인다. 이것은 광학식 마크판독장치로 자동판독되어 입력된다. 세계상품코드(UPC; Universal Product Code)를 따르는 상품의 종류를 나타내거나, 슈퍼마켓 등에서 매출정보의 관리(POS; Point Of Sales system) 등에 이용된다. 가격은 별도로 표시되며 도서 분류, 신분증명서 등에도 이용된다.

① RFID
② 바코드
③ NFC
④ 유심
⑤ QR코드

66 **다음은 조직의 체제를 구성하는 요소들에 대한 O / × 퀴즈이다. 옳은 것은 총 몇 개인가?**

• 조직목표는 조직이 달성하려는 장래의 상태이다. ( ) • 조직구조는 조직 내 부문 사이에 형성된 관계로 조직 구성원들의 공유된 생활양식이나 가치이다. ( ) • 조직도는 조직 구성원들의 임무, 수행과업, 일하는 장소를 알아보는 데 유용하다. ( ) • 조직의 규칙과 규정은 조직 구성원들의 행동범위를 정하고 일관성을 부여하는 역할을 한다. ( )

① 1개
② 2개
③ 3개
④ 4개
⑤ 없음

67 **완전히 다른 문화환경이나 새로운 사회환경을 접함으로써 감정의 불안을 느끼거나 무엇을 어떻게 해야하는지 모르는 판단의 부재 상태에 놓일 수 있는데, 이를 문화충격이라고 한다. 다음 중 문화충격을 예방하기 위한 방법으로 적절하지 않은 것은?**

① 다른 문화환경에 대한 개방적인 태도를 갖도록 한다.
② 자신이 속한 문화를 기준으로 다른 문화를 평가하지 않도록 한다.
③ 새롭고 다른 것을 경험하는 데 적극적인 자세를 취하도록 한다.
④ 새로운 사회환경 적응을 위해서 자신의 정체성은 포기하도록 한다.
⑤ 다른 문화에 대한 정보를 미리 습득하도록 한다.

63 K기업은 해외지사에서 근무 중인 직원들 중 업무성과가 우수한 직원을 선발하여 국내로 초청하고자 한다. 다음 자료를 토대로 각국 직원들이 국내에 도착하는 순서를 고르면?

〈각국 해외지사 직원들의 비행 스케줄〉

출발지	출발지 기준 이륙시각	비행시간 (출발지 → 대한민국)
독일(뮌헨)	2025년 9월 6일(금) 오후 04:20	11시간 30분
인도(뉴델리)	2025년 9월 6일(금) 오후 10:10	8시간 30분
미국(뉴욕)	2025년 9월 6일(금) 오전 07:40	14시간

〈동일 시점에서의 각국의 현지시각〉

국가(도시)	현지시각
대한민국(서울)	2025년 9월 6일(금) 오전 06:20
독일(뮌헨)	2025년 9월 5일(목) 오후 11:20
인도(뉴델리)	2025년 9월 6일(금) 오전 03:50
미국(뉴욕)	2025년 9월 5일(목) 오후 05:20

① 인도 – 독일 – 미국
② 인도 – 미국 – 독일
③ 미국 – 독일 – 인도
④ 미국 – 인도 – 독일
⑤ 독일 – 뉴욕 – 인도

64 다음 중 물적자원관리 과정에 대한 설명으로 옳지 않은 것은?

① 물품의 정리 및 보관 시 물품을 앞으로 계속 사용할 것인지 아닌지를 구분해야 한다.
② 유사성의 원칙은 유사품을 같은 장소에 보관하는 것을 말하며, 이는 보관한 물품을 보다 쉽고 빠르게 찾을 수 있도록 하기 위해서 필요하다.
③ 물품이 특성에 맞는 보관 장소를 선정해야 하므로, 종이류와 유리 등은 그 재질의 차이로 인해서 보관 장소의 차이를 두는 것이 바람직하다.
④ 물품의 정리 시 회전대응 보관의 원칙은 입출하의 빈도가 높은 품목을 출입구 가까운 곳에 보관하는 것을 말한다.
⑤ 물품의 무게와 부피에 따라서 보관 장소를 달리해야 하며, 무게가 무겁거나 부피가 큰 것은 별도로 취급하여 개별 물품의 훼손이 생기지 않게 보관한다.

61 **다음 대화의 빈칸에 들어갈 정부장의 조언으로 적절하지 않은 것은?**

> 정부장 : 김대리, 시간을 충분히 주었다고 생각했는데 진행 상황이 생각보다 늦네요. 이유가 뭐죠?
> 김대리 : 아, 부장님. 죄송합니다. 저, 그게… 저는 최대한 노력한다고 하는데 항상 시간이 모자랍니다. 업무 능력이 부족해서인 것 같습니다.
> 정부장 : 능력은 충분해요. 노력을 하는데도 시간이 부족하다면 내 생각에는 계획을 세울 필요가 있을 것 같네요. 시간을 쓰는 데도 계획이 있어야 하는데 시간 계획을 세울 때는 ____________________

① 목표를 구체적으로 세워야 합니다.
② 행동을 중심으로 세워야 합니다.
③ 현실적으로 가능해야 합니다.
④ 최대한 완벽한 계획을 세울 수 있도록 충분한 시간을 가져야 합니다.
⑤ 측정이 가능한 척도도 같이 세우는 것이 좋습니다.

62 **다음 (가) ~ (다)는 시간계획을 할 때 명심해야 하는 사항들이다. 이에 대한 〈보기〉의 설명 A ~ C를 바르게 연결한 것은?**

〈보기〉

(가) 권한위임	A. 여러 일 중에 우선적인 일을 먼저 처리
(나) 우선순위	B. 시간 계획을 유연하게 작성
(다) Flexibility	C. 타인에게 일을 맡김

	(가)	(나)	(다)
①	A	B	C
②	B	A	C
③	B	C	A
④	C	A	B
⑤	C	B	A

59 귀하는 N호텔의 비품 구매 담당이다. 제조사별 소파를 비교한 뒤 특정 제조사의 소파를 구매하기로 결정하였다. 귀하가 선택한 소파는 이탈리아제의 천, 쿠션재에 패더를 사용하였다. 쿠션재는 패더와 우레탄뿐이며 침대 겸용은 아니지만 리클라이닝이 가능하다. 또한 사용설명서에 '조립'이라고 표시되어 있었으며, 커버는 교환할 수 없다. 다음 중 귀하가 구매하려는 소파의 제조사는?

〈제조사별 소파 특징〉

제조사	특징
A사	• 쿠션재에 스프링을 사용하지 않는 경우에는 이탈리아제의 천을 사용하지 않는다. • 국내산 천을 사용하는 경우에는 커버를 교환 가능하게 하지 않는다.
B사	• 쿠션재에 우레탄을 사용하는 경우에는 국내산 천을 사용한다. • 리클라이닝이 가능하지 않으면 이탈리아제 천을 사용하지 않는다.
C사	• 쿠션재에 패더를 사용하지 않는 경우에는 국내산 천을 사용한다. • 침대 겸용 소파의 경우에는 쿠션재에 패더를 사용하지 않는다.
D사	• 쿠션재에 패더를 사용하는 경우에는 이탈리아제의 천을 사용한다. • 조립이라고 표시된 소파의 경우에는 쿠션재에 우레탄을 사용한다.

① A사 또는 B사
② A사 또는 C사
③ B사 또는 C사
④ B사 또는 D사
⑤ C사 또는 D사

60 어느 모임에서 지갑 도난 사건이 일어났다. 여러 가지 증거를 근거로 혐의자는 A ~ E 5명으로 좁혀졌다. 이들 중 1명이 범인이고, 진술은 다음과 같다. 각각의 혐의자들이 말한 세 가지 진술 중에 두 가지는 참이지만, 한 가지는 거짓이라고 밝혀졌다. 지갑을 훔친 사람은?

- A : 나는 훔치지 않았다. C도 훔치지 않았다. D가 훔쳤다.
- B : 나는 훔치지 않았다. D도 훔치지 않았다. E가 진짜 범인을 알고 있다.
- C : 나는 훔치지 않았다. E는 내가 모르는 사람이다. D가 훔쳤다.
- D : 나는 훔치지 않았다. E가 훔쳤다. A가 내가 훔쳤다고 말한 것은 거짓말이다.
- E : 나는 훔치지 않았다. B가 훔쳤다. C와 나는 오랜 친구이다.

① A
② B
③ C
④ D
⑤ E

58 귀하는 N은행에 근무하며 아래와 같이 여러 금융상품을 취급하고 있다. 다음과 같은 〈조건〉의 고객에게 추천할 가장 좋은 금융상품은?

〈N은행 금융상품〉

상품	특징
스마트 적금	• 가입기간 : 입금금액이 700만 원 될 때까지 • 가입금액 : 월 1천 원 ~ 100만 원까지 • 복잡한 우대금리 조건이 없는 스마트폰 전용 적금
두배드림 적금	• 가입기간 : 36개월 • 가입금액 : 월 4만 원 ~ 20만 원 • 우대금리 : 입금실적이 본 은행의 12개월 이상
월복리 정기예금	• 가입기간 : 12 ~ 36개월 • 가입금액 : 월 300만 원 ~ 3,000만 원 • 우대금리 : 전월 실적이 50만 원 이상
DREAM 적금	• 가입기간 : 6개월 이상 ~ 60개월 이하 • 가입금액 : 월 1천 원 이상 • 우대금리 : 은행신규고객을 대상으로 하며, 통장에 3백만 원 이상 보유
미래설계 적금	• 가입기간 : 60개월 • 가입금액 : 월 1천 원 ~ 300만 원 • 우대금리 : 연금이체

〈고객 조건〉

이번에 목돈을 모으기 위해 적금을 가입하려 합니다. 매달 20만 원 정도 입금할 예정이며 우대금리를 받고 싶습니다. 상품에 3년 동안 가입할 예정이며, 현재 이 은행에서 매달 50만 원씩 20개월 동안 이용하고 있습니다. 통장 예금은 현재 500만 원이 조금 넘습니다.

① 스마트 적금
② 두배드림 적금
③ 월복리 정기예금
④ DREAM 적금
⑤ 미래설계 적금

56 다음은 중소기업창업 지원법 시행령의 일부이다. 이에 따른 창업에 해당하는 것을 〈보기〉에서 모두 고르면?

> **제2조(창업의 범위)**
> 창업은 다음 각 호의 어느 하나에 해당하지 않는 것으로서 중소기업을 새로 설립하여 사업을 개시하는 것을 말한다.
> 1. 타인으로부터 사업을 승계하여 승계 전의 사업과 같은 종류의 사업을 계속하는 경우
> 2. 개인사업자인 중소기업자가 법인으로 전환하거나 법인의 조직변경 등 기업형태를 변경하여 변경 전의 사업과 같은 종류의 사업을 계속하는 경우
> 3. 폐업 후 사업을 개시하여 폐업 전의 사업과 같은 종류의 사업을 계속하는 경우

〈보기〉

> ㉠ A전자와 B전자를 합병하여 C주식회사를 설립한 후 동종의 사업을 계속하는 경우
> ㉡ 폐업한 A건설을 인수하여 이전의 사업을 다시 시작하는 경우
> ㉢ 물류회사를 상속받았지만, 사업성이 없어 커피 프랜차이즈를 새로 설립하여 사업을 시작하는 경우

① ㉠
② ㉡
③ ㉢
④ ㉠, ㉡
⑤ ㉡, ㉢

57 다음 중 문제해결을 위해 갖춰야 할 기본요소에 대한 설명으로 적절하지 않은 것은?

① 기존과 다른 방식으로 사고하기 위해 의식적인 노력을 기울인다.
② 문제해결에 관한 외부 강의 등을 수강하며 문제해결을 위한 새로운 스킬을 습득한다.
③ 조직의 기능단위 수준에서 현 문제점을 분석하고 해결안을 도출하기 위해 노력한다.
④ 해결하기 어려운 문제에 당면하더라도 이를 통해 스스로를 더욱 발전시키겠다는 태도로 임한다.
⑤ 담당 업무에 대한 풍부한 지식과 경험을 통해서 해결하고자 하는 문제에 대한 지식을 갖추고자 노력한다.

55 다음은 보험금 청구 절차 안내문이다. 이를 토대로 N손해보험 고객지원센터에 접수된 고객들의 질문에 답변할 때, 적절하지 않은 것은?

〈보험금 청구 절차 안내문〉

단계	구분	내용
Step 1	사고 접수 및 보험금 청구	피보험자, 가해자, 피해자가 사고발생 통보 및 보험금 청구를 합니다. 접수는 가까운 영업점에 관련 서류를 제출합니다.
Step 2	보상팀 및 보상 담당자 지정	보상처리 담당자가 지정되어 고객님께 담당자의 성명, 연락처를 SMS로 전송해 드립니다. 자세한 보상 관련 문의사항은 보상처리 담당자에게 문의하시면 됩니다.
Step 3	손해사정사법인 (현장확인자)	보험금 지급 여부 결정을 위해 사고현장조사를 합니다. (병원 공인된 손해사정법인에게 조사업무를 위탁할 수 있음)
Step 4	보험금 심사 (심사자)	보험금 지급 여부를 심사합니다.
Step 5	보험금 심사팀	보험금 지급 여부가 결정되면 피보험자 예금통장에 보험금이 입금됩니다.

※ 3만 원 초과 10만 원 이하 소액 통원의료비를 청구할 경우, 보험금 청구서와 병원영수증, 질병분류기호(질병명)가 기재된 처방전만으로 접수가 가능합니다.

※ 의료기관에서 환자가 요구할 경우 처방전 발급 시 질병분류기호(질병명)가 기재된 처방전 2부 발급이 가능합니다.

※ 온라인 접수 절차는 N손해보험 홈페이지에서 확인하실 수 있습니다.

① Q : 자전거를 타다가 팔을 다쳐서 병원비가 56,000원이 나왔습니다. 보험금을 청구하려고 하는데 제출할 서류는 어떻게 되나요?

A : 고객님의 의료비는 10만 원이 넘지 않는 관계로 보험금 청구서와 병원영수증, 진단서 세 가지가 필요합니다.

② Q : 사고를 낸 당사자도 보험금을 청구할 수 있나요?

A : 네, 고객님. 사고의 가해자와 피해자 모두 보험금을 청구하실 수 있습니다.

③ Q : 사고 접수는 인터넷으로도 가능한가요?

A : 네, 가능합니다. 자세한 접수 절차는 N손해보험 홈페이지에서 확인하실 수 있습니다.

④ Q : 질병분류기호가 기재된 처방전은 어떻게 발급하나요?

A : 처방전 발급 시, 해당 의료기관에 질병분류기호를 포함해달라고 요청하시면 됩니다.

⑤ Q : 보험금은 언제쯤 지급받을 수 있을까요?

A : 보험금은 사고가 접수된 후에 사고현장을 조사하여 보험금 지급 여부를 심사한 다음 지급됩니다. 고객님마다 개인차가 있을 수 있으니 보다 정확한 사항은 보상처리 담당자에게 문의 바랍니다.

53 N사에서는 신입사원 연수를 위해 4명의 여성 신입사원(A ~ D)과 5명의 남성 신입사원(E ~ I)을 3개 조로 나누려고 한다. 다음의 〈조건〉을 모두 만족하게 조를 나눌 때 가장 적절한 것은?

〈조건〉

- 인원수가 동일하도록 조를 나누어야 한다.
- 여성만 있는 조나 남성만 있는 조가 있어서는 안 된다.
- A와 E는 다른 조에 속해야 한다.
- B와 D는 같은 조에 속해야 한다.
- C와 F가 같은 조라면, G는 H와 같은 조여야 한다.
- I는 A 또는 D 둘 중 한 명과는 같은 조여야 한다.
- H는 여성이 한 명 있는 조에 속해야 한다.

① (B, C, D), (A, F, H), (E, G, I)
② (B, D), (A, C, F, I), (E, G, H)
③ (A, E, I), (B, D, G), (C, F, H)
④ (B, D, I), (C, E, F), (A, G, H)
⑤ (B, E, I), (C, D, G), (A, F, H)

54 다음 중 문제해결과정이 순서대로 바르게 나열된 것은?

㉠ 문제 인식	㉡ 실행 및 평가
㉢ 원인 분석	㉣ 문제 도출
㉤ 해결안 개발	

① ㉠－㉡－㉢－㉣－㉤
② ㉠－㉣－㉢－㉤－㉡
③ ㉡－㉢－㉣－㉤－㉠
④ ㉣－㉠－㉢－㉤－㉡
⑤ ㉣－㉢－㉤－㉡－㉠

51 A ~ E 5명이 순서대로 퀴즈 게임을 해서 벌칙받을 사람 1명을 선정하고자 한다. 다음의 게임 규칙과 결과에 근거할 때, 옳은 것을 〈보기〉에서 모두 고르면?

- 규칙
  - A → B → C → D → E 순서대로 퀴즈를 1개씩 푼다.
  - A ~ E 모두 한 번씩 퀴즈를 풀고 나면 한 라운드가 끝난다.
  - 퀴즈 2개를 맞힌 사람은 벌칙에서 제외되고, 다음 라운드부터는 게임에 참여하지 않는다.
  - 라운드를 반복하여 맨 마지막까지 남는 한 사람이 벌칙을 받는다.
  - 벌칙을 받을 사람이 결정되면 라운드 중이라도 더 이상 퀴즈를 출제하지 않는다.
  - 게임 중 동일한 문제는 출제하지 않는다.
- 결과

  3라운드에서 A는 참가자 중 처음으로 벌칙에서 제외되었고, 4라운드에서는 오직 B만 벌칙에서 제외되었으며, 벌칙을 받을 사람은 5라운드에서 결정되었다.

〈보기〉

㉠ 5라운드까지 참가자들이 정답을 맞힌 퀴즈는 총 9개이다.
㉡ 게임이 종료될 때까지 총 22개의 퀴즈가 출제되었다면, E는 5라운드에서 퀴즈의 정답을 맞혔다.
㉢ 게임이 종료될 때까지 총 21개의 퀴즈가 출제되었다면, 퀴즈를 푸는 순서가 벌칙을 받을 사람 선정에 영향을 미친 것으로 볼 수 있다.

① ㉠
② ㉡
③ ㉠, ㉢
④ ㉡, ㉢
⑤ ㉠, ㉡, ㉢

52 다음 예시를 통해 알 수 있는 창의적 사고 개발 방법은 무엇인가?

'신차 출시'라는 같은 주제에 대해서 판매방법, 판매대상 등의 힌트를 통해 사고 방향을 미리 정해서 발상한다. 이때 판매방법이라는 힌트에 대해서는 '신규 해외 수출 지역을 물색한다.'라는 아이디어를 떠올릴 수 있을 것이다.

① 자유 연상법
② 강제 연상법
③ 비교 발상법
④ 비교 연상법
⑤ 자유 발상법

50 다음 중 (가) ~ (다)에 들어갈 용어로 적절한 것은?

(가) ▶	객관적 실제의 반영이며, 그것을 전달할 수 있도록 기호화한 것 ▶	고객의 주소, 성별, 이름, 나이, 스마트폰 기종 등
(나) ▶	(가)를 특정한 목적과 문제해결에 도움이 되도록 가공한 것 ▶	• 중년층의 스마트폰 기종 • 중년층의 스마트폰 활용 횟수
(다) ▶	(나)를 집적하고 체계화하여 장래의 일반적인 사항에 대비해 보편성을 갖도록 한 것 ▶	• 스마트폰 디자인에 대한 중년층의 취향 • 중년층을 주요 타깃으로 신종 스마트폰 개발

	(가)	(나)	(다)
①	자료	정보	지식
②	자료	지식	정보
③	지식	자료	정보
④	지식	정보	자료
⑤	정보	정보	지식

49 다음은 갑 ~ 무 5명의 신용등급 및 우대금리 적용사항에 대한 자료이다. 모두 대출금과 계약기간이 동일하고 같은 상환 방식으로 상환한다고 할 때, 지불해야 할 상환액이 가장 많은 순으로 바르게 나열한 것은?

〈신용등급 및 우대금리 적용사항〉

구분	신용등급	우대금리 적용사항
갑	2	• M카드 사용액이 30만 원이다. • N은행 우량 고객이다.
을	6	• 급여 200만 원을 매달 N은행으로 이체하고 있다. • 최근 3개월간 N카드 사용액이 매월 40만 원이다. • N은행 우량 고객이다.
병	4	• 총대출액 한도의 40%를 초과한다. • N은행 우량 고객이다. • 최근 3개월간 N카드 사용액이 매월 60만 원이다.
정	7	• 최근 3개월간 N카드 사용액이 매월 100만 원이다. • 아파트관리비와 펌뱅킹을 자동이체로 내고 있다. • 타행 대출상환 조건을 만족한다.
무	5	• N은행 우량 고객이다. • 급여 300만 원을 매달 N은행으로 이체하고 있다. • 총대출액 한도의 40%를 초과한다. • 타행 대출상환 조건을 만족한다.

① 정> 갑> 을> 병> 무

② 정> 갑> 을> 무> 병

③ 정> 갑> 무> 을> 병

④ 정> 을> 갑> 무> 병

⑤ 정> 을> 무> 갑> 병

※ 다음은 N은행의 신용등급별 금리 현황에 대한 자료이다. 이어지는 질문에 답하시오. **[48~49]**

〈N은행 신용등급별 금리 현황〉

1. 신용등급별 금리

(단위 : 연이율, %)

구분		신용등급별 금리					
		1 ~ 3등급	4등급	5등급	6등급	7 ~ 10등급	평균금리
N은행	대출금리	3.74	4.14	5.19	7.38	8.44	6.17
	기준금리	1.74	1.79	1.77	1.78	1.72	1.74
	가산금리	2.00	2.35	3.42	5.60	6.72	4.43

※ 기준금리는 6개월마다 공시가 적용되며, 가산금리는 최초 계약기간 또는 6개월 중 짧은 기간에 해당하는 금리로 정한다.

2. 우대금리 : 최고 연 1.5%p 우대
   ① 당행 우량 고객 : 0.2%p
   ② 카드사용 우대(매월 N카드 사용액 30만 원 이상, 체크 / 신용카드 합산 가능) : 최대 0.3%
      - 최근 3개월간 30만 원 이상(연 0.1%p), 60만 원 이상(연 0.2%p), 90만 원 이상(연 0.3%p)의 이용실적이 있는 경우
   ③ 타행 대출상환 조건 : 0.3%p
   ④ 한도대출 사용률 40% 초과 : 0.3%p
   ⑤ 급여(연금)이체 실적 우대 : 100만 원 단위로 연 0.1%p 가산, 최대 0.3%p
   ⑥ 자동이체 거래실적 우대(3건 이상) : 연 0.1%p(아파트관리비 / 지로 / 금융결제원CMS / 펌뱅킹)
3. 최종금리 : 고객별 최종금리는 고객별 신용등급에 따라 산출된 기준금리와 가산금리, 우대금리에 따라 차등 적용

※ (최종금리)=(기준금리)+(가산금리)−(우대금리)=(대출금리)−(우대금리)

48 다음 중 N은행 신용대출 관련 자료를 잘못 이해한 사람은 누구인가?

① A : 1년으로 계약기간을 잡았다면 적어도 1번 이상은 금리 조정이 있겠군.
② B : 다른 금리가 일정하여도 기준금리가 오른다면 최종금리도 같이 상승하겠군.
③ C : 등급이 낮아질수록 대출금리와 가산금리 모두 반드시 증가하는군.
④ D : 실적에 따라 5등급의 대출자가 4등급보다 더 낮은 금리로 돈을 빌릴 수 있겠군.
⑤ E : 각각의 평균금리는 해당 행의 5개 숫자를 모두 더하여 5로 나눈 것이겠군.

※ 다음은 국내 경지 면적 및 수리답률 추이에 대한 자료이다. 이어지는 질문에 답하시오. **[46~47]**

〈경지 면적 및 수리답률 추이〉

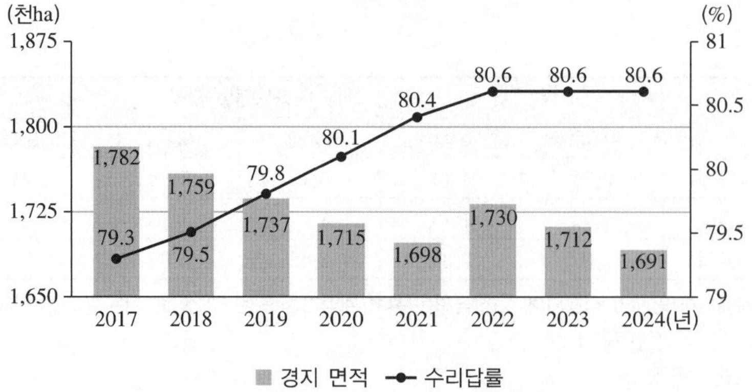

※ 수리답률 : 전체 논 면적 중 수리시설을 통해 농업용수 공급을 받는 면적의 비율로, [수리답률(%)]=$\frac{(\text{수리답 면적})}{(\text{논 면적})}\times 100$임

〈항목별 경지 면적의 추이〉

(단위 : 천ha)

구분	2017년	2018년	2019년	2020년	2021년	2022년	2023년	2024년
논	1,070	1,046	1,010	984	960	966	964	934
밭	712	713	727	731	738	764	748	757

46 위 자료에 따른 2024년 우리나라의 수리답 면적은 약 몇 ha인가?

① 약 753,000ha
② 약 758,000ha
③ 약 763,000ha
④ 약 768,000ha
⑤ 약 772,000ha

47 위 자료에 대한 〈보기〉의 설명 중 옳은 것을 모두 고르면?

〈보기〉

㉠ 2017～2021년 전체 경지 면적에서 밭이 차지하는 비율은 계속 증가하고 있다.
㉡ 논 면적이 2017～2024년 논 전체 평균 면적보다 줄어든 것은 2020년부터이다.
㉢ 전체 논 면적 중 수리시설로 농업용수를 공급받지 않는 면적만 줄어들고 있다.

① ㉠
② ㉡
③ ㉠, ㉡
④ ㉡, ㉢
⑤ ㉠, ㉡, ㉢

44 다음은 N은행의 연차휴가 규정이다. A대리는 2021년 1월 1일에 입사하였고 매해 80% 이상 출근하였다. 오늘 날짜가 2025년 1월 26일이라면 A대리의 당해 연도 연차휴가는 며칠인가?

> **연차휴가(제29조)**
> - 직전 연도에 연간 8할 이상 출근한 직원에게는 15일의 연차유급휴가를 준다.
> - 3년 이상 근속한 직원에 대하여는 최초 1년을 초과하는 근속연수 매 2년에 연차유급휴가에 1일을 가산한 휴가를 준다. 여기서 소수점 단위는 절사하고, 가산휴가를 포함한 총 휴가일수는 25일을 한도로 한다.
> - 연차휴가는 직원의 자유의사에 따라 분할하여 사용할 수 있다. 반일단위(09시 ~ 14시, 14시 ~ 18시)로 분할하여 사용할 수 있으며 반일 연차휴가 2회는 연차휴가 1일로 계산한다.
> - 연차휴가를 줄 수 없을 때는 연봉 및 복리후생관리규정에 정하는 바에 따라 보상금을 지급한다.

① 15일　② 16일
③ 17일　④ 18일
⑤ 19일

45 N사 인재개발원에 근무하고 있는 A대리는 〈조건〉에 따라 신입사원 교육을 위한 스크린을 구매하려고 한다. 다음 중 가장 적절한 제품은?

〈조건〉
> - 조명도는 5,000lx 이상이어야 한다.
> - 예산은 150만 원이다.
> - 제품에 이상이 생겼을 때 A/S가 신속해야 한다.
> - 위 조건을 모두 충족할 시, 가격이 저렴한 제품을 가장 우선으로 선정한다.
>
> ※ lux(럭스) : 조명이 밝은 정도를 말하는 조명도에 대한 실용단위로 기호는 lx이다.

	제품	가격(만 원)	조명도(lx)	특이사항
①	A	180	8,000	2년 무상 A/S 가능
②	B	120	6,000	해외직구(해외 A/S)
③	C	100	3,500	미사용 전시 제품
④	D	150	5,000	미사용 전시 제품
⑤	E	130	7,000	2년 무상 A/S 가능

42 안전본부 사고분석 개선처에 근무하는 B대리는 혁신우수 연구대회에 출전하여 첨단장비를 활용한 차종별 보행자사고 모형개발 자료를 발표했다. 연구 추진방향을 도출하기 위해 SWOT 분석을 한 결과가 다음과 같을 때, 분석 결과에 대응하는 전략과 그 내용이 옳지 않은 것은?

〈SWOT 분석 결과〉

강점(Strength)	약점(Weakness)
10년 이상 지속적인 교육과 연구로 신기술 개발을 위한 인프라 구축	보행자사고 모형개발을 위한 예산 및 실차 실험을 위한 연구소 부재
기회(Opportunity)	**위협(Threat)**
첨단 과학장비(3D스캐너, MADYMO) 도입으로 정밀 시뮬레이션 분석 가능	교통사고에 대한 국민의 관심과 분석수준 향상으로 공단의 사고분석 질적 제고 필요

① SO전략 : 과학장비를 통한 정밀 시뮬레이션 분석을 토대로 국내 차량의 전면부 형상을 취득하고 보행자사고를 분석해 신기술 개발에 도움

② WO전략 : 실차 실험 대신 과학장비를 통한 시뮬레이션 연구로 모형개발

③ ST전략 : 지속적 교육과 연구로 쌓아온 데이터를 바탕으로 사고분석 프로그램 신기술 개발을 통해 사고분석 질적 향상에 기여

④ WT전략 : 신기술 개발을 위한 연구대회를 개최해 인프라를 더욱 탄탄히 구축

⑤ WT전략 : 보행자사고 실험을 위한 연구소를 만들어 사고 분석 데이터 축적

43 다음 〈조건〉에 따라 오피스텔 입주민들이 쓰레기를 배출한다고 할 때, 옳지 않은 것은?

〈조건〉

- 5개 동 주민들은 모두 다른 날에 쓰레기를 버린다.
- 쓰레기 배출은 격일로 이루어진다.
- 5개 동 주민들은 A동, B동, C동, D동, E동 순서대로 쓰레기를 배출한다.
- 규칙은 A동이 첫째 주 일요일에 쓰레기를 배출하는 것으로 시작한다.

① A와 E는 같은 주에 쓰레기를 배출할 수 있다.

② 10주 차 일요일에는 A동이 쓰레기를 배출한다.

③ A동은 모든 요일에 쓰레기를 배출한다.

④ 2주에 걸쳐 쓰레기를 2회 배출할 수 있는 동은 두 개이다.

⑤ B동이 처음으로 수요일에 쓰레기를 버리는 주는 8주 차이다.

40 S사원은 사내의 복지 증진과 관련하여 임직원을 대상으로 휴게실 확충에 대한 의견을 수렴하였다. 의견 수렴 결과가 다음과 같을 때, 이에 대한 해석으로 옳지 않은 것은?

〈휴게실 확충에 대한 본부별·성별 찬반 의견〉

(단위 : 명)

구분	A본부		B본부	
	여성	남성	여성	남성
찬성	180	156	120	96
반대	20	44	80	104
합계	200	200	200	200

① 남성의 60% 이상이 휴게실 확충에 찬성하고 있다.

② A본부 여성의 찬성 비율이 B본부 여성보다 1.5배 높다.

③ B본부 전체 인원 중 여성의 찬성률이 B본부 남성의 찬성률보다 보다 1.2배 이상 높다.

④ A, B본부 전체 인원에서 찬성하는 사람의 수는 전체 성별 차이가 본부별 차이보다 크다.

⑤ A본부에 휴게실이 확충될지 B본부에 휴게실이 확충될지 확정할 수 없다.

41 A지역 하나로마트에서는 인건비를 줄이기 위해 다양한 방식을 고민하고 있다. 다음 조건을 참고할 때, 가장 적절한 방법은?(단, 한 달은 4주이다)

〈조건〉

- 정직원은 오전 8시부터 오후 7시까지 평일·주말 상관없이 주 6일 근무하며, 1인당 월 급여는 220만 원이다.
- 계약직원은 오전 8시부터 오후 7시까지 평일·주말 상관없이 주 5일 근무하며, 1인당 월 급여는 180만 원이다.
- 아르바이트생은 평일 3일, 주말 2일로 하루 9시간씩 근무하며, 평일은 시급 9,000원, 주말은 시급 12,000원이다.
- 현재 정직원 5명, 계약직원 3명, 아르바이트생 3명이 근무 중이며 전체 인원을 줄일 수는 없다.

① 계약직원을 정직원으로 전환한다.

② 계약직원을 아르바이트생으로 전환한다.

③ 아르바이트생을 정직원으로 전환한다.

④ 아르바이트생을 계약직원으로 전환한다.

⑤ 직원을 더 이상 채용하지 않고 아르바이트생만 채용한다.

39 다음은 시중 시리얼 제품의 열량과 함량에 대한 자료이다. 이에 대한 설명으로 옳은 것은?

〈시중 시리얼 제품의 열량과 함량 비교(1회 제공량)〉

식품 유형	제품명	열량(Kcal)	탄수화물(g)	당류(g)	단백질(g)
일반 제품	옥수수라이트	117	27.2	9.7	1.3
	옥수수로스트	115	26.6	9.3	1.6
	옥수수 플레이크	152	35.0	2.3	3.0
당 함량을 낮춘 제품	옥수수 1/3 라이트	118	27.1	5.9	1.4
	옥수수 라이트슈거	115	26.5	6.8	1.6
견과류 첨가 제품	옥수수 플레이크 넛츠	131	24.2	7.2	1.8
	바삭 너트	170	31.3	10.9	2.7
	아몬드 시리얼	164	33.2	8.7	2.5
초코맛 제품	오곡 시리얼	122	25.0	8.8	2.0
	사각 초코	115	25.5	9.1	1.5
	동글동글 시리얼	151	34.3	12.9	2.9
체중조절용 제품	라이트업 시리얼	155	31.4	6.9	6.7
	스페셜 시리얼	153	31.4	7.0	6.5
	바디 연구소	154	31.2	7.0	6.4
	날씬 플러스	153	31.4	7.8	6.4

① 탄수화물 함량이 가장 낮은 시리얼은 당류 함량도 가장 낮은 수치를 보이고 있다.
② 일반 제품의 열량은 체중조절용 제품의 열량보다 더 높은 수치를 보이고 있다.
③ 견과류 첨가 제품은 당 함량을 낮춘 제품보다 단백질 함량이 높은 편이다.
④ 당류가 가장 많은 시리얼은 견과류 첨가 제품이다.
⑤ 단백질의 경우 체중조절용 제품 시리얼은 일반 제품 시리얼보다 3배 이상 많다.

38 다음은 국가별 자동차 변속기 부문별 경쟁력 점수에 대한 자료이다. 이를 잘못 이해한 사람을 〈보기〉에서 모두 고르면?

〈국가별 자동차 변속기 부문별 경쟁력 점수〉

부문 \ 국가	A	B	C	D	E
변속감	98	93	102	80	79
내구성	103	109	98	95	93
소음	107	96	106	97	93
경량화	106	94	105	85	95
연비	105	96	103	102	100

※ 각국의 전체 경쟁력 점수는 각 부문 경쟁력 점수의 총합으로 구함

〈보기〉

- 김 사원 : 전체 경쟁력 점수는 E국보다 D국이 더 높습니다.
- 박 과장 : 경쟁력 점수가 가장 높은 부문과 가장 낮은 부문의 차이가 가장 큰 국가는 D이고, 가장 작은 국가는 C입니다.
- 최 대리 : C국을 제외한다면 각 부문에서 경쟁력 점수가 가장 높은 국가와 가장 낮은 국가의 차이가 가장 큰 부문은 내구성이고, 가장 작은 부문은 변속감입니다.
- 오 사원 : 내구성 부문에서 경쟁력 점수가 가장 높은 국가와 경량화 부문에서 경쟁력 점수가 가장 낮은 국가는 동일합니다.
- 정 과장 : 전체 경쟁력 점수는 A국이 가장 높습니다.

① 김 사원, 박 과장, 최 대리
② 김 사원, 최 대리, 오 사원
③ 김 사원, 최 대리, 정 과장
④ 박 과장, 오 사원, 정 과장
⑤ 박 과장, 최 대리, 오 사원

36 다음 중 위 자료에 대한 설명으로 옳지 않은 것은?

① 4년제 국내 수도권 내 대학교 졸업자 수는 전체 직원의 15% 이상을 차지한다.

② 고등학교 졸업의 학력을 가진 직원의 월 급여는 모두 300만 원 미만이라 할 때, 이 인원이 월 급여 300만 원 미만에서 차지하는 비율은 20% 이상이다.

③ 4년제 대학교 졸업 이상의 학력을 가진 직원의 월 급여는 모두 300만 원 이상이라 할 때, 이 인원이 월 급여 300만 원 이상에서 차지하는 비율은 78% 이하이다.

④ 월 급여가 300만 원 미만인 직원은 350만 원 이상인 직원의 2.5배 이상이다.

⑤ 전체 직원이 1,000명이라 할 때, 외국 대학교 졸업의 학력을 가진 직원은 70명이다.

37 국내 소재 대학 및 대학원 졸업자의 25%의 월 급여가 300만 원 이상일 때, 이들이 월 급여 300만 원 이상인 직원 인원에서 차지하는 비율은?(단, 소수점 첫째 자리에서 버림한다)

① 28%
② 32%
③ 36%
④ 43%
⑤ 48%

※ 다음은 N사 전 직원 1,200명을 대상으로 조사한 자료이다. 이어지는 질문에 답하시오. **[36~37]**

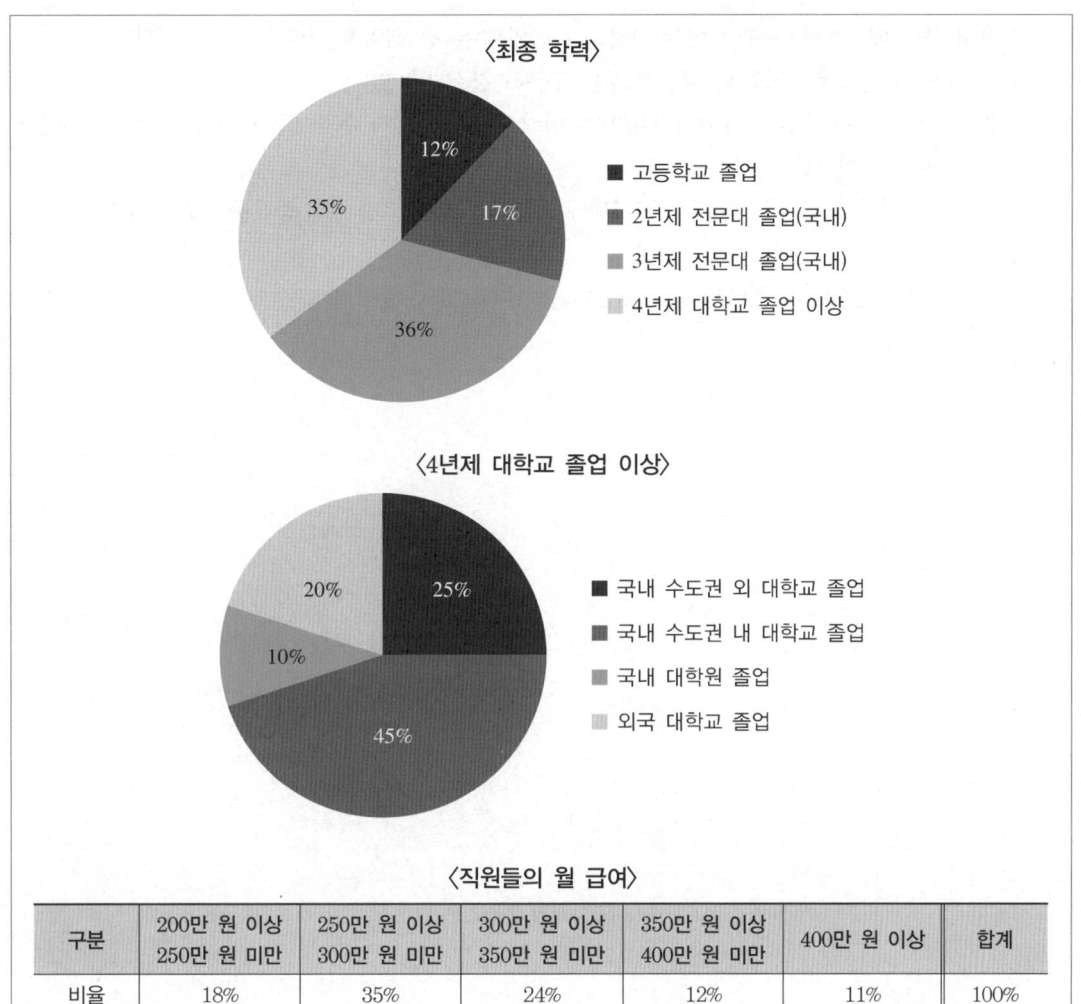

〈최종 학력〉

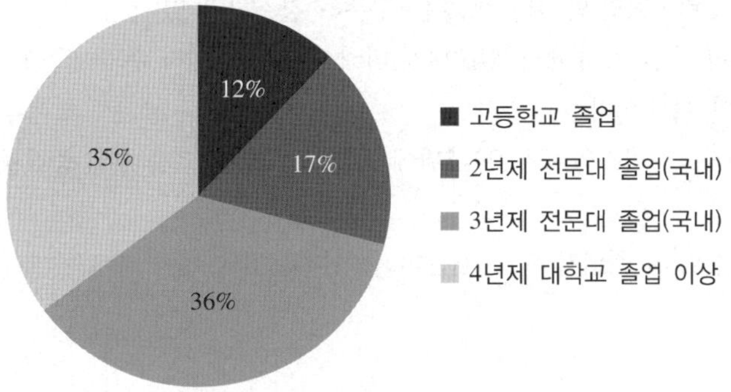

〈4년제 대학교 졸업 이상〉

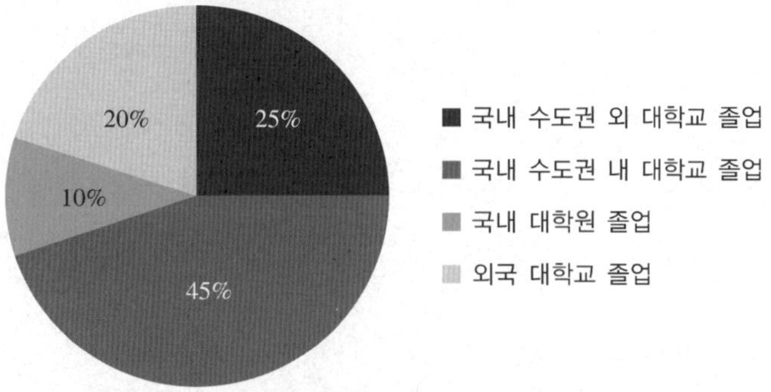

〈직원들의 월 급여〉

구분	200만 원 이상 250만 원 미만	250만 원 이상 300만 원 미만	300만 원 이상 350만 원 미만	350만 원 이상 400만 원 미만	400만 원 이상	합계
비율	18%	35%	24%	12%	11%	100%

34 **다음 중 위 자료에 대한 내용으로 옳지 않은 것은?**

① 2016년에 ‘도소매 · 음식 · 숙박업’에 종사하는 사람의 수는 총 취업자 수의 30% 미만이다.

② 2016 ~ 2024년 ‘농 · 림 · 어업’의 취업자 수는 꾸준히 감소하고 있다.

③ ‘사회간접자본 및 기타 · 서비스업’에서 2016년에 비해 2024년 취업자 수의 변동이 가장 큰 분야는 ‘사업 · 개인 · 공공서비스 및 기타’이다.

④ ‘사회간접자본 및 기타 · 서비스업’에서 2016년에 비해 2023년 취업자 수의 증감률이 50% 이상인 분야는 2곳이다.

⑤ 2016 ~ 2024년 ‘건설업’의 취업자 수는 꾸준히 증가하고 있다.

35 **다음 중 위 자료에 대한 해석으로 옳은 것을 모두 고르면?**

㉠ 2019년 ‘어업’의 취업자 수는 73천 명이다.
㉡ 2023년 취업자 수가 가장 많은 분야는 ‘전기 · 운수 · 통신 · 금융업’이다.
㉢ 2024년 이후 ‘농림업’의 종사자는 계속 줄어들 것이지만, ‘어업’ 종사자는 현상을 유지하거나 늘어난다고 볼 수 있다.

① ㉠

② ㉡

③ ㉠, ㉡

④ ㉠, ㉢

⑤ ㉠, ㉡, ㉢

※ 다음은 산업별 취업자 수에 대한 자료이다. 이어지는 질문에 답하시오. **[34~35]**

〈산업별 취업자 수〉

(단위 : 천 명)

연도	총계	농·림·어업		광공업		사회간접자본 및 기타·서비스업				
		소계	농림업	소계	제조업	소계	건설업	도소매·음식·숙박업	전기·운수·통신·금융업	사업·개인·공공서비스 및 기타
2016년	21,156	2,243	2,162	4,311	4,294	14,602	1,582	5,966	2,074	4,979
2017년	21,572	2,148	2,065	4,285	4,267	15,139	1,585	5,874	2,141	5,540
2018년	22,169	2,069	1,999	4,259	4,241	15,841	1,746	5,998	2,157	5,940
2019년	22,139	1,950	1,877	4,222	4,205	15,967	1,816	5,852	2,160	6,139
2020년	22,558	1,825	1,749	4,306	4,290	16,427	1,820	5,862	2,187	6,558
2021년	22,855	1,815	1,747	4,251	4,234	16,789	1,814	5,806	2,246	6,923
2022년	23,151	1,785	1,721	4,185	4,167	17,181	1,835	5,762	2,333	7,251
2023년	23,432	1,726	1,670	4,137	4,119	17,569	1,850	5,726	7,600	2,393
2024년	23,577	1,686	−	3,985	3,963	17,906	1,812	5,675	2,786	7,633

33 다음은 N은행의 송금 관련 수수료에 대한 내용이다. 송금 수수료가 가장 큰 사람은?

〈N은행 송금 수수료〉

자동화 기기	N은행 간	현금인출	영업시간 외	22:00 ~ 24:00	600원 ※ 5만 원 이하 인출 시 또는 당일 중 동일계좌에서 2회째 인출 시 250원
				24:00 ~ 익일 06:00	
				평일 : 18:10 ~ 22:00 / 06:00 ~ 08:30	
				토요일 : 14:00 ~ 22:00 / 06:00 ~ 08:30	
				공휴일 : 06:00 ~ 22:00	
	타행 간	현금인출	영업시간 중	당일(0 ~ 24시) 중, 동일계좌에서 2회째 인출 시부터 마감 전 550원, 마감 후 800원	800원
			영업시간 외		1,100원
		계좌이체	영업시간 중 평일 : 8:30 ~ 17:00 토요일 : 8:30 ~ 14:00	10만 원 이하	600원
				10만 원 초과	1,100원
			영업시간 외 평일 : 17:00 ~ 익일 영업 08:30 토요일 : 14:00 ~ 익일 영업 08:30	10만 원 이하	850원
				10만 원 초과	1,100원
창구송금	N은행 간			–	면제
	타행 간			10만 원 이하	600원
				100만 원 이하	3,000원
				100만 원 초과	4,000원
기타	공인인증서 발급			개인 은행용	무료
				개인 범용	5,400원 (부가세 포함)
				기업 은행용	5,400원 (부가세 포함)
				기업 범용	115,000원 (부가세 포함)
	SMS통지 서비스			월 정액형 (계좌의 휴대폰 1개당)	월 800원
				건별 부과형	건당 30원
	전화승인 서비스			월 정액형	월 600원
				건별 부과형	건당 80원

※ 만 18세 미만 또는 만 65세 이상 고객께는 창구송금 수수료 50% 및 CD / ATM 수수료 50% 면제

※ 감면장애인, 소년소녀가장, 기초생활수급권자, 국가유공자(본인), 독립유공자(유족 및 가족 포함)는 영업점에 내점하여 증명서 확인 등록 시 각종 수수료 전액 면제

① N은행에서 A은행으로 영업시간 내 창구로 10만 원을 송금하였고 10분 후 동일 은행에서 B은행으로 10만 원을 송금한 회사원(단, 모두 다 마감 전에 이루어졌음)

② 공인인증서(개인 범용)를 발급받고 당일 전화승인 서비스를 5건 이용한 국가유공자의 손자

③ 월 정액형으로 SMS통지 서비스를 이용하고 A은행 ATM에서 3만 원을 인출한 13세 학생

④ 창구를 통해 N은행에서 C은행으로 20만 원을 보낸 80세 할머니

⑤ 사전에 증명서 확인 등록을 하고, 토요일에 B은행에서 N은행계좌의 20만 원을 인출한 독립유공자의 자녀

30 귤 상자 2개에 각각 귤이 들어 있다고 한다. 한 상자당 귤이 안 익었을 확률이 10%, 썩었을 확률이 15%이고 나머지는 잘 익은 귤일 때, 두 사람이 각각 다른 상자에서 귤을 꺼낼 때 한 사람은 잘 익은 귤을 꺼내고, 다른 한 사람은 썩거나 안 익은 귤을 꺼낼 확률은 몇 %인가?

① 31.5%
② 33.5%
③ 35.5%
④ 37.5%
⑤ 39.5%

31 N물류회사는 서로 같은 98개의 컨테이너를 자사 창고에 나눠 보관하려고 한다. 창고는 총 10개가 있으며 각 창고에는 10개의 컨테이너를 저장할 수 있다고 한다. 이때 보관할 수 있는 경우의 수는?

① 52가지
② 53가지
③ 54가지
④ 55가지
⑤ 56가지

32 소연이는 가격이 500원, 700원, 900원인 세 종류의 음료수를 선택할 수 있는 자판기에서 현금 28,000원을 남김없이 사용하여 40개의 음료수를 사려고 한다. 세 종류의 음료수를 각각 두 개 이상 산다고 할 때, 가격이 500원인 음료수의 최대 개수는 얼마인가?(단, 자판기에는 각 음료수가 충분히 들어 있다)

① 15개
② 16개
③ 17개
④ 18개
⑤ 19개

26

Z ( ) P K F A

① W
② X
③ V
④ U
⑤ F

27

캐 해 새 채 매 애 ( )

① 매
② 배
③ 대
④ 래
⑤ 개

28 N사에서 환경미화를 위해 올해에도 실내공기 정화식물을 구입하기로 하였다. 작년에 구입한 식물은 올해 구입할 식물 수보다 2.5배 많으며, 16%가 시들었다. 작년에 시든 식물이 20그루라고 할 때, 올해 구입할 실내공기 정화식물은 몇 그루인가?

① 45그루
② 50그루
③ 55그루
④ 60그루
⑤ 65그루

29 100L짜리 물통에 물을 받기 위해 큰 호스로 물을 부었더니 30분 만에 물통이 가득 찼다. 이 물통에 물을 좀 더 빨리 받기 위해서 큰 호스와 1시간에 50L의 물을 낼 수 있는 작은 호스로 동시에 물을 채우면 물통에 물이 가득 차는 데 시간이 얼마나 걸리겠는가?

① 16분
② 20분
③ 24분
④ 28분
⑤ 32분

※ 다음 식을 계산한 값을 구하시오. **[22~23]**

22

$$(5{,}822-3{,}490)-3\times 101$$

① 2,027　② 2,028
③ 2,029　④ 2,030
⑤ 2,031

23

$$11^2+10^2+9^2+8^2$$

① 261　② 284
③ 347　④ 366
⑤ 391

※ 일정한 규칙으로 수나 문자를 나열할 때, 빈칸에 들어갈 알맞은 것을 고르시오. **[24~27]**

24

$$-1 \quad 2 \quad (\quad) \quad -24 \quad -120 \quad 720$$

① 6　② −24
③ −6　④ 24
⑤ −12

25

$$\frac{1}{1{,}000} \quad \frac{2}{500} \quad \frac{4}{250} \quad (\quad) \quad \frac{10}{100} \quad \frac{20}{50} \quad \frac{25}{40}$$

① $\frac{6}{125}$　② $\frac{8}{125}$
③ $\frac{6}{150}$　④ $\frac{8}{150}$
⑤ $\frac{8}{200}$

※ 다음 글을 읽고 이어지는 질문에 답하시오. [20~21]

(가) 심포지엄이 진행되는 동안에는 토양 형성과정 전시회와 화분 분갈이 체험행사 등도 진행하여 소중한 흙의 의미를 공유하는 시간을 마련했다. 이번 전시회에서는 토양의 형성과정과 토양 환경보전 성과를 담은 영상물, 토양의 기능을 보여주는 모형, 건강한 농촌마을 특성화 도모를 위한 마을 경관 및 공간 계획, 기타 관련 자료 등을 전시하고, 적정 비료사용을 위한 토양 분석과정도 시연할 예정이다.

(나) 다음으로 심포지엄에서는 건강한 흙을 보전하기 위한 관리전략과 이를 통한 건강한 농촌 가꾸기의 실천사례 등을 발표하고, 소비자, 농업인, 언론인, 학계, 정부 등 각계의 전문가들이 참여하여 발표내용에 대한 종합토론을 진행한다. 심포지엄 발표는 A대학교 교수의 '건강한 흙 가꾸기를 위한 합리적 양분 관리전략', 지역농업네트워크협동조합 연합회 회장의 '지속가능한 농업농촌과 그린뉴딜', 지역활성화센터 이사의 '주민 스스로 흙과 물을 보호하는 농업활동의 실천, 농업환경보전 프로그램', 환경기업 대표의 '흙 – 건강 – 생명을 품은 전원일기' 순서로 진행된다.

(다) 이날 오전의 기념식은 흙을 가꾸기 위해 노력한 유공자에 대한 표창과 핸드프린팅 퍼포먼스, 선언문 선포 등으로 진행된다. 유공자 20명에게 농림축산식품부 장관 표창이 수여되며, 농협중앙회장, 농업인 대표 등 9명의 점토 흙 핸드프린팅 퍼포먼스를 통해 흙을 잘 가꾸고 보전하겠다는 결의를 다진다. 또한 농업인 대표의 흙 가꾸기 선언문 선포를 통해 건강한 흙을 후손에게 물려주어 항구적인 농업발전을 도모하겠다는 의지도 표명할 예정이다.

(라) K지역농협은 2025년 3월 11일 '흙의 날' 기념식을 농협은행 대강당에서 개최한다고 밝혔다. 농림축산식품부가 주최하고 농협・농촌진흥청・농민신문사・한국토양비료학회가 주관하는 이번 행사는 오전에 기념식이 진행되며, 오후에는 '건강한 흙・건강한 농촌 가꾸기'라는 주제의 학술 심포지엄과 토양 형성과정 전시, 화분 분갈이 체험행사 등이 열릴 예정이다.

한편 '흙의 날'(매년 3월 11일)은 흙의 소중함과 보전의 필요성을 알리기 위해 2015년 법정기념일로 제정되었으며, 2025년 열 번째를 맞이한다.

20 다음 중 '흙의 날'에 대한 설명으로 적절하지 않은 것은?

① '흙의 날'은 매년 3월 11일이다.
② '흙의 날'은 흙의 소중함을 알리기 위해 제정되었다.
③ '흙의 날'은 2025년에 열 번째 기념일을 맞았다.
④ '흙의 날'은 2015년 법정공휴일로 제정되었다.
⑤ '흙의 날' 행사에서는 기념식, 심포지엄, 전시회 및 체험행사 등이 열린다.

21 다음 (가) ~ (라) 문단을 논리적 순서대로 바르게 나열한 것은?

① (가) – (나) – (다) – (라)
② (가) – (다) – (나) – (라)
③ (다) – (라) – (가) – (나)
④ (라) – (나) – (가) – (다)
⑤ (라) – (다) – (나) – (가)

※ 다음 글을 읽고 이어지는 질문에 답하시오. [18~19]

나이가 들면서 크고 작은 신체 장애가 오는 것은 동서고금의 진리이고 어쩔 수 없는 사실이다. 노화로 인한 신체 장애는 사십 대 중반의 갱년기를 넘기면 누구에게나 나타날 수 있는 현상이다. 원시가 된다든가, 치아가 약해진다든가, 높은 계단을 빨리 오를 수 없다든가, 귀가 잘 안 들려서 자신도 모르게 큰 소리로 이야기한다든가, 기억력이 감퇴하는 것 등이 그 현상이다. 노인들에게 '당신들도 젊은이들처럼 할 수 있다.' 라고 헛된 자존심을 부추길 것이 아니라, ___㉠___ 우리가 장애인들에게 특별한 배려를 하는 것은 그들의 인권을 위해서이다. 그것은 건강한 사람과 동등하게 그들을 인간으로 대하는 태도이다. 늙음이라는 신체적 장애를 느끼는 노인들에 대한 배려도 그들의 인권을 보호하는 차원에서 이루어져야 할 것이다. 집안의 어르신을 잘 모시는 것을 효도의 관점에서만 볼 것이 아니라, 인권의 관점에서 볼 줄도 알아야 한다. 노부모에 대한 효도가 좀 더 보편적 차원의 성격을 갖지 못한다면, 앞으로의 세대를 설득하기 어려울 것이 틀림없다. 나는 장애인을 위한 자원 봉사에는 열심인 한 젊은이가 자립 능력이 없는 병약한 노부모 모시기를 거부하며, 효도의 ㉡ <u>시대착오</u>적 측면을 적극 비판하는 경우를 보았다. 이렇게 인권의 사각 지대는 가정 안에도 있을 수 있다. 보편적 관점에서 보면, 노부모를 잘 모시는 것은 효도의 차원을 넘어선 인권 존중이라고 할 수 있다. 인권 존중은 가까운 곳에서부터 시작되어야 하고, 인권은 그것이 누구의 인권이든, 언제 어디서든 존중되어야 한다.

18 ㉠에 들어갈 말로 가장 적절한 것은?

① 모든 노인들을 가족처럼 공경해야 한다.
② 노인 스스로 그 문제를 해결할 수 있도록 한다.
③ 노인들에게 실질적으로 경제적인 도움을 주어야 한다.
④ 노인성 질환 치료를 위해 노력해야 한다.
⑤ 노인들의 장애로 인한 부담을 사회가 나누어 가져야 한다.

19 ㉡의 사례로 적절하지 않은 것은?

① 투표할 때마다 반드시 입후보자들의 출신 고교를 확인한다.
② 직장에서 승진하였기에 자가용 자동차를 고급 차로 바꾸었다.
③ 학생들의 효율적인 생활지도를 위해 두발 규제를 제안했다.
④ 생활비를 아끼기 위해 직장에 도시락을 싸가기로 했다.
⑤ 직원들의 창의적 업무 수행을 위해 직원들의 복장을 통일된 정장 차림으로 할 것을 건의하였다.

17 다음 문단을 논리적 순서대로 바르게 나열한 것은?

(가) '빅뱅 이전에 아무 일도 없었다.'는 말을 달리 해석하는 방법도 있다. 그것은 바로 빅뱅 이전에는 시간도 없었다고 해석하는 것이다. 그 경우 '빅뱅 이전'이라는 개념 자체가 성립하지 않으므로 그 이전에 아무 일도 없었던 것은 당연하다. 그렇게 해석한다면 빅뱅이 일어난 이유도 설명할 수 있게 된다. 즉 빅뱅은 '0년'을 나타내는 것이다. 시간의 시작은 빅뱅의 시작으로 정의되기 때문에 우주가 그 이전이든 이후이든 왜 탄생했느냐고 묻는 것은 이치에 닿지 않는다.

(나) 단지 지금 설명할 수 없다는 뜻이 아니라 설명 자체가 있을 수 없다는 뜻이다. 어떻게 설명이 가능하겠는가? 수도관이 터진 이유는 그전에 닥쳐온 추위로 설명할 수 있다. 공룡이 멸종한 이유는 그 전에 지구와 운석이 충돌했을 가능성으로 설명하면 된다. 바꿔 말해서, 우리는 한 사건을 설명하기 위해 그 사건 이전에 일어났던 사건에서 원인을 찾는다. 그러나 빅뱅의 경우에는 그 이전에 아무것도 없었으므로 어떠한 설명도 찾을 수 없는 것이다.

(다) 그런데 이런 식으로 사고하려면, 아무 일도 일어나지 않고 시간만 존재하는 것을 상상할 수 있어야 한다. 그것은 곧 시간을 일종의 그릇처럼 상상하고 그 그릇 안에 담긴 것과 무관하게 여긴다는 뜻이다. 시간을 이렇게 본다면 변화는 일어날 수 없다. 여기서 변화는 시간의 경과가 아니라 사물의 변화를 가리킨다. 이런 전제하에서 우리가 마주하는 문제는 이것이다. 어떤 변화가 생겨나기도 전에 영겁의 시간이 있었다면, 왜 우주가 탄생하게 되었는지를 설명할 수 없다.

(라) 우주론자들에 따르면 우주는 빅뱅으로부터 시작되었다고 한다. 빅뱅이란 엄청난 에너지를 가진 아주 작은 우주가 폭발하듯 갑자기 생겨난 사건을 말한다. 그게 사실이라면 빅뱅 이전에는 무엇이 있었느냐는 질문이 나오는 게 당연하다. 아마 아무것도 없었을 것이다. 하지만 빅뱅 이전에 아무것도 없었다는 말은 무슨 뜻일까? 영겁의 시간 동안 단지 진공이었다는 뜻이다. 움직이는 것도, 변화하는 것도 없었다는 것이다.

① (가) – (나) – (다) – (라)
② (가) – (다) – (나) – (라)
③ (가) – (라) – (나) – (다)
④ (라) – (가) – (나) – (다)
⑤ (라) – (다) – (나) – (가)

15 다음 내용을 가장 잘 설명하는 속담은?

SNS를 통해 맛집으로 유명해진 A가게가 개인사정으로 문을 닫자, 그 옆 B가게로 사람들이 몰리기 시작했다.

① 싸움 끝에 정이 붙는다.
② 미련은 먼저 나고 슬기는 나중 난다.
③ 배부르니까 평안 감사도 부럽지 않다.
④ 호랑이 없는 골에 토끼가 왕 노릇 한다.
⑤ 잠결에 남의 다리 긁는다.

16 다음 글을 쓴 목적으로 가장 적절한 것은?

Sometimes promises made in good faith can't be kept. Even though we strive to be error-free, it's inevitable that problems will occur. Not everything that affects your customer's experience with you is within your control. What should you do when the service promise is broken? When you discover a broken promise or have one pointed out to you, the first thing to do is to apologize. Don't waste time blaming yourself, your company, or your customer. Admit that something has gone wrong, and immediately find out what your customer's needs are.

① 효율적인 여가 시간 활용의 중요성 강조
② 업무상 약속 불이행 시 대처 방법 조언
③ 업무 관련 연수의 필요성 안내
④ 새로운 인사 관리 시스템 소개
⑤ 동료 간의 협동 정신 고취

12 다음 제시된 문장에서 사용되기에 적절하지 않은 단어는?

- 곤충이란 것은 모두 그렇게 ______을(를) 거쳐서 자란다.
- 그 기관이 예산을 ______(으)로 운영한 것이 알려졌다.
- 밀봉은 용기 외부로부터 공기와 미생물의 침입을 차단하여 용기 내 식품의 ______을(를) 방지한다.
- 충신으로 알려진 그의 ______은(는) 뜻밖이었다.

① 변칙
② 변절
③ 변고
④ 변태
⑤ 변질

13 다음 밑줄 친 단어와 같은 의미로 사용된 것은?

우리 회사는 이번 정부 사업에서 판매권을 <u>땄다</u>.

① 선영이네 과일 가게는 막내딸 선영이의 이름을 <u>딴</u> 것이다.
② 이 병을 <u>따기</u> 위해서는 병따개가 필요할 것 같아.
③ 지난 올림픽에서 금메달을 <u>딴</u> 선수는 이번 경기에서도 좋은 소식을 전해 줄 것이다.
④ 오늘 아침 사장님의 발언 중 중요한 내용만 <u>따서</u> 별도로 기록해주세요.
⑤ 서글서글한 막내 사위는 이번 가족 행사에서 장인어른에게 많은 점수를 <u>땄다</u>.

14 다음 제시된 단어와 같거나 유사한 의미를 가진 것은?

성취

① 성장
② 번성
③ 달성
④ 취득
⑤ 고취

09 다음 중 의미가 다른 사자성어는?

① 각골통한(刻骨痛恨)
② 비분강개(悲憤慷慨)
③ 원철골수(怨徹骨髓)
④ 교아절치(咬牙切齒)
⑤ 절차탁마(切磋琢磨)

10 다음 중 밑줄 친 부분이 어법에 맞지 않게 쓰인 것은?

① 딸의 뺨이 <u>불그스름하게</u> 부어 있었다.
② 아무도 그의 과거를 <u>괘념하지</u> 않았다.
③ 얼굴이 햇볕에 <u>가무잡잡하게</u> 그을렸다.
④ 과음했더니 오전 내내 정신이 <u>흐리멍덩했다</u>.
⑤ 아버지는 그 사람을 사윗감으로 <u>마뜩찮게</u> 생각하였다.

11 다음 밑줄 친 ㉠~㉤ 중 어법상 옳은 것은?

> 오늘날 여성들은 지나치게 ㉠ <u>얇은 허리와 팔다리</u>를 선호하고 있어, 과도한 다이어트가 사회적 문제로 떠오르고 있다. 심지어 온라인상에서는 특정 식품만 섭취하여 ㉡ <u>몇일</u> 만에 5kg 이상을 뺄 수 있다는 이른바 '원푸드 다이어트'가 유행하고 있으며, 몇몇 여성들은 어떤 제품이 다이어트 효과가 좋다고 소문만 나면 ㉢ <u>서슴치</u> 않고 검증되지 않은 다이어트 약을 사서 복용하기도 한다. 그러나 무리한 다이어트는 영양실조 등으로 이어져 건강을 악화시키며, 오히려 요요현상을 부추겨 이전 몸무게로 되돌아가거나 심지어 이전 몸무게보다 체중이 더 불어나게 만들기도 한다. 전문가들은 무리하게 음식 섭취를 줄이는 대신 생활 속에서 운동량을 조금씩 ㉣ <u>늘여</u> 열량을 소모할 것과, 무작정 유행하는 다이어트법을 따라할 것이 아니라 자신의 컨디션과 체질에 ㉤ <u>알맞은</u> 다이어트 방법을 찾을 것을 권하고 있다.

① ㉠
② ㉡
③ ㉢
④ ㉣
⑤ ㉤

※ 다음 중 짝지어진 단어 사이의 관계가 나머지와 다른 것을 고르시오. [4~5]

04 ① 나무 – 종이 – 책
② 휘발유 – 등유 – 경유
③ 실 – 천 – 옷
④ 석유 – 아스팔트 – 도로
⑤ 철광석 – 철 – 철근

05 ① 투수 – 포수 – 야구
② 미드필더 – 스트라이커 – 축구
③ 가드 – 포워드 – 농구
④ 선수 – 감독 – 심판
⑤ 리베로 – 세터 – 배구

※ 다음 제시된 세 단어로 연상할 수 있는 단어를 고르시오. [6~8]

06

소프라노 하이힐 고혈압

① 높다
② 여성
③ 고음
④ 불편
⑤ 울림

07

강도 약탈 바다

① 해적
② 폭력
③ 산적
④ 파도
⑤ 협박

08

실수 핑계 구실

① 주의
② 계획
③ 역할
④ 지원
⑤ 변명

지역농협 6급 필기시험	
# 제1회 모의고사	문항 수 : 70문항 시험시간 : 70분

※ 다음 제시된 단어의 대응 관계로 볼 때 빈칸에 들어갈 단어로 알맞은 것을 고르시오. **[1~3]**

01

안경 : 렌즈 = 계산기 : (　　)

① 핸드폰
② 주판
③ 볼펜
④ 컴퓨터
⑤ 가계부

02

영국 : 런던 = 이탈리아 : (　　)

① 바티칸
② 유럽
③ 뉴욕
④ 로마
⑤ 도쿄

03

수평 : 수직 = (　　) : 기립

① 경례
② 박수
③ 기상
④ 좌석
⑤ 착석

1권

제1회 지역농협 6급 필기시험

직무능력평가 (70문항/70분 유형)

〈문항 수 및 시험시간〉

영역	문항 수	시험시간	비고	모바일 OMR 답안채점 / 성적분석
의사소통능력 수리능력 문제해결능력 자원관리능력 조직이해능력	70문항	70분	5지선다	

온라인 모의고사

지역농협 6급 온라인 모의고사

온라인 모의고사	
3회분	ATOB-00000-C73A4

(기간 : ~2026년 7월 31일)

※ 쿠폰 등록 후 30일 이내에 사용 가능합니다.
※ 쿠폰 등록 및 응시는 윈도우 기반 PC에서만 가능합니다.
※ 모바일 및 macOS 운영체제에서는 서비스되지 않습니다.

합격시대 홈페이지 접속 (www.sdedu.co.kr/pass_sidae_new) → 홈페이지 우측 상단 '쿠폰 입력하고 모의고사 받자' 클릭 → 쿠폰번호 등록 → 내강의실 → 모의고사 → 합격시대 모의고사 클릭 후 응시하기

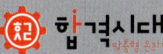

합격시대 맞춤형 온라인 테스트 | www.sdedu.co.kr/pass_sidae_new | 1600-3600 평일 9시~18시 (토 · 공휴일 휴무)

PC/모바일 무료 NCS 특강

NCS 자소서 및 기출풀이 특강 제공

1. 시대에듀 홈페이지 접속(www.sdedu.co.kr)
2. 상단 카테고리 「회원혜택」 – 「이벤트존」 – 「NCS 도서구매 특별혜택 이벤트」 클릭
3. 쿠폰번호 입력 후 수강

※ 해당 강의는 본 도서를 기반으로 하지 않습니다.

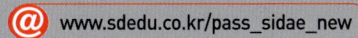

시대에듀 NCS 도서 구매자를 위한 특별한 혜택

NCS 기출풀이 특강 및 통합 온라인 모의고사

동영상 강의 이용 안내

❶ 시대에듀 홈페이지 접속 (www.sdedu.co.kr)

❷ 상단 카테고리 「회원혜택」→ 「이벤트존」→「NCS 도서구매 특별혜택 이벤트」 클릭

❸ 쿠폰번호 입력 후 수강

모바일 OMR 답안채점 / 성적분석 서비스

서비스 이용 안내

❶ 회차별 모의고사 첫 번째 페이지의 QR 코드 찍고 '응시하기' 클릭

❷ 나의 답안을 모바일 OMR에 입력

❸ '성적분석&채점결과' 클릭하고 현재 내 실력 파악하기

※ 쿠폰 등록 후 30일 이내에 사용 가능합니다.

NCS 핵심이론 및 대표유형 분석자료

자료실 이용 안내

❶ 시대에듀 도서 홈페이지 접속 (www.sdedu.co.kr/book)

❷ 상단 카테고리 「도서업데이트」 클릭

❸ '공기업/금융권 NCS 도서 무료 학습 자료' 검색 후 다운로드

※ 자료가 보이지 않을 때에는 '금융권'으로 검색하기 바랍니다.

무료제공 쿠폰

NCS 쿠폰번호

NCS 기출풀이 특강	BSX-77569-18952
NCS 통합 온라인 모의고사	ASXJ-00000-E246A

지역농협 6급 온라인 모의고사

온라인 모의고사(3회분)	ATOB-00000-C73A4

등록기간 : ~2026. 07. 31

❖ 쿠폰 등록 후 30일 이내에 사용 가능합니다.

❖ 쿠폰 등록 및 응시는 윈도우 기반 PC에서만 가능합니다.

❖ 모바일 및 macOS 운영체제에서는 서비스되지 않습니다.